先住民の労働社会学

フィリピン市場社会の底辺を生きる

吉田　舞

風響社

サパへの旅

アエタだけ（開発から）おいていかれるんだ。おいていかれるんだよ。集落が開発され、発展することは、たしかにいいことだ。こうやって村を見渡しても、前と比べて発展しているのは分かるだろう。でも、なぜか平地民ばかりが豊かになっているんだよ。［首長、二〇一二年三月二二日］

これは、観光開発が進む集落に住む**先住民アエタ**（Aeta）が発した言葉である。なぜアエタだけが「おいていかれる」のだろうか。なぜアエタの暮らしは、よくなるどころか、ますます苦しくなるのだろうか。本書は、この問いに答えるためのひとつの試みである。先住民アエタは、一九九一年のピナトゥボ山の噴火を境に、急速に市場社会に組み込まれることになった。しかし、彼ら彼女らは、市場社会において「差異をもつ人びと」として、**平地民**（多数派のフィリピン人）とは異なる位置に置かれた。他方で、首都マニラでは、フィリピン南部のミンダナオ島出身の**先住民、バジャウ**（Badjao）が急増している。アエタとバジャウは、民族的特徴だけではなく、歴史的背景も、市場社会へ組み込まれるプロセスも異なる。また、平地社会における労働環境や居住形態も異なる。しかし、フィリピンの労働市場において、双方とも、底辺に置かれた人びとであり、そこにはあきらかに、先住民として境遇を同じくする「相対的底辺化」の傾向がみてとれる。

本書は、フィリピンの市場社会の構造を、先住民の労働と生活をとおして分析する。グローバリセーションの経済環境のもと、先住民の労働と生活は、激しく変容している。一方で、先住民は、労働市場において、なくてはならない労働者として取り込まれている。しかし他方で、先住民は、「劣った労働力」とみなされ、労働市場の底辺に置かれている。また、労働者になれない人びとは、路上に押し出され、物売りや物乞いとして生計を立てている。本書では、このような先住民の労働と生活をとおしてフィリピン社会を考察する。それによって、マイノリティを底辺に押し込めることで維持され、機能している市場社会の構造をあきらかにする。

本書の学術的な挑戦は三つある。一つ、労働研究としての挑戦である。これまで先住民の貧困・労働問題は、エスニックな偏見により社会の周縁に置かれた「先住民」の問題として、本質化されて捉えられてきた。そこでは、先住民の労働が固有の労働問題として構築されることはもとより、社会全体の構造の歪みとして論じられることもなく、したがって、社会学のテーマとなることもあまりなかった。そのような認識に基づき、本書は、先住民の労働と生活を社会学的手法により分析し、先住民をとおした市場社会の構造について分析する。これをもって、労働社会学へのひとつの介入を試みる。二つ、貧困研究としての挑戦である。本書では、先住民が経験している社会的排除の現実だけでなく、その境遇を生きる彼ら彼女らの生活世界にも焦点を当てる。そして、排除された人びとこそ、支配的価値に取り込まれている（そうならざるをえない）という「文化的包摂」に着目する。そして、その認識をもとに、市場社会において先住民の貧困が再生産されていく仕組みについて考察する。三つ、都市研究としての挑戦である。本書は、先住民の労働と生活をとおして、労働市場や（開発という名の）生活空間の再編が、底辺層に与える諸影響について考察する。こうして本書は、現代フィリピンの市場社会のありようについて考察する。

本書は、このような関心に基づき、市場社会における先住民の相対的底辺化について仮説を構成し、その検証をめざす。そのために本書は、主題を理論的に提示するⅠ部と、アエタの事例データにより仮説を検証するⅡ部、都市のバジャウとベンダーの事例を考察した三部から構成される。

本書では、具体的に、つぎのような構成をとる。まず一章において、問題の所在を提示する。二章において、本書が仮説検証の事例とする調査対象と調査方法について説明する（一節）。つぎに、サパのアエタの全体的な説明を、サパ集落のアエタがたどった経済史を四期に分けて行なう（二節）。その上で、国家（行政）とフィリピン社会がアエタをどうみてきたか（みているか）について考察する（三節、四節）。そこでは、実質、国家の外に置かれて「棄民」の状態にあったアエタが「国民化」されていくプロセスに着目する。

三章一節では、先行の社会的排除論や貧困研究、先住民研究において、「市場社会への参入・参加」と「先住民らしさ」がどのように捉えられてきたかについて検討する。その際、ドミナント社会へのマイノリティの人びとの参加について、先行のマイノリティ研究で用いられてきた社会的排除論を取り上げ、その理論の限界を指摘する。また、先行の社会開発研究における「貧困（からの脱却）」の捉え方を整理し、それに対する本書の立場を提示する。これらの理論的推敲をとおして、本書が「先住民の研究」ではなく、先住民をとおした「（平地の）市場社会の研究」をめざすものであることを示す。つぎに、二節において、仮説として、アエタの「相対的底辺化」を分析するための四つの類型とその視座について説明する。

Ⅱ部は、四章から六章において、市場社会に参加するアエタの労働と生活の実態について分析する。まず四章において、平地の労働市場で働くアエタの生活実態と、アエタの労働と消費をめぐる価値の変容について分析する。五章において、アエタの伝統的価値の変容について分析する。ここでは、アエタの労働価値の変容や、婚資の慣行の変容、協同組合の形成、女性の内職と時間の価値の変容について考察する。最後に、六章において、集落の共同体ネットワークから断絶され、都市部でホームレス化するアエタの生活の実態について記述する。

つぎに七章において、四章から六章における実態分析を再考し、さらに踏み込んだ解釈を行う。まず、市場社会におけるアエタの差異／〈差異〉の意味とその変容について考察する。そしてその解釈に立って、仮説の検証を行う。具体的には、個人化、共同化、市場社会への参加、非参加という四つの態度・行動の間を移行するアエタの類型的な特徴を抽出し、それぞれの類型との関係性を考察する。

著者は、二〇一一年より、サパから都市に移動するアエタを追って、マニラでの調査を行なっている。これにはつぎの理由がある。まず、都市において先住民の相対的底辺化はどのように現われるのか。また、市場社会のなかで、アエタは今後、どのような道を歩むのか。都市で働くアエタは、都市に出てきている先住民のなかで、どの位置にいるのだろうか。さらに、先住民を含む都市の底辺層の人びとは、近年の都市（再）開発のなかで、どのような境遇におかれているのだろうか。

そして著者は、これらをあきらかにするため、マニラのアエタとともに、もうひとつの先住民バジャウの労働と生活を調査している。なぜバジャウなのか。その目的は二つある。一つ目は、マニラに出て来るバジャウは数が多く、彼ら彼女らはすでにマニラで、先住民としてコミュニティをつくって生活している。それは、マニラに出て来るアエタがそれより少ないなかで、バジャウはアエタの将来像を予測する示唆を与える可能性があると思うからである。二つ目は、アエタとバジャウの比較による利点があるからである。都市に住むアエタとバジャウには、先住民としての類似性と、労働と生活の差異性がみられる。ゆえにバジャウは、アエタの労働と生活を分析する際に、それらの特徴を浮き彫りにする「比較の準拠集団」になる。このような理由のため、本書におけるアエタの研究と区別し、第三部の八章として、バジャウの調査の一部を掲げたい。アエタとバジャウの本格的な比較は、これからである。まず第一節では、フィリピンの都市部で急増している先住民バジャウの労働と生活の実態について分析する。地域紛争や自然災害の影響で、郷里での生活が困難になったバジャウは、生計の向上を求めて都市に逃れてくる。マニラに移住したバジャウは、住み込みの仕事などに就労するアエタとは異なり、コミュニティを形成し、そこに住まいを定めて、物売りや物乞いなど、ストリートでの自営の仕事で生計を立てている。そして、都市底辺を生きるための、さまざまな相互扶助の制度や、平地民とのネットワークを形成する。しかし同時に、都市のバジャウは、いつも〈他者〉としてのまなざしにさらされている。このように、都市のバジャウをみることで、アエタとの類似と差異が見えてくる。たとえば、ともに〈他者〉のまなざしにさらされているが、まなざしの中身はアエタとバジャウでは同じではない。ただし、アエタとバジャウが異なるとはいえ、まったく関係のない二つの先住民の話というわけでもない。現在はまだ、マニラで働くアエタの数は少なく、彼ら彼女らはコミュニティをもたない。しかし、郷里の労働市場に組み込まれず、都市に出てくるアエタは、確実に増加している。とすれば、マニラのアエタはどこに向かうのだろうか。現在のバジャウが営んでいる生活に、アエタの将来の姿をみることができるだろうか。八章一節において、これらの問いについて考察する。第二節では、さらにマクロな視点から、都市のストリート・ベンダー（それには多くのバジャウの人びとが含まれるのだが）をめぐる労働市場の変容と都市開発の関係について考察する。そして、都市開発とジェントリフィケーションがストリート・ベンダーに与えている影響について考察する。

つぎに、補論として、本書がフィールドワークで参照した方法（論）について議論する。最後に、「あらたな旅へ」において、先住民が市場社会への本当の意味での「参入」をなしうる可能性を求めて、本書に残された課題を提示する。

●目次

装丁＝オーバードライブ・前田幸江

凡例

・本書で提示するデータには、調査地の人間関係に関わる内容も含まれていることなどから、プライバシー保護の観点から、バランガイ（Barangay フィリピンの最小自治単位）以下の地名と人物名をすべて仮名とする。

・本書では、データをつぎの方法で記述する。まず、語られた言葉をそのまま引用する。会話で省略される助詞など、補足の言葉は丸括弧で挿入する。インタビューのなかで気づいた周囲の様子や語り手の表情なども丸括弧で補足する。傍点は、すべて著者のものである。また、話を著者の言葉で要約し、それに説明を加える場合もある。また、口述データの最後には語り手の名前と聞き取りをした日および場所を［ ］内に記す。

・聞き取り場所が「自宅」となっている場合は、インタビュアーの自宅を指す。

・ペソの為替は、各調査時期によって変動しているが、平均して一ペソ＝二・五円とする。

・年齢は基本的にインタビュー時の年齢を記述する。

・マニラ首都圏（Metro Manila）は、首都であるマニラ市（city of Manila）を含む一六市と一町により構成されているが、本書では、両者を区別するため、マニラ首都圏をマニラと記述する。

●Ⅰ部　現代社会と先住民

第一章　先住民と市場社会

一　先住民の相対的底辺化

本章では、フィリピンの市場社会の構造を、先住民[1]アエタ（Aeta）の事例をとおして分析するための理論的枠組みについて考察する。近年、グローバリゼーションやネオリベラリズムの台頭のもとで、労働市場の再編や労働階層の二極分化など、労働の性格・構成・機能の変容をめぐる議論が盛んである［Sassen 1990=2008、渋谷 二〇〇三、西澤 二〇一二］。フィリピンにおいても、技術革新や産業構造の再編、雇用形態の変容により、職業階層と所得の二極分化が進んでいる。地方都市においても、工業化や観光開発が進み、職種や雇用形態が多様化している［梅原 一九九五、千葉 二〇〇三、中西 二〇〇二］。非正規雇用が増加し、労働市場の底辺において、洗濯婦や家事労働者などのいわゆるインフォーマルな職種に加えて、伝統的な仕事が賃金労働化するなど、新たな傾向がみられる。このような趨勢のなか、アエタも、雇用者として平地の労働市場に参加している。そこでまず、本書で用いる「相対的底辺化」の概念について定義しておきたい。ここで「相対的」とは、市場社会においてアエタやバジャウ[2]という先住民の集団が、平地民と比べて底辺に位置づけられる状態を指す。「底辺化」とは、先住民が、平地の労働階層のなかで、低賃金で不安定な下層労働や、職業威信体系のなかで周辺的な職種に就労すること、そしてその結果、生活が窮乏化することの二つの意味を含める。平地民の階層や所得の二極分化が進むなか、アエタ内においても格差が生じつつある。ただし、市場社会へ積極的に参加し、現金収入を得るようになったアエタであっても、市場社会のなかで〈差異化〉され、相対的に底辺の位置に置かれている。また、身体的特徴や非熟練のスキルなどから雇用条件を満たさない、労働に対する価値観の違いから職に定着できないなど、市場社会に参加したくてもできないアエタも少なくない。この場合は、さらに厳しい状況に置かれることになる。本書では、このような、市場社会において先住民が相対的に底辺化する要因とプロセスをあきらかにする。

1　ピナトゥボ・アエタ

先住民アエタは、およそ二万五〇〇〇年前の後期旧石器時代に、アジア大陸部から渡来したフィリピン最初の先住民といわれる。アエタは、ネグリート系の人種に属する人びとであり、身長が低く（男子の平均身長一五八センチメートル）、縮毛で暗褐色の肌など、フィリピン人口の大部分を構成するマレー系の平地民[3]とは異なる身体的特徴をもつ。アエタ人口の特定は容易ではないが、フィリピンの人口一億二六三万人（二〇一五年現在）のうち、ルソン（Luzon）島中部のピナトゥボ（Pinatubo）山周辺に暮らすピナトゥボ・アエタ（以下、アエタ）の人口は、三万人弱といわれる［清水　二〇〇三：三］。アエタはもともと「山の民」ではなく、平地で暮らしていた。しかし、マレー民族がフィリピンの島々に渡来し、また十九世紀にはスペイン人の植民政府による「未開地」の開拓が進み、多くのアエタが、それらに追われるように、山間部で暮らすようになった。ピナトゥボ・アエタは、地理的にはピナトゥボ山の西麓と東麓のグループに分かれているが、ともに二つの歴史的体験をもっている。一つ目は、先祖伝来の土地に米軍基地とその軍人の保留地が設置されたことである。[4]ピナトゥボ山の西麓には、一八八四年にスービック海軍基地と

地図：調査地の位置

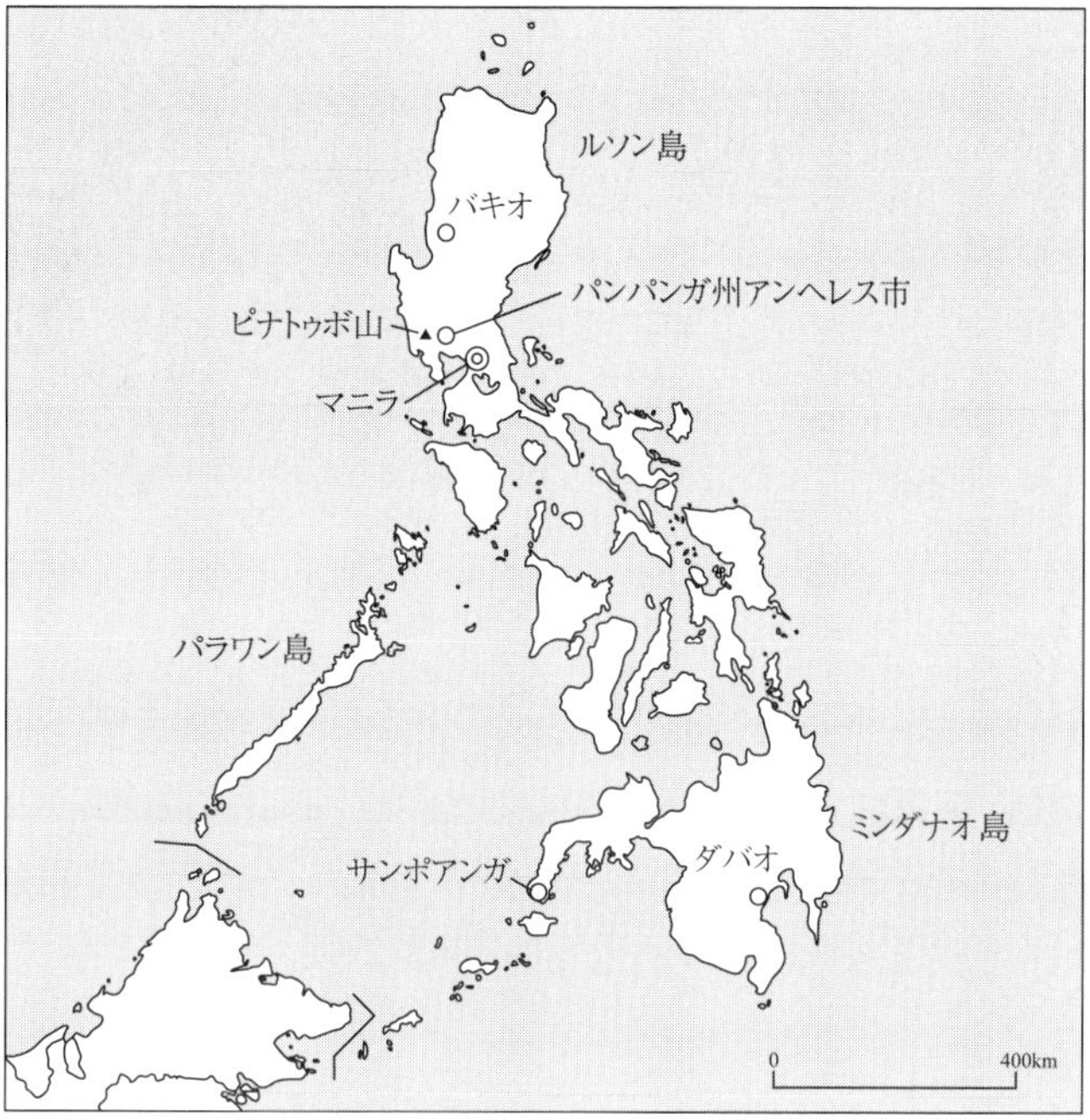

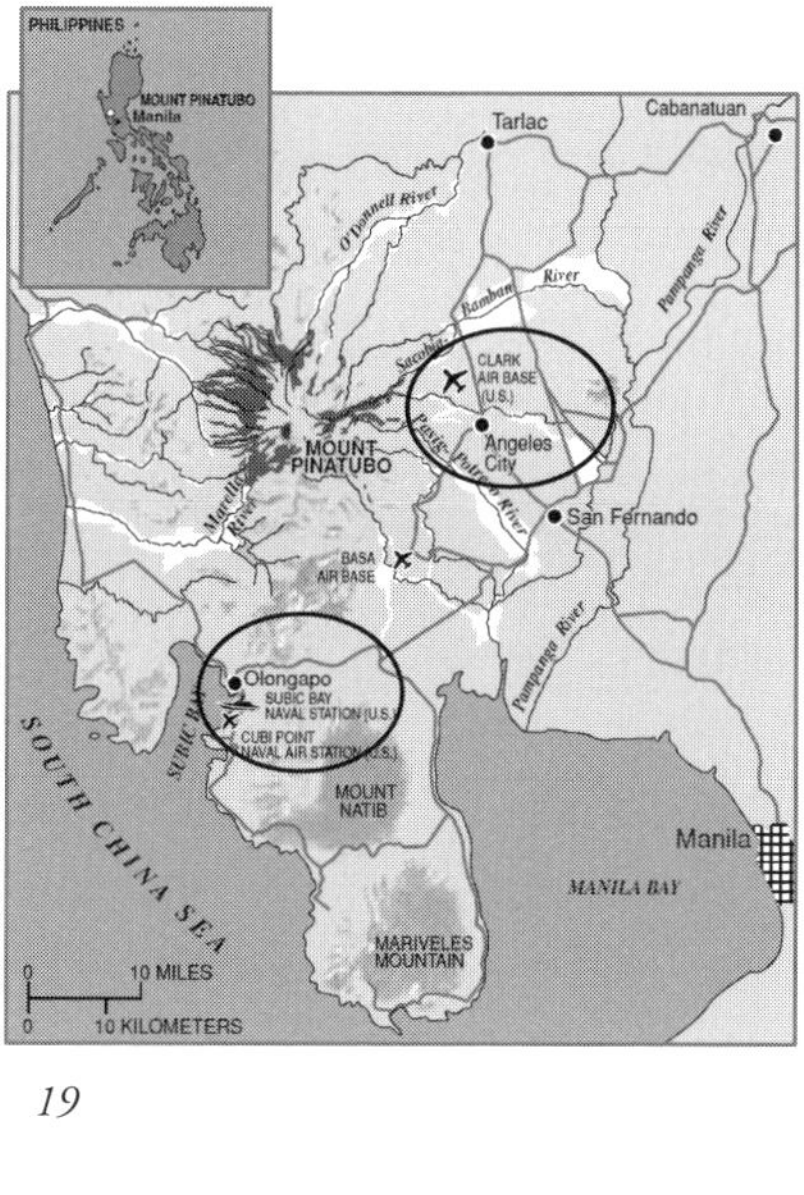

〇はピナトゥボ火山の西山麓（旧クラーク米空軍基地）および東山麓（旧キュービポイント米海軍航空基地）

出典：United States Geological Survey
一部筆者が加工
http://pubs.usgs.gov

写真1　クラーク空軍跡地の石碑には、アエタの土地に基地が設置されたことが明記されている。［筆者撮影　2013年］

その保留地が設置され（写真1）、一九〇三年には、同東麓にクラーク空軍基地が設置された。二つ目は、両地域のアエタが、一九九一年のピナトゥボ山の噴火を経験したことである。一九九一年六月一五日、標高一七四五メートルのピナトゥボ山が六〇〇年ぶりに噴火した。二〇世紀で二番目に大きいといわれるこの大噴火により、半径六〇キロメートルの自然環境が一瞬のうちに変容した［津田・田巻　二〇〇一、清水　二〇〇三、Tantingco 2011］。その被害はピナトゥボ山周辺で暮らしていたアエタに集中した。(5)他方で、一九九三年の統計によれば、アエタの人口が急増している。避難生活を送るアエタは、一万二三二二家族（五万九二七二人）に上った。(6)清水展はピナトゥボ山の噴火後、アエタの人口増加について考えられる理由として、以下の諸点を挙げている。まず、噴火前には人口集計から漏れていたピナトゥボ山高地のアエタが下山し、噴火後に集計に含まれるようになった。つぎに、噴火前に平地民と同じ生活を営んでいたアエタが、アエタのための再定住地に移住することで、アエタとしてのアイデンティティを積極的に抱くようになった［清水　二〇〇三］。これらの結果、これまでは統計に含まれることのなかった人びとがアエタとして含まれることになった。さらに、平地民との混血も進んでおり、家族になった平地民を含めると、アエタの人口はさらに増加する。(7)

ピナトゥボ山の噴火から数年経って、それまでの災害救助が打ち切られて、アエタは避難所を離れた。そして、アエタの定住地は、三つのタイプに分かれていった。一つ目のグループは、「被害の少ない集落へと戻った幸運なグループで、数百家族ある。だが山に戻っても以前の豊かさとは程遠い生活を送って」［肥留川　二〇〇二：四］いる人びとである。本書の調査対象地であるサパ **Sapa**（仮名）集落のアエタの多くが、このグループに入る。二つ目のグループは、政府が指定した再定住地に留まった人びとである。三つ目のグループは、住民組織（People, s Organization）が提供した再定住地に移って、農業による自活の道を選んだ人びとである。しかしながら、どのグループにあっても、結局は、アエタの先祖伝来の土地は政府の管轄下に置かれることになり、人びとは、新たな環境で苦しい生活をよぎなくされていった。このような経緯のなかで、アエタは急速に市場社会に参加することになった。ここで市場社会とは、労働力が価値づけされ、選別されて、価値に応じて商品として売買されるような経済社会を指す。そこではアエタの労働者は、「先住民」として、平地民の労働者とは異なる位置に置かれている。本書では、平地の労働階層の底辺に参加した先住民を対象に、生活が窮乏化し、しかも共同体としての親族・近隣の紐帯が弱まっていく「相対的底辺化」について考察する。

2　現代社会と先住民

つぎに、本書で市場社会における先住民に着目することの意味について述べておきたい。中田英樹は、現代を生きる先住民の経験をもとに、二つの問題提起をしている。まず、「現代における先住民の抱える諸問題を、……前近代的な偏見によって差別される本質化された先住民の問題として」［中田　二〇一三a：八六］捉えることに対する批判である。すなわち、現代社会において先住民としての社会的尊厳がどれほどあるのかという運動論的視点や、先住民の貧困やアイデンティティ、生き抜き戦略の分析に着目した「先住民研究」に留まっていては、彼ら彼女らの経験は、結局は「先住民の物語」で終わってしまう。同時に、中田は、先住民が置かれている境遇を「世界共通の普遍的な」［中田　二〇一三a：八六］貧困の問題と括って考えることもできないという。中流家庭の家事労働者や、レストランの店員、日雇い土工など、高度な技術が求められない低賃金の労働に就労する平地民もまた、労働市場の底辺に組み込まれた人びとである。しかし、先住民と平地民とでは、歴史的背景も、底辺に据え置かれるプロセスも、社会における「国民／労働者」としての評価も異なる。本書は、先住民と下層の平地民を比較して、どちらがより貧しいかについて議論するものではない。すなわち、多様な事情で下層の位置にある人びとを「貧者」として一括りにしては、先住民を底辺に追いやる固有のプロセスがみえなくなる。そのため本書では、アエタが市場社会に参加するまでの歴史的な経緯や先住民に対する社会政策、平地民の先住民に対するまなざしなどに着目する。このような問題の認識のもと、本書は、「市場社会のなかのアエタ」から、「アエタをとおした市場社会」の分析へ、すなわち、「先住民の研究」ではなく、「先住民をとおした市場社会」の研究をめざす。

二　なぜアエタの労働なのか

本書が市場社会の分析のためにサパのアエタを研究対象とする理由は、三つある。一つ、サパのアエタが、およそ一〇年間という短い期間に、市場経済へ積極的に参加するように（せざるをえなく）なったことである。二つ、アエタが、狩猟・採集や焼畑などの山仕事と、米軍基地における手伝い・雑務を中心とする混合経済から、市場経済という異質な経済システムへ移行したことである。三つ、アエタが、平地の労働市場のなかで差別され、声をあげることができないマイノリティだという点である。そこには、平地民はもとより、フィリピンのほかの先住民やエスニック・マイノリティとは異なる、アエタ固有の境遇と、そこにはらまれる問題がある。

先住民と少数民族またはエスニック・マイノリティ（民族的少数派）との違いについて、これまで、その「先住性」の時間的な長短をめぐって議論されてきた。国民国家が形成される前から、すなわち「先に住んで」いた先住民と、国民国家の形成の後に編入されて「後に住むようになった」人びとでは、「先住性に由来する権利――自治や土地権など」［日本文化人類学会　二〇一〇：一四三］が異なるというものである。同時に、本書では、先住性の時間の長短ではなく、彼ら彼女らが国民国家に編入されるプロセスの違いに着目して、アエタとほかのエスニック・グループを区別することとする。

1　経済環境の変容

まず、アエタの市場社会への参加プロセスについてみていきたい。伝統社会の解体と市場社会への移行や、先住民の市場社会への参加のプロセスについて、これまで、伝統社会の近代化の研究や、文化人類学での先住民を対象にした研究において考察されてきた[Tönnies 1887=1957, Eder 1987, Goda 2009, 清水　一九八四、青山　二〇〇六]。そこで、何十年、何世代とかけて市場社会へ移行していった、先住民やエスニック・マイノリティの近代化のプロセスや、そのなかでの生活や価値の変化について考察された。

この点に関わって、ピエール・ブルデュー（Pierre Bourdieu）も、資本主義の経済的性向（habitus）の形成について、「伝統的目的に向けられた生産活動から『合理的』な収益活動への移行は、ゆっくりと漸進的にしか、実現しない」[Bourdieu 1977=1993: 10]と述べている。

これに対して、本書の調査対象であるパンパンガ（Pampanga）州サパ集落のアエタは、一九〇〇年初めに平地民が、彼ら彼女らが暮らしていた平地部の居住地に植民すると、すぐに生活の拠点を山岳地に移した。そのためサパのアエタは、第二次世界大戦の時期まで、ほとんど平地社会と関わることがなかった。戦後、アエタは米軍基地における雑業労働者として雇用された。当時のアエタは、山仕事に従事し、基地で働くことで生活を賄うことができた。そのため、普段の生活のなかで、平地の市場社会との関わりは、消極的でわずかなものに止まった。ところが、一九九一年にピナトゥボ山が噴火し、また米軍基地が撤退したことで、アエタは、それまでの生活ができなくなった。その結果、労働と生活を平地社会に依存せざるをえなくなった。こうして、サパのアエタは、火山噴火後、一〇年も満たない間に、突然、市場社会への急速な適応、すなわち、市場社会の経済的性向を身体化する圧力にさらされることになった。

2　市場社会への参加

石岡丈昇は、ブルデューが分析したアルジェリア農民の境遇について、それまで生きてきた世界の常識・有能性が通用しないコンテクストに投げ出される「社会的断絶」として捉えた〔石岡　二〇一三：五〕。市場社会で生きるためには、生活時間を合理的に配分し、金を稼ぎ、必要なだけ使い、残りを将来のために蓄えるという、計算と計画に基づいて金銭を管理する価値観と、それを実践する能力が求められる。アエタが従事してきた山仕事においても、計算と計画は必要であった。アエタは、数を数えるとき、木の葉や石、棒を使った。また、カレンダーとして、一週間ごとに紐を結び、一日ごとに紐を切っていき、それを使って作物の植え付けの時期や収穫の時期を把握していた。しかし市場社会においては、アエタが山仕事で培ったそれらの能力や知識、生活時間の感覚、そのほかの生活価値は、非近代的な、役に立たないものとみなされ、拒否される。すなわち、アルジェリアの農民と同じく、アエタも、社会から断絶された人びとであった[8]。

ピナトゥボ山の噴火では、アエタだけでなく、被害を被った平地民も、生活基盤を失って、急激な生活の変化をよぎなくされた。しかし、フィリピンの歴史のなかで、平地民はすでに、アエタよりはるかに長い時間をかけて、市場社会に適応し、市場が求めるものを熟知していた。また、フィリピンの平地民（の多く）は、すでにスペイン統治時代に、大土地所有制の小作農として賃労働を行ない、その後、資本主義的な農業経営に関わっていた。ゆえに平地民は、市場社会への長い適応過程を経て、「合理的な収益活動」を身体化することができた。

これに対して、アエタは、先行の資本主義諸国を対象とした近代化論において前提とされた「次世代への移行が可能になるくらいの時間幅」［石岡 二〇一三：一三］ではなく、はるかに短い期間のうちに、市場的な慣行や生活様式を強いられた。つい数年前まで山仕事で培ったスキルにより生計を立てていたアエタは、市場的な価値や知識、技術、身体を短い期間で修得することを迫られた。実際、火山が噴火し、米軍基地が撤退して、アエタを取り巻く環境は、急激に変容した。基地の跡地と周辺の経済開発は、急ピッチで進んだ。地域の産業構造が再編されて、雇用機会が増加した。しかしアエタは、その恩恵に預かることができなかった。特別経済区の工場労働などの賃金が高い労働や、観光客向けのレンタカーの貸し出しやその運転手など、初期投資や営業・就労の資格が必要な職種、公用語であるフィリピノ語や英語が必要なサービス業などは、平地民によって占められた。アエタは、より条件の悪い仕事に就労せざるをえない[9]。サパでも、外国人経営者による観光開発が進められた。それにともない、伝統的な職種が賃労働化して、それまでアエタが携わってきた仕事や働き方が変容した。また、集落の外での契約雇用が現れて、職種が多様化した。さらに、国内・国外からアエタの生活援助を目的とするＮＧＯや支援団体が集まった。このように、二〇〇〇年代以降にアエタが携わってきた仕事の多くは、地域の産業構造におけるカネ、モノ、ヒトの移動と直結していった。

しかし、このようなアエタの市場への参加は、まるごと社会的な包摂を意味するわけではなかった。それまで国民国家の周縁に置かれて「異邦人」であったアエタは、労働者になるとともに、フィリピン社会で「国民」として包摂されていった。ただしそれは、労働者や国民として国家（行政）や雇用主から恩恵を受けたり、保護の対象とされるようになったことを意味しない。それどころかアエタは、新たな搾取の対象とされていった。アエタは、市場において安価な労働力をもつ異質な他者として、〈差異化〉されていった。さらに市場においては、市場的な価値や知識が求められる。そのような価値や知識をもたず、市場に適応できず、その結果、貧困は状態にあることは、すべて当事者の自己責任とされた。たとえば、困窮者が貧困から抜け出すためには、寸暇を惜しんで懸命に働かなければならない。文字が書けなければ、努力して書けるようにならなければならない。これが、「なにももたない」サパのアエタが直面した境遇であった。このようにアエタの市場社会への参加は、かつての平地民や、ほかのエスニック・マイノリティのように、漸次的に市場経済に参加していったプロセスとは異なる。アエタの市場社会への参加は、ネオリベラルな社会制度や価値観に支えられた、大資本による地域経済開発と労働の市場や価値の変容の只中で進行していった。

3　労働者アエタ

ピナトゥボ山の噴火後、アエタは「覚醒した先住民」〔清水　一九九七〕として、先住民運動などにおいてアイデンティティ・ポリティクスを行なうようになったと言われる〔青山　二〇〇六〕。実際に、サパの場合も、人びとは、集落のリゾート開発をめぐって外国人経営者と交渉を繰り返し、先祖伝来の土地の神聖な権利について主張してきた。その結果、アエタ側へ毎月土地の使用料を支払うことや、リゾートでアエタを優遇して雇用するなどの契約を取り付けることができた[10]。しかしそうはいっても、雇用条件は、給与や勤務形態などすべて、雇用者に言われるがままという実態にある。このような搾取的な雇用関係は、集落の外での労働ではさらに顕著に現れている。

たとえば、ミンダナオ島出資のムスリムや、ルソン島北部からの山岳民は、マニラや近郊都市など、郷里の外に同郷者が集まるコミュニティをもっている。そこには、移住先で社会生活を送るための情報ネットワークなど、さまざまな生活資源が集積されている。また、定住するマイノリティの場合、生活向上をめざす権利獲得運動を行なったり、ＮＧＯの援助活動や福祉事業などの対象になりやすい。これに対して、アエタには、都市と村を往復する循環型の短期出稼ぎ者や、雇用先に住込みで働く人が多い。そのため、出稼ぎ先で、同郷ネットワークをつくることが困難である（四章二節を参照）。マニラや近郊都市には、アエタが集まる場所が数か所ある。しかしそれらは、「定住地」

ではなく、クリスマス・シーズンなど決まった期間に集う場所や、物乞いなどをするグループの一時的な生活場所であることが多い。そのため、ほかのエスニック・グループのように、生活権を求める運動に発展することはない［渡邉　二〇一二］。このような事情から、アエタの労働の実態や、そこで彼ら彼女らが抱える問題が、権利要求運動をとおしてあきらかになりにくい。これまで、フィリピンにおいて先住民問題といえば、先祖伝来の土地の権利や、鉱山やダムなどに関連した自然破壊の問題について語られることがおもであった(11)。

アエタは、労働市場の最底辺の位置にある。市場社会で現金を得るためには、市場的価値への適応が絶対的条件となる。合理的な計算能力がなくては、市場社会で生きることはできない。また市場において、賃金や雇用条件、労働環境は、労働能力の評価に見合ったものとして評価される。ゆえにアエタの労働者も、努力することが求められる。しかし、いきなり労働者となり、市場社会に適応する主体的条件をもたないアエタは、「努力が足りない」ために、条件の良い労働に見合わない労働者とみなされていく。

また、アエタの労働市場への参加は、村共同体の生活からの離脱をともなう。サパのなかであろうと、マニラであろうと、雇用労働には、場所と時間の制約が避けられない。その制約のなかで、先住民の生活様式やネットワーク、伝統的価値を維持することはむずかしい。アエタは、このような境遇のもと、市場社会において、相対的な底辺化の圧力を強く受けることになる。本書では、このような認識のもと、市場社会における先住民の相対的底辺化をめぐる仮説を構成し、その検証を行なう。

注

（1）本書では、「先住民（族）」という表記を使用する。これは、アエタを含む部族一般を指す。「先住民（族）」の語は、呼称のもつ政治的意味などをめぐって、多くの議論が交わされてきた［スチュアート　二〇〇九、内堀　二〇〇九、上村　二〇〇一］。日本においても、「原住民」や「〇〇族」という用語が、侮蔑的なニュアンスをもつと指摘されたり、「民族」という用語が、本質的なイメージを含むという批判が出されてきた。これに対して、「先住民族」の用語は、一九八〇年代以降、世界的な先住民運動のなかで、先住民共同体（Nation）を指す語として用いられてきた［スチュアート　二〇〇九、内堀　二〇〇九］。またこれには、「植民地化や国民国家形成の過程で名付けられ、分類されてきた歴史的文脈」［合田　一九九七：二七］が含まれる。本書ではこれらの議論に留意して、具体的な人やグループを指す場合は、先住民の語を用いる。他方で、政治的意味合いを含む場合は、括弧付の「アエタ族」もしくは「先住民族」の語を用いる。具体的には、当事者の語りのなかで「Katutubo（タガログ語で native, indigenous の意）」と表現されることがあるが、その際は「先住民族」の訳語を用いる。

（2）青山によれば、バジャウは、もともと「サマ（Sama）語を話す人びと」のなかでも「過去に家船に住んだ経験のある集団」、すなわち「海サマ」の人びとのことであった。しかし近年では「『バジャウ』と呼ばれる人びとの実態も多様化しており、もはや実体的観点だけからは『バジャウ』という概念を整理しがたい」［青山　二〇〇六：二五］。著者は、マニラで、自称「バジャウ」から話を聞いたが、それよりくわしい出自までは聞いていない。

（3）語源は、平地および低地（Lowland）に暮らす人びと。これは、山間部に暮らす先住民に対し、先住民ではない人びと全般を指す。ただし、近年は、山間部でアエタと混住している平地民や、平地で生活しているアエタも少なくない。これらの事情から、本書では「平地」とは、地理的な「平たい土地」という意味ではなく、先住民ではなく、タガログ、カパンパガン、セブアノなど、フィリピン社会で、マジョリティもしくはドミナントの立場にある人びとの土地を指す。

（4）ピナトゥボ山の南西麓の斜面は、一九一七年にアメリカ植民当局によって保留地として設置された［清水　一九九〇：一六］。

（5）避難センターの支援に当たった現地NGOの報告書によれば、パンパンガ、サンバレス、タルラック、バタアンの四州のうち、パンパンガ州だけで被災者は二六万八四六五人に上った。そのうち、本書の調査対象地サパが含まれるバランガイの被災者は、九四七七人であった。アエタも、四年間の避難生活をよぎなくされた。

（6）このうち、政府が造成した再定住地に定住したアエタは、約四五〇〇家族（二万人）であった［肥留川　二〇〇二］。

（7）国家統計において、二〇一〇年の調査より、エスニシティの項目が追加された。しかし、回答基準が、本人のアイデンティティによるものとしてあるため、正確な人口統計は得られていない［NSO 2013］。

（8）だし、ブルデューが研究したアルジェリアの農民は、強制移住の前にすでに、資本主義的な農業経営を経験していたため、移住前の市場社会への参加の程度はサパのアエタと同じではない。

（9）アメリカ移民の若者の研究では、労働市場の二極分化によって労働市場の下層部に編入することになった「今日の移民の第二世代が社会的、経済的な成功を収めるためには、ヨーロッパからの移民の子孫たちが数世代かかって達成した教育における格差を数年のうちに超えなければならない」［村井　二〇〇六：六五―六六、Portes and Rumbaut: 2001=2014］といわれる。アエタも、市場社会で生きるためには、平地民の労働者が数世代かかって身体化してきた、市場社会で求められる技術や価値を、短期間のうちに習得しなければならなかった。

(10) そのほか、リゾート側による緊急時の資金援助、未就学児のデイケアセンター（day-care center）の給食、奨学金などについても覚書が交わされた。

(11) 左派系の全国ネットの運動団体においても、傘下にある団体による先住民の訴えの多くは、地方の土地問題や軍事問題など、人権や環境保護に関するものである。

第二章　調査対象の説明

一　調査対象と調査方法

1　サパの概要

サパは、マニラから北西に約一〇〇キロ、ピナトゥボ山の東麓に位置する。また、クラーク経済特別区（Clark Freeport Zone）、旧クラーク米空軍基地（Clark Air Base）に隣接する。面積は約一万ヘクタールで、二〇一二年三月に、集落の人口は七八〇人、一世帯平均五～八人で一八六世帯、そのうちアエタ一四八世帯（七九・六％）、平地民三八世帯（二一・四％）であった。近年は、集落でのリゾートでの、アエタ向けの雇用の増加によって、他集落から移住してくるアエタが増加している。ここから、サパ内では、アエタの比率が高いことが分かる。

現在のサパのおもな生業は、山仕事、観光リゾートでの接客スタッフおよびガイド、洗濯婦、家事労働者、建設労働者、軍関係者などである。サパのアエタは、フィリピノ語[1]のほかに、パンパンガ州の方言であるパンパンガ語（Kapampangan）と、独自の言語、マガンチ・アエタ（Mag-Anchi Aeta）を話す[2]。サパには、幼稚園と小学校（分校のため四年生まで）があるが、とくに小学校の授業では英語、タガログ語、パンパンガ語が用いられている。また、元米軍基地で働いていたアエタのなかには流暢な英語を話す人もいる。テレビやラジオの普及が進んで、集落人口のほぼ全員がタガログ語を話すことができる。著者がはじめてサパを訪れた一九九九年には、英語を話せるアエタはほとんどいなかった。近年では、リゾート施設で働くガイドや、スタッフとして働く若い世代のなかに、英語だけでなく、片言の中国語や韓国語さえ話すアエタも出てきた。

村には、セミナーや会議用の多目的集会所、小学校、就学前の子どもたちを対象とするデイケアセンター[3]、子ども向けの図書室などがある。小学校の児童は七五人[4]で、就学率は、ほかのアエタの村より高い。小学校では、特別研修[5]を受けた教師が三人派遣され、それぞれ、一年学級、二・三年学級、四年学級の担任を受けもっている。ハイスクールや大学に通う生徒には、アンヘレス（Angeles）市内のカトリック教会による奨学金が支給されている。サパからも数名が奨学生として進級したが、経済的事情や、差別などの問題に直面するケースが多く、大学卒業に至ったケースはまだない。

つぎに、サパ内の組織について説明しておきたい。まず、噴火前にはアエタ農民連合（AMA：Asosyasyon ng mga Magsasakang Ayta）というアエタの住民組織があったが、ピナトゥボ山の噴火によって解散した。その後、再定住地から戻ったアエタの間で、新たに住民組織が組織された。この住民組織は、農作業の種の買い付けを行なったり、小学校を建設するため、政府関係者と交渉を行なった。このほか、女性メンバーの間で、協同組合が作られたこともあった（五章三節）。また、外部からは、アンヘレス市内のカトリック系大学の活動として、「先住民の使徒」（IPA：Indigenous People Apostolate）という先住民援助事業が長年行われている。ＩＰＡは、ピナトゥボ山の噴火後、ヌエバエシハ州の避難センターにおいてアエタの組織化に関わった。その後も、サパ内での教育事業に力を入れている。具体的には、協同組合や、小学校校舎の建設費貸与、デイケアセンターの運営、ハイスクールに通う生徒への教育支援などが続けられている[6]。そのほかにも、不定期で、個人や大学などの団体による、識字教室や、母親教室、健康診断なども行われている。

宗教については、アエタは、ピナトゥボ山に住むといわれる先祖伝来信仰されている創造主アポナマリヤリ（apo namalyari）などの精霊を信仰している。他方で、近年は、キリスト教やエホバの証人などの新宗教を信仰するアエタが増えている。サパには、韓国系のプロテスタント教会が二つあり、村人のほぼ半数が、日曜日に教会で（マガンチ・アエタ語の礼拝に出席している。

最後に、サパの土地の権利に関して、説明しておきたい。第二次世界大戦前までは、サパの土地は、アエタの墓地として使用されていた。[7] 当時のアエタは、サパから数キロ離れた山あいの集落に住んでいた。戦時中は山のなかを転々とし、戦後も米軍の指示により、数年おきに、住所を移動していた。そして、現在のサパに落ち着いたのは、一九七〇年代のことである。当時のサパにおける土地の権利は米軍にあった。そのため、一九九一年に米軍が撤退すると、土地の管理はすべてクラーク開発公社（CDC：Clark Development Corporation）に譲渡された。現在まで、サパで暮らす住民は、法的な居住権がないという不安定な状況が続いている。他方で、サパでは、先祖伝来の土地の所有権を保障する証明書（CADT：Certificate of Ancestral Domain Titles）を求め、土地奪回運動も続けられてきた。しかし、サパを含むアエタの生活地域に対するＣＡＤＴは、現在も発行されていない。二〇〇三年に、観光省によるピナトゥボ山開発事業を受け、サパに住民組織が設立された。また、ピナトゥボ山開発事業計画のトレッキング・コースに位置するパンパンガ州の四つの集落のアエタの代表者によって、住民組織「ポーラック・アエタ先祖伝来の土地」（PAAD：Porac Aeta Ancestral Domain）も結成された。このように、サパの観光開発は、政府関係者（観光省およびＣＤＣ）、自治区関係者（バランガイ役員）、各集落のアエタの代表者という三者間で審議が続けられてきた。また、観光開発に関わる審議と同時に、サパでは、先祖伝来の土地の返還を求めて、元首長が町議院選挙に出馬するなど、[8] 政治参加による運動もみられるようになった。

2　調査の方法

本書では、調査方法として参与観察および質的調査法を用いる。フィールドワークでは、労働と生活の変容を中心に、聞き取り調査を行なった。

本書の分析と記述には、二〇〇〇―二〇一六年にサパ集落およびマニラで行なった調査データを用いる［吉田二〇一〇、二〇一二、二〇一三a、二〇一三b］。参与観察は、サパのリーダーの家に滞在するかたちで、二〇〇〇年に六か月間、二〇〇一～〇三年の間に計六回、二〇一一～一二年に三回、二〇一三年に二回調査を行なった。各調査期間では、それぞれ一～三週間滞在し、畑仕事や家事を手伝いながら、あるときは、山小屋に泊まり込んで、人びとの日常会話に耳を傾けた（写真2）。調査方法は、質的インタビューの方法を用いた。インタビューはタガログ語およびマガンチ・アエタ、マニラのバジャウの人たちにはタガログ語とサマ語で行なった。必要に応じて、協力者にマガンチ・アエタおよびサマ語の通訳を依頼した。インタビューでは、一〇代～八〇代の男女の計七〇人から話を聞くことができた。インフォーマントの内訳は、村の首長、長老、山仕事の従事者、平地民に雇用されているアエタ、民族衣装のモデルや雑貨屋を営む自営業者、マニラのスクオッター(9)や路上で生活し、物売りや物乞いなどのインフォーマル・セクターで働く先住民（アエタとバジャウ）、および平地民である。そのほか、サパで生活を営む平地民、アエタを雇用している平地民、サパのバランガイ長、ソーシャルワーカーおよびそのNGOや教会関係者など、アエタやバジャウ以外の人びとからも話を聞いた。面接では、本人の了承を得たうえで、会話をレコーダーに録音した。普段の生活でペンをもったり、人前で自分の考えを語る機会が少ない人びとにとって、レコーダーやペンを見ると緊張してしまうこともあった。このような事態を避けるため、了承を得た場合でも、インタビューでは対相手によっては極力、レコーダーや筆記用具を使用することを控え、インフォーマントと別れた後に、話を思い出してメモを取り、フィールドノートを作成した。そのほか、山仕事や休憩中に交わした日常会話なども、フィールドノートに記録した。二〇〇〇年のインタビューでは、二五世帯の意識調査を行なったほか、女性や若者など各セクターから一〇人のリーダーに集中インタビューを行なった。二〇〇二年一〇月、二〇〇三年三月、八～九月には、一〇代から四〇代の一二人の女性と四人の男性、計一六人の話を聞くことができた。二〇一二年には四〇人のアエタに対して労働に関する聞き取りを行なった。これらの調査では、おもにアエタが平地民から被っている差別や搾取、アエタ社会への市場的価値の浸透や、そこでの葛藤に質問を集中した。また、労働に関するインタビューでは、アエタの労働と生計の変容を知るため、生活史法を用いた。ここでは、インフォーマントの成育環境と過去に経験した仕事・労働の内容について聞いた。また、現在の仕事に至った経緯や、それぞれの仕事の労働環境、具体的な作業内容、労働条件（労働時間、給与）などに焦点を当てた。さらに、インタビューでは、世代間の労働観・消費観の違いにも留意した。

写真2　山仕事に向かう女性たちと筆者（右から2番目）［2015年］

本書での、マニラの調査については、二〇一一年から二〇一六年にかけて、先住民集住地および街路で行なったフィールドワークの資料を用いる。マニラでは、スクオッターと勤め先、路上で参与観察とインタビュー調査を行なった。インタビューでは、マニラ滞在の短期循環型と長期滞在型の先住民について、労働と生計に焦点を当てた。また、先住民の生活環境やネットワークを把握するため、雇用主や近隣住民、ストリート・ベンダーなど、同じ環境で働く平地民からも聞き取りを行なった。さらに、先住民の政策や援助については、社会福祉開発省（DSWD：Department of Social Welfare and Development）の職員やNGO関係者、バランガイの役員に聞き取りを行なった。

本書では、これらのデータをもとに、フィリピン社会における先住民の境遇と、彼ら彼女らが相対的に底辺化していく経緯を分析する。最後に、フィールド調査としてアエタの人びとの生活に入ること、またその状況を描写することに関する、著者の方法意識については、巻末の補論「確かなデータに関する考察」において論じたい。

二　サパ・アエタの経済史

本節では、まず、サパの歴史を説明し、この地域のアエタが経てきた社会・経済的な変容について確認する。これによって、協同組合を設立するまでのアエタが、過去にどの程度、市場社会と接してきたのかを知ることができる。本書では、サパのアエタの経済史を、経済タイプと労働に着目して、四期に分けて考察する（表1―1）。

1　第一期――狩猟焼畑時代

第一期を、一九五〇年代以前とする。一八世紀初頭には、サパのアエタは、狩猟と採集や、タロイモやキャッサバの焼畑農業によって自給自足の暮らしをしていた。当時のアエタはマーシャル・サーリンズ（Marchall Sahlins）のいうような「始原のあふれる社会」[10]［Sahlins 1972=1984: 8］のなかで暮らしていた。パンパンガ州のアエタについて書かれたもっとも古い記録によれば、一七九六年に、同州にあったサパを含む四つの町には、一〇〇〇人を超えるアエタが住んでいた［Reed 1904: 33］。しかし、一七九六年に、現在のアンヘレス（Angeles）市の開拓者であるドン・アンヘル・パンタレオン・デ・ミランダ（Don Angel Pantaleon de Miranda）が砂糖キビ農園と稲作地を拓き、そのために、サパのアエタは山岳部に追いやられた［Larkin 1972: 73, Tantingco 2011］。当時、アエタのなかには、移住してきた平地民に捕えられ、奴隷として売買されることもあったという［Larkin 1972: 5, Tantingco 2011: 21］。これらのことから、サパのアエタは、その後も「平

表1-1　サパのアエタの経済・生活史

時期	1期 1950年代以前	2期 1954年～1991年	3期 1991年～2003年	4期 2004年以降
経済タイプ 生計 仕事の種類	生存経済 自給自足 山仕事	混合経済 自給・雇用 山・基地労働	援助経済 援助・自給 山・雑業	市場経済 雇用労働 観光業・出稼ぎ

地民と居住空間を隔て、緊張をはらんだ関係」[清水　一九九〇：三二六]を保ってきた。一九〇三年には、アエタの先祖伝来の土地にクラーク米軍基地が設立され、現在のサパの土地が米軍の保留地に繰り入れられた(11)。サパのアエタは、緊張関係にあった平地民とは反対に、親米的であった。これに関して、一九二〇年代、フィリピン政府から福祉施策を受けていなかったアエタの状況を知った米軍司令官が、アエタの首長に対して、地域の和平を守る「王」の称号を与えたことがきっかけとなったという記録もある[Meixsel 2001: 75]。実際に、サパの長老から、アエタと米軍兵士がジャングルのなかでともに生活し、アエタが日本軍や平地民のゲリラから米兵をかばったという話を聞いた。第二次世界大戦時には、一〇〇人のアエタが、米軍とともに日本軍と闘った(12)。ただし、当時、米軍とアエタの間に正式な雇用契約が結ばれていたかどうかはあきらかではない。また、サパのアエタは、一九五〇年まで、狩猟と採集や、焼き畑に従事しており、この時期まではこのような形で生活が成り立っていた。

2　第二期――米軍基地時代

第二期を、アエタが米軍と雇用関係を結び、基地関連の仕事に就くようになった一九五四年から、ピナトゥボ山が噴火し、米軍基地が撤退する直前までの一九九一年とする。この時期のアエタは、基地関連の仕事と山仕事を両立させて生活を支えていた(四章一節、七章一節)。そのため、この時期の経済タイプを混合経済と呼ぶ。一九五四年に、米軍のケーブル設備が盗難に遭い、二〇～三〇人のアエタの男性が軍施設の守衛として雇用された。そのとき、家族や親戚も、山岳部から基地周辺の保留地に移住させられた。この後、アエタに、米軍兵士によるジャングルでの訓練のアシスタント（草刈り、山の知識の助言等）や、航空技士のアシスタント（雑用係）などの仕事が与えられるようになった［Truesdell 1974］。当時、守衛の平均月給は一〇〇〇ペソであったとされるが、そのほかのアエタは基地のなかや周辺で再生資源を回収し、射撃練習場で使用済み弾丸を収集するなどした。また、兵士の家庭の洗濯や、庭木の手入れなどをして生計の足しにした。［Truesdell 1974; Meixsel 2001］。

アエタの集住地には、ネグリート村（Negrito Villages）という名称がつけられた。そして、米軍のさまざまな施設（射撃訓練場やパラシュートの落下地点、レーダー塔など）の付くに住まわされて、施設の監視の役割などを担うようになった。[13] 一九七〇年に、射撃訓練場の守衛を務めていたアエタが、家族や親戚とともに訓練場の横に小屋をたてて住み始めた。それが現在のサパである。一九七〇年代は、基地のなかに暮らすアエタが増加した。そしてアエタは、基地のなかでも、山で採れた植物や作物を売る権利を与えられた。この時期、米軍は、アエタの先祖伝来の土地を使用することの代償として、仕事や生活保障において、アエタを「優遇」していた。アエタが守衛として雇われるようになってからは、頭髪が縮毛であればアエタは、基地への出入りが自由にでき、病院や学校教育のサービスが提供された。守衛のほかにも、アエタは、機械技師のアシスタントや洗濯婦としてとして雇用された。当時は、労働者が必要になると、米兵がアエタの集住地で直接労働者を募ったという。アエタが米軍の保留地で暮らすようになると、山仕事ができる時間が少なくなった。それでも、ほかの家族船員が、畑を耕し、週末には家族で山へ行った。サパは高地にあり、ほかの保留地に比べると山の畑に近く、通いやすい条件にあった。また、農業労働者や家事労働者として短期の出稼ぎに出される子どももいたが、しかしそれでも、アエタの多くは、山仕事から離れることはなく、基地の仕事と両立させていた。[14]

3　第三期——災害復興時代

第三期は、一九九一年のピナトゥボ山の噴火から、避難生活を経て、サパの観光開発が始まる直前の二〇〇三年までの期間である。一九九一年の噴火で、サパに隣接していたクラーク空軍基地は火山灰に覆われた。その翌年、米軍は一五六、二〇四ヘクタールの土地をフィリピンに返還し、基地を撤退した。火山の噴火と米軍基地の撤退のため、アエタは、生活基盤を失い、フィリピン赤十字社が設けたヌエバエシハ州（Nueva Ecjia パンパンガの隣州）に設置した避難所に一時避難し、その後、再定住地に移った[15]。再定住地には、パンパンガ州の八集落から四一五世帯のアエタが集った［Piramide 1991］。そこでサパのアエタは、六年の避難生活を送った。避難生活を送りながら、アエタは、農業や薪・藁の収集、ラタン工芸やレンガ造り、観光客向けの狩猟弓矢の販売などで収入を得た［Reilly 2009: 70］。避難先では、政府やＮＧＯによって食糧や生活必需品、医療サービスなどが提供された。その後も、アエタの生活復興をめざして、子どもの教育や生計の向上にむけた事業が提供された。一九九三年に、クラーク経済特別区が設置されると、米軍の射撃訓練地であったサパは、投資誘致の機関でもあるクラーク開発公社（ＣＤＣ）の管理下に置かれた。同経済特別区の投資企業には、税金の控除など、さまざまな優遇措置が用意され、この時期から外資系企業の誘致が、盛んに行なわれるようになった。ただし、この時期の地域経済の変容は、サパのアエタの生活に直接の影響を及ぼすことはなかった。しかし、アエタは、このままではＣＤＣやフィリピン政府に先祖伝来の土地を奪われるのではないかと懸念した[16]。そこで、サパのアエタの首長が、一九九七年に、七世帯のアエタとともに、避難先からサパへ帰郷し、山仕事を再開した。最初は、野生のバナナやパパイヤ、蘭を採取するほか、焼畑や木炭作りを再開して、平地の市場で換金して生計を立てた。しかし、再

写真3　雑貨屋に並ぶ加工食品［筆者撮影　2013 年］

定住地でさまざまな生活物資の援助を受けたことで、アエタの生活習慣や消費価値は、すでに変容していた。夜は焚き木ではなく、一晩分で五ペソ（約一五円）のケロシン（灯油）で灯りを取るようになった。乳幼児には、紙おむつや粉ミルクを使うようになった。食生活では、主食が芋から白米に変わり、[17]コーヒーやインスタント食品などの加工食品が、食卓に並ぶようになった（写真3）。そして、食生活の変化による高血圧や肝臓疾患、村に設置された井戸の水汚染による乳幼児や高齢者の嘔吐下痢、ぎょう虫、麻疹、インフルエンザなど、かつてはなかった感染症がアエタの間で蔓延するようになった。そのためアエタは、平地の保健所や病院に通い、市販の薬を服用するようになった。このように、アエタの生活は、現金収入なくして生計が賄えないものへと変容した。その結果、サパに戻ったアエタは、山仕事だけでは生活必需品を賄うことができなくなった。本書が後で紹介する生活協同組合が設立されたのは、この時期から第四期への移行期であった。

二〇〇〇年に協同組合が設立された頃、アエタの現金収入といえば、援助団体の植林事業の手伝いやマスコミの取材、火山灰のトレッキングに来る客のガイド程度のものであった。しかしそれらは、毎日確実に収入が入ってくる仕事ではなく、いつ仕事が入るか分からないものであった。また、一回の仕事で得られる収入も、五〇～一〇〇ペソ程度のものであった。当時の米価が一キロ二〇ペソであったことを考えると、この頃のアエタの生活が、いかに厳しいものであったかがわかる。それゆえ、サパのアエタは、山仕事や単発のガイドのほか、複数の仕事をいくつか組み合わせて、ようやく生計をやりくりすることができた。なかには、一か月も収入がない家庭もあった。そのときは、現金が必要となる村での生活を避けて、一家で山の仕事場に避難した。子どもの通学などの事情で山に寝泊まりできない家族は、食事の時間に親戚の家を回り、食べ物を分けてもらった。それでも食べ物が手に入らないときは、近くの山へ行って、芋や山菜を採集して空腹をしのいだ。これが、協同組合を設立した頃のアエタの生活状況であった。

4　第四期——観光開発時代

第四期は、サパの集落で観光開発が進められるようになった二〇〇三年以降の時期である。サパのアエタは、この時期より積極的に地域の労働市場に参加するようになり、生活も、急速に平地の市場経済に依存するようになった。

この時期、経済特区において産業開発が急成長し、雇用が大量に創出されている。経済特別区では、とくに空港、物流、製造業、観光、農工業の開発に力が注がれて、二〇一四年六月の発表では、前年比二九六パーセント増の二億八六二万ドルの外国投資を受け入れた。また、同時期の経済区の企業数は七四〇社、労働者数は八万一、五四五人に及んだ［CDC 2014］。他方で、同地域を含むリージョンⅢでは、二〇一四年に四、二〇七人の失業者を出しており、その数はマニラに次ぐ高さとなっている［NWPC 2015］。その数に、サパ周辺地域における労働者の雇用の不安定な状況が顕著に現われている。

　また、経済特区の設置と同時に、国際空港が開港し、タイや韓国、台湾など、近隣アジア諸国からの定期便が就航した（写真4）。二〇一一年度に、国外からの利用者は七三万人を超えており、合わせて国内線も増便され、国内外か

写真4　クラーク国際空港［出典：クラーク国際空港、2017］

写真5　サパの集落（手前）からも、経済特区内で建設中のゴルフコースが見える［筆者撮影　2013年］

ら旅行者が増加している。[18] このような地域産業の変容を受けて、先住民を含む地域の労働者も、特別区内での工場労働や建設作業員、清掃業、運転手などの職業に就労するようになった。

このような経済環境のなか、観光開発が、経済特区に近いサパでも進められた[19]（写真5）。クラーク開発公社は、サパの各世帯に電気を供給し、四駆車がやっと通れるほどのであった道を、観光用マイクロバスが通れる道幅に広げた。また、集落へ電気が供給され、交通手段が整えられると、外資系の所有者によるリゾート施設が建設された。観光地と化したサパには、アエタとの交流やエコ・ツアーを謳ったパッケージツアーが組まれて、多い日には一日に一〇〇人以上の外国人が訪れるようになった。このようにサパは、本格的な観光地へと変容した。リゾートの建設は、アエタの雇用や地代の支払いなどを生み出し、また、アエタと開発者の正式な合意に基づいて進められた。土地は、アエタと事業主の間で二五年の賃貸契約が結ばれた。現在、観光業は、サパのもっとも重要な収入源となっている。[20]

三　国家のまなざし――政策

本節では、国家の先住民に対するまなざしが、従来の「棄民」から「国民」へと変容していることを、先住民に関わる政策をとおして考察する。具体的には、サパのアエタを含む、先住民の労働と生活に関わる法律や政策をみていきたい。これまでは排除の対象でしかなかった都市の先住民も、山奥に住んでいる地方の先住民も、貧困対策事業の受益対象者になった。以下では、国家がどのようなかたちでアエタを「国民」として包摂しているのかについて考察する。そのため、本節では、まず先住民族権利法（IPRA: Indigenous Peoples Rights Act 共和国法第八三七一号）と、ＩＰＲＡにおける先住民の労働に関する記述を整理する。つぎに、二〇〇八年に開始された条件付き現金給付、フィリピン家族生計支援プログラム（Pangtawid Pilipino Pamilya Program 通称、４Ｐｓ）と、その特例措置として、特別に保護を必要とする世帯への条件付き現金給付事業（MCCT-FNSP: Modified Conditional Cash Transfer for Families in Need of Special Protection）について考察する。

1　先住民法における先住民認識

1　開発政策のなかの先住民

一九九七年に成立したＩＰＲＡは、世界のなかでもいち早く先住民の権利と保護を提言した国内法として評価されている。同法のもとで、国家先住民族員会（NCIP : National Commission on Indigenous People）が作られた。ＩＰＲＡには「先祖伝来の土地」の土地権を認めるための条項が含まれており、ＮＣＩＰによって土地の証明書（ＣＡＤＴ）が発行される。これにより、「先祖伝来の土地」として認められた場合は、先住民にその所有権が認められることになっている。しかし、土地を取得するための書類や、先祖伝来の土地であることを証明するには、時間や知識を必要とする。実際にはじめてアエタに対して証明書が発行されたのは、ＮＣＩＰの成立から一二年後の二〇〇九年であった[21]。また、ＩＰＲＡには、罰則規定が存在しない上に、政権やその時どきの政治状況によって無効化されるという限界も指摘されている［玉置　二〇一〇］。このように、フィリピンでは、先住民の自立を支持する制度的インフラが揃っているにもかかわらず、実際には、いまだ先住民の生活に資するかたちまでには整っていない。

つぎに、これらの開発に関わる政策から、フィリピン国家の先住民に対するまなざしを考察する。フィリピンにおける「先住民」政策は、二〇世紀初頭のアメリカ植民地時代以降の歴史がある。しかし、これらの政策は、玉置泰明によると、先住民の権利を明記するものではなく、とくに自然資源の開発においては、先住民は、「阻害要因」［玉置　二〇一〇］であった。その意味で、先住民に対しては適宜「開発の邪魔にならない範囲内で保護措置を講じる」

〔玉置　二〇一〇〕というものであった。さらに、玉置は、フィリピンの開発計画のなかでの、先住民を含む「周縁」の扱われ方について、これらの「阻害要因」を「主流社会に取り込んで政治的に中和し、無害化するための政策的処方であった」〔玉置　二〇一〇〕としている。一九六二年には、アエタの生活に直接関連する法律もできた。共和国法三七〇一号の焼畑法である。同法によって、国有林への侵入および焼畑が非合法化された。実際には、厳しく監視されているわけではないが、焼き畑をした時点で、法に触れることになる。玉置は、これらの政策によって先住民の「周縁化」が進められたという〔玉置　二〇一〇：八七〕。他方で、フィリピンの開発計画において、はじめて「フィリピン先住民」の権利が考慮される内容が示されたのは、一九八六年のアキノ政権設立後の「一九八六―九二年度中期フィリピン開発計画」であった〔玉置　二〇一〇：八七〕。同計画では、先住民の自立や、民族性や習慣を維持できるようなコミュニティの形成が提案された。

ここで、国家の先住民に対するまなざしについて考えてみたい。これらはたしかに「周縁化」である。他方で、見方を変えると、先住民が法律や政策のなかで言及されたという時点で、それがどのような扱われ方であろうと、法の効力が及ぶ対象となったという意味で、先住民が「国民」として扱われるようになったと解釈することもできる。(22)

サパにおいても、ピナトゥボ山の噴火後、観光開発が進められるまで、アエタは国家に害を加えることも、利益を与えることもない存在であった。アエタは、米軍基地での雑用的労働の傍ら、山仕事で生活を支えて、ひっそりと生活していた。そのため、フィリピンの社会福祉制度の対象となることもなく、国家にとってみれば、いわば「棄民」の扱いであった。しかし、クラーク経済特区を中心とした地域開発計画のなか、ピナトゥボ火山のエコ・ツアーは、観光客呼び寄せのための格好の商品として着目された。そして、観光地として売り出すためには、アエタの「先祖伝来の土地」の利用と、客寄せのための「先住民アエタ族」が必要であった。このような背景のもと、サパでは、電気の開通や道の整備が急ピッチで進められたのである。これにより、アエタの生活は便利になった。これらの計画においては、アエタの首長や長老とも話し合いの機会がもたれた。しかし、サパのアエタ住民は、瞬く間に開発が進んでいくなかで、今後、自分たちの生活がどこに向かっていくのか、不安を感じた。他方で、表向きにはアエタの文化を尊重し、「アエタらしさ」を残しながら進められる開発事業に強く反発する者はいなかった。ここに、アエタが国民としてフィリピン社会に取り込まれ、「政治的に中和」される姿があった[23]。

2　IPRAと先住民の労働

IPRAの第五章「社会的平等と人権」には、先住民の雇用に関する規定がある。同二四条では、職場における雇用条件の差別の禁止、先住民を理由として雇用を拒まないことなどが挙げられている。さらに同二五条の基本的サービスの項目では、経済的社会的状況を改善するために、雇用、職業訓練、住宅、衛生、健康および、社会的保護に関して、特別な基準が必要であるとされている。

たとえば、サパで小学校教諭をしているマリテスの場合、大学は卒業したが、国家試験を受けていない。そのため、卒業後三年間、非常勤教師として勤務している。マリテスの場合、給与ではなく、交通費として月に三〇〇〇ペソが支払われている。ただし、マリテスがアエタであることと、すでに三年間教鞭をとっているという教育歴が考慮され、IPRAの第二五条規程による先住民の教育や雇用の社会的平等の観点から、マニラの教育省で手続きをすれば、正規雇用の教員になれるということである。また、フィリピンでは、警察官、刑務官、国軍兵士になるには、身長制限が設けられている。たとえば、一般（平地民）の身長制限は、男性は一六二センチメートル、女性は一五七センチメートル以上となっている（PNPホームページ、二〇一五）。ただし、先住民の場合、申請者が先住民であることが証明されれば、男性一五二センチメートル、女性一四五センチメートル以上と、身長制限が緩和される。

これには、ムスリム・フィリピン国家委員会（NCMF : National Commission on Muslim Filipinos）および国家先住民族委員会（ＮＣＩＰ）によって発行される先住民証明書（COC : Certificate of Confirmation of Tribal Membership）の提出が必要となる。(24)

このように、フィリピンではとくに公務員の雇用の場面で、先住民に対する特別措置がみられる。しかし、警察関係者の話によると、この特例によって先住民が採用されるのは、一般の身長制限において適任者がいない場合であり、優先順位は下がるという。また、このＣＯＣを取得するためには各地方（Region）のＮＣＩＰ事務所に通う必要があり、そこでは一〇を超えるプロセスを経なければならず、認定されるまで時間も要する。(25)ここから、先住民であることが「優遇」される措置ではないことが分かる。また、雇用の現場でＩＰＲＡが施行されていようとも、みずからが先住民であることを公に証明し、雇用にたどり着くことは、まだむずかしい現状がある。

２　先住民に関わる生活支援策

つぎに、社会福祉開発省（ＤＳＷＤ）による先住民の生活支援策について考察していきたい。ここには、都市部に暮らす先住民に対する制度と、全国的な貧困対策としての条件付き現金給付事業がある。以下では、それぞれ内容と現状の課題をみていきたい。

１　帰郷プログラム

まず、都市の先住民に関わる政策として、帰郷プログラム（Balik probinsya タガログ語で「地方・郷里へ帰る」の意）がある。これは、都市部から、郷里への強制送還や、郊外への再定住を進める事業である。これには、物乞いや循環型の出稼ぎ者など、先住民やホームレス、スクオッター居住者などが対象となる。また、台風や水害などの自然災害の被災者も対象となり、交通費だけでなく、帰郷のためのアシスタントをするものである。先住民に対しては、とくに物乞いが多くなるクリスマスの時期などに、実施されてきた。しかし、強制送還の対象となった先住民がどこから、どのような背景のもとで都市部に来たかという情報の把握は不十分である。マニラにある、政府と連携している一時保護シェルターでは、クリスマス・シーズンに保護された先住民が一三〇人に達したことがある。しかし、帰郷先での定住に対する支援が不十分であるため、強制送還をしても、すぐに都市部に戻ってきたり、帰郷のために港に搬送されている途中で逃げ出す人がいるなど、貧困緩和や解決策には至らなかった。このプログラムの背景には、地方から出てきた短期循環型出稼ぎとして、マニラで物乞いをする先住民が多かったことが挙げられる。[26]そのため、同プログラムは、マニラで先住民が暮らすための援助としてではなく、マニラから先住民を追い出すことに焦点があてられた。

2　フィリピン家族生計支援プログラム

フィリピン家族生計支援プログラム（Pangtawid Pamilyang Pilipino Program あるいは Bridging Program for the Filipino Family 以下、4Ps）は、全国規模の現金給付事業として、二〇〇八年よりＤＳＷＤのもとで開始されてきた。このプログラムは、もともと同じ発展途上国であるブラジルでの現金給付事業（Bolsa Familia）や、メキシコの貧困削減政策（Oportunidades）を範とした条件付き現金給付事業である。この事業に対して、フィリピン政府は、厳しい財政のもとにあっても、効率的に貧困緩和ができると期待を寄せている。４Ｐｓは、おもに妊婦や子どもの健康、栄養、教育に焦点を当てており、研修などをとおして、対象者の教育を行なっている［DSWD 2017］。これらをとおして、一時しのぎの解決法として現金を給付するのではなく、貧困のサイクルを断ち切ることを目標にしている。具体的には、短期的な生活援助としての現金給付と、研修などをとおした長期的なものがある。前者では、各受給者に対して、年間をとおして一〇か月間、子ども一人当たり毎月三〇〇ペソ（一世帯あたり三人まで）の生活支援金が支給されるほか、一世帯につき五〇〇ペソの補助金が出る[27]。また、現金給付について、つぎの五つの条件を設けている。①妊婦健診および専門医のいる出産施設で出産すること、②両親を対象とした家族開発セッションへ参加すること（毎月）、③〇歳から五歳の未就学児に、保健所での健康診断（毎月）および予防接種を受けさせること、④六歳から一四歳の子どもに虫下し薬を投与すること［DSWD 2015］。4Psでは、これらの条件を満たした対象者に対して、現金が給付される。ここから、4Psが一時的な貧困の解決ではなく、子どもの「人的資本への投資」を促すことを目標としている［関二〇一三］ことがうかがえる。

4Psでは、二〇一六年までに四六九万世帯を受益対象としている。先住民の受益対象条件として、①いずれかの民族言語グループに属していること、②DSWDのデータバンクである貧困削減全国世帯捕捉システム（Listahanan もしくは NHTO:National Household Targeting System for Poverty Reduction）において、貧困世帯として認定されていること、③受給対象地に定住していること、が設けられている［2013 Paje］。二〇一二年におけるフィリピン全土の受益者は、三〇一万四、五八六世帯である[28]。このうち、先住民の受益者は、内戦が続く山岳地方やミンダナオ島の先住民などを中心に、四五万二、三六世帯となっている[29]［DSWD 2017］。

また、二〇一三年に、マニラに住んでいる先住民の受益世帯数は、わずか五〇世帯であった。マニラ在住の先住民の全体数は定かではない。たとえば、受益世帯数がもっとも多いもっともバジャウの集住地[30]では、二〇一二年八月の調査時に、バジャウは三九一世帯で、同地区の人口（一〇四五世帯、七、八一六人）の三七・四パーセントを占めたが、同地区の、非先住民の4Ps受益者七三世帯に対して、バジャウの受益者はわずか一一世帯と、一三パーセントであった。さらに、同地区では、居住する非先住民の仕事の多くが、日雇い労働者、弁護士、正雇いなど、労働階層に幅があるのに対し、バジャウ世帯は、ほぼすべてが路上での物売りや物乞いなどの最貧困層であった。これらのことから、苦しい生活を送っている先住民が、4Psにほとんどカバーされていないことが分かる。これには、4

Ｐｓを申請するための書類不備や、現金給付の条件を満たさないことなどの理由がある。また、４Ｐｓは重複受給を避けるため、一つの住所につき、一つの世帯を受益者としている。しかし、Ａ地区のケースでは、バジャウ住民が一部屋を数世帯で賃貸しているため、一つの住所に複数の世帯が住んでいることになる。この場合は、一世帯しか申請することができなくなる。二〇一三年に著者がサパを訪問した際にも、ＤＳＷＤの担当者による４Ｐｓの支払い手続きが行われていた。４Ｐｓは、家族のなかに、就学している子どもがいることも受給の条件に含まれるが、なかには、子どもの数は多いが、就学している子どもがいない、就学年齢の子どもはいるが、障害のため寝たきりで学校に通っていないため、４Ｐｓの対象外となるという声も出ていた。

３　特別保護を必要とする世帯への条件付き現金給付事業

二〇一二年には、４Ｐｓの課題をもとに、特別保護を必要とする世帯への条件付き現金給付事業（MCCT-FNSP : Modified Conditional Cash Transfer for Families in Need of Special Protection）が試験的にはじまり、定住地や住所がない、出生届などの書類がないなどの理由で、４Ｐｓに申請できない世帯および、ＮＨＴＯに登録されていない貧困世帯も、現金給付の対象となった。具体的には、ホームレスや「地理的に孤立した不利な地域」（GIDA : Geographically Isolated and Disadvantaged Areas）の先住民、人災・自然災害などの被災で避難所や一時シェルターにいる人びとが対象となる。[31]

とくに、ホームレスや都市に移住した先住民は、これまで政治的主張をしてこなかったことから、政府にとっても、マニラの住民にとっても「声の小さい存在」であった。そのため、行政の貧困対策の対象者となることはなかった。しかし、近年、公共空間での物乞い、犯罪、コミュニティのなかでのトラブル、ＮＧＯの介入などが増加し、先住民の貧困が「問題化」した。これを受けて、二〇一一年に、マニラのバジャウが、試験的に福祉事業の対象となった。[32]ＭＣＣＴ―ＦＮＳＰの受益者は、自治体と社会福祉開発省が審査する。[33]４Ｐｓと同様に、ＭＣＣＴ―ＦＮＳＰ

では、妊娠中の女性および〇～一八歳の子どもがいる世帯が対象となる。ＭＣＣＴ―ＦＮＳＰの受益資格は４Ｐｓと比べて緩いが、子どもが通学していることと、健康診断および家族開発セミナーへの出席は必須の条件となる。また、保育園、幼稚園、小学校に通う子どもには毎月三〇〇ペソ、ハイスクールの子どもには毎月五〇〇ペソ[34]、このほかに健康促進のための補助金として五〇〇ペソが支払われる。また、最大一年間、毎月四〇〇〇ペソの住宅補助が出る[35]。試用期間は六か月から一年で、五か月目には、生計向上の機会として仕事を与えられることもある。受益者は、その後、４Ｐｓの受益者になれるかどうか再審査される。審査に通ると、４Ｐｓに移行するが、通らなかった場合、給付は打ち切られる。二〇一三年に、同事業のバジャウの受益者数は三〇世帯であった。しかし、ここでも事業内容に関する課題が出てきた。それは、住居がある先住民と住居がないホームレスを一括りにしている点である。たしかに両者には、４Ｐｓの受益者になりにくいという共通点がある。また、行政にとっても、一般に４Ｐｓの対象となる、平地のスクオッター住民よりも、住居を持たないホームレスや、先住民の実態は把握しにくい（さらに、受益後の規制管理も行ないにくい）。しかし、両者を「４Ｐｓの対象に当てはまらない人たち」として一括りにすると、平地民のホームレスと先住民の事情の違いは、看過される。たとえば、受給の条件であるセミナーでは、先住民がもっている価値観や、文化は考慮されない（それどころか否定される）。そこでは、いわゆる言い伝えや伝統的な価値が否定され、西洋医学の知識提供や平地民のような生活習慣がモデルとして紹介される。このように、一方的に平地の価値を押し付けられるセミナーに嫌悪感を抱いている先住民もいる。

４　先住民の貧困対策事業からみえるもの

以上では、二〇〇八年以降に試行された政策について考察した。フィリピンにおいて、「声の小さい先住民」は、国益に基づいて、政策をとおして徐々に「国民化」されてきた。また、地方の開発計画のなかで、先住民は「阻害要因」

として捉えられてきた。そこでは、IPRAをはじめ、一見、先住民に配慮したような巧妙なアプローチによって、先住民は、「政治的に中和」され、「無害化」されてきた。

都市部においては、近隣住民や平地民によって先住民の存在が「社会問題化」されてきた[36]。そこでは、地方から一時的に物乞いにきた先住民は、「侵入者」として排除（強制送還もしくは一時シェルターに保護）された。他方で、すでにコミュニティを形成している先住民や、長期間、路上で生活している先住民に対しては、貧困対策として現金給付が開始された。

しかし、この現金給付事業には、三つの問題点がある。一つ目は、受益対象者の選択の問題である。これらのプロジェクトでは、子どもをもつ世帯の教育や健康に重点が置かれているため、就学している子どもや、世帯が受益対象者となっている。そのため、単身者や高齢者、子どものいない夫婦、就学年齢に達していても学校に通っていない子どもは対象とならない。さらに、給付期限は一人の子どもに対し最大五年間である。有識者からは、給付期間が短すぎるという批判も出ているが［Karaos 2011］、それ以上に障害をもっていることや、家庭が貧困であるがゆえに就学できない子どもを抱える世帯が、受益対象からすっぽり抜けてしまう。また、アエタのように、住居や仕事の事情によって、社会的ネットワークから断絶された「顔の見えない」［梶田ほか　二〇〇五］先住民も多くいる。このような先住民の労働者は、ときに同じ平地民の労働者以上に労働力の搾取や人権侵害にさらされることもある。これらの状況から、「定住者」や「世帯」以外にも目を向ける必要がある。

二つ目の問題点は、現金給付後のフォローアップと効果についてである。たとえば、４ＰｓもＭＣＣＴ―ＦＮＳＰも、給付金はすべて銀行口座に振り込まれるため、受益者にはキャッシュカードが支給される。しかし、実際には、現金を引き出すときに、ＡＴＭの使い方が分からない受益者もいる。地方の場合では、銀行が集落から離れているため、なかなか引き出せないというケースもある。また、なかにはキャッシュカードを担保にして借金をするケースなどもある。そして、現金給付の後につながる、持続的な技術サポートや、就労支援がないことが指摘できる。ある地区では、現金給付の条件として、道路清掃の斡旋や、観光客が多く集まる国立公園で、少数民族のダンスショーなどの機会が与えられた。しかしどれも単発的なもので、現金収入の機会を与えられても、つぎの仕事に結びつかなかった。そのため、現金給付が終わると、ふたたび元の生活に戻るほかなかった。また、ある家族は、毎月三、〇〇〇ペソの家賃が半年間補助されていたが、収入状況は変わらず七か月目に家を追われ、路上に戻った。これらの状況から、現金給付が一時しのぎにしかなっておらず、先住民を対象とした貧困対策が、現状の生活（危険な生活環境や不安定な収入）から脱出するには至ってないことが分かる。

三つ目に、事業内容の問題である。まず、受益者に参加が求められている啓発セミナーでは、当たり前のように平地の価値観が刷り込まれる。[37] そこでは、先住民の伝来の価値観は修正され、生活スタイルを否定されることもある。さらに政策は、全般的に貧困を、当事者の能力や努力の欠如の結果とみなす傾向にある。他方で、これらの研修に参加しなかったり、斡旋された仕事を短期間で辞めた場合は、自己責任とされる。しかし、貧困の問題は、当事者側の問題だけに焦点をあてるのでは解決しない。労働基準の徹底や、人権教育などをとおして、雇用者や行政、近隣住民の平地民など、マイノリティを受け入れる（取り囲む）社会側の責任も問い直す必要がある。また、現行の「貧困」の捉え方そのものを考え直すことも必要である。行政が「問題」としたのは、先住民による犯罪であったり、失業であったり、物乞いであったり、周辺住民からの苦情であったり、それを受けたＮＧＯによる「声」であった。現在の政策からは、それらの（周りの）不満をいかに緩和させるか、そのためにまず、どのように都市部の先住民を管理し、統制するか、ということを前提に、生活支援や貧困対策が進められている。しかし、このような「問題＝貧困」を前提とするかぎり、支援の対象から、本当に支援を必要としている貧者や弱者がこぼれ落ち続ける。これらの人びとを受け止めるためには、どうしてそのような問題（犯罪、失業、集住地でのトラブルなど）が発生しているのか、どうして彼ら彼女らがそのような状況に置かれているのか。このように、もっと当事者に寄り添う視点から「貧困」を捉える必要がある。

四　社会のまなざし――呼称と差別

後期旧石器時代に東南アジア大陸部から移動したとされるアエタは、人種を示す用語であるネグリート〔Negrito〕と呼ばれることがある。他方で、ネグリートの語源は「小さな黒人」を意味し、これを平地民がアエタとの会話のなかで用いると、差別的な意味合いを含むことになる。本節では、平地社会におけるアエタの呼称をめぐる問題について整理しておきたい。ここからは、市場社会におけるアエタのイメージや、〈差異化〉を理解するための重要な示唆が得られる。

1　当事者の呼称――「名づけ」と「名乗り」

文化人類学者の内堀基光は、「民族ラベル」としての「名」に注目し、民族〔集団〕は、他者による外部からの「名づけ」と、その集団に属する成員による「名乗り」という相互的なプロセスのなかで、実体をともなって呼ばれるものであると述べている〔内堀　一九八九：三二〕。外部から「名づけ」られて「名乗ること」は、「他者に対して自己を違いとして表現するだけではなく、同じ「名乗り」を用いる者に向けて自己同一を繰り返し確認し、そのことによって「名乗り」の基礎にある「名」をいっそう物質的なものに見せる」〔内堀　一九八九：三五〕ことである。本書の調査対象であるアエタも「先住民族」という平地民からの「名づけ」のなかで「先住民族アエタ」を名乗り、他者との出会いのなかで「われわれアエタ」という絆をたえず構築しあっている。アエタは、生活において「先住民

図2-1　アエタ自身の呼称と平地民への呼称

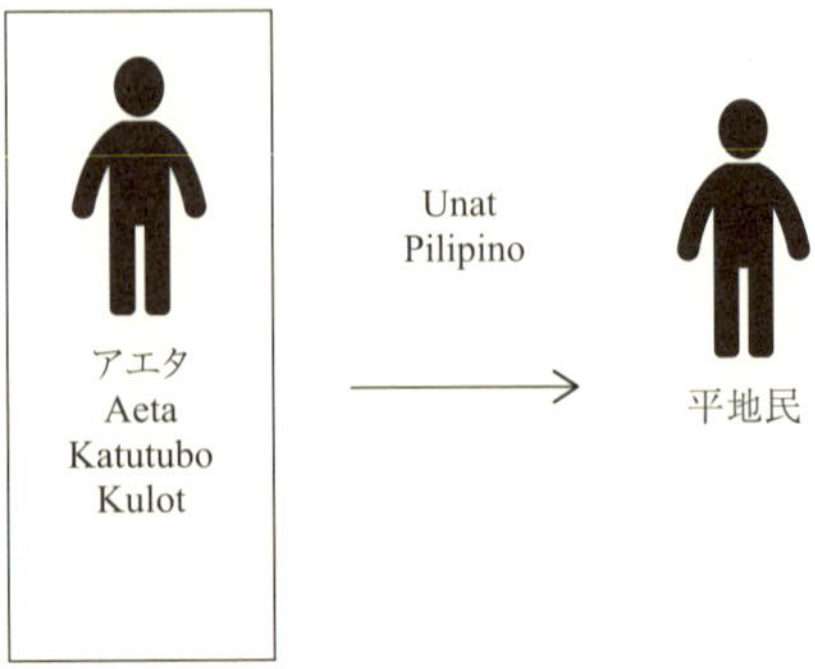

族」であることで、平地民から偏見や差別を被っている。そうであればこそ、アエタは、みずからが「先住民族」であることを受け入れ、それを強く意識して結束する。アエタは、ピナトゥボ山の噴火を機に、次つぎと進出してくる国内外の開発事業を受け入れるなかで「先住民族」を「名乗り」たがいの結束を深めていった。また、平地民によって「名づけ」られた「先住民らしさ」が、平地社会を生きる資源となり、その呼称を故意に「名乗る」場合もある。

アエタは、一般に、みずからを「カトゥトゥボ」（Katutubo 先住民、オリジナルの意）、または「アエタ」と呼んでいる。アエタの呼称をまとめると、図2―1のようになる。アエタ自身がみずからを指す呼称には、「カトゥトゥボ」、「アエタ」、「クロット」がある。カトゥトゥボとは、タガログ語で先住民を意味する。したがって、アエタ以外の先住民グループも、カトゥトゥボである。しかし、この語をアエタが用いるときは、しばしば「先住民アエタ」というニュアンスで用いられる。このほか、縮毛を意味する「クロット」（kulot）の語もあるが、平地民がアエタを「クロット」と呼ぶ場合と、みずからを「クロット」と呼ぶ場合では、意味が異なる。アエタが「クロット」の語を用いる場合は、カトゥトゥボと同じく、自分たちは平地民と違うアエタだ、というアイデンティティが含意されている。サパでは、純粋に個人の身体的特徴を指して、「クロット母さん」（indong Kulot）というように、親しみを込めて用いられることもある。

また、アエタが平地民を呼ぶ場合、「ウナット」と「フィリピン人」[38]（Pilipino）の語が用いられる（図2―1）。ウナットは、タガログ語で直毛を意味する。いわば「クロット」の対語にも等しい。アエタが「ウナット」の呼称を用いる場合、それは、アエタでないことを意味する。しかし、この際には、ただの民族の違いではなく、「ずるがしこい」または「信用がおけない」など、アエタにとってネガティブな意味合いが含まれることも多い。

2　平地民による呼称

平地民はアエタをどう呼んでいるのだろうか。サパのアエタは一般に、平地民から「アエタ」と呼ばれている。その他「色の黒い野生の動物」という意味をもつ「バルガ」（Baluga）という呼称が、アエタへの蔑称語として用いられることがある。平地民は異なった身体的特徴を指し示す「バルガ」の呼称は、人間ではなく「野蛮な動物」を象徴する語としてある。比英辞書［L.English 1995］には、「交配をした（ネグロイド優勢の）アエタ」という説明がある。学問世界でも、二〇世紀初めまでは、アエタを「バルガ」と呼ぶことの問題が、自覚されていなかった。一九九〇年代に宗教関係者が行なったアエタの調査報告書をみても、「バルガ」の語が頻用されている。アエタは、「バルガ」と呼ばれることをどう思っているのだろうか。つぎは、インタビューを行っていたとき、ＮＧＯの先住民支援事業に関わっていたジュンと、平地のハイスクールに通っていたテレの話である。

平地民から「バルガ」と呼ばれることがよくあるんだ。それは小さくて、黒くて、とても眼の大きい動物という意味なんだけど、そんな呼び方は僕たちを侮辱した言い方だよ。僕たちはバルガと呼ばれるのがとても嫌なんだ。［Jun　二〇〇〇年一二月一九日、識字教室にて］

二〇〇三年六月まで平地のハイスクールに通っていたテレは、「バルガ」について、つぎのように言う。

バルガって野次られたこともあるわ。〔バルガってどういう意味ですか〕バルガはアエタのことを指しているのよ。パンパンガ語でアエタってことよ。マニラの人たちはアエタっていうでしょ。パンパンガの平地民は私たちのことをバルガって呼ぶのよ。〔Tere　二〇〇三年八月二三日、自宅にて〕

タガログ語の「バルガ」の本来の意味がどうであるかは、当事者のアエタでも、人によって解釈が異なる。しかし、この二人のように、バルガと呼ばれることを不快に思っているアエタは多い。そして、なによりもまずアエタが、みずからを「バルガ」と呼ぶことはない。「バルガ」には、身体的特徴のみならず、「野蛮な生き物」すなわち人間ではないという含意がある。先のジュンやテレのように、平地民と接する機会が多い学校では、教師までが、アエタの身体的特徴をあげつらったり、劇や詩の朗読などの学校行事から、「ふさわしくない」とアエタの生徒を外すこともある。

子どもの学校での差別が深刻なんです。先生もアエタの生徒だと怒鳴ったりするんですよ。（子どもが）黙っていたり、質問に答えられなかったりすると、「このクロットはできない」と思い込み、やたら怒るんです。教師の教育こそ必要なのではないかと思いますよ。〔Alma　二〇〇三年三月二四日、自宅にて〕

これは子どもを平地のハイスクールに通わせている母親の話である。このように、アエタは、教育の場において

図2-2　平地民のアエタへの呼称と印象のレベル

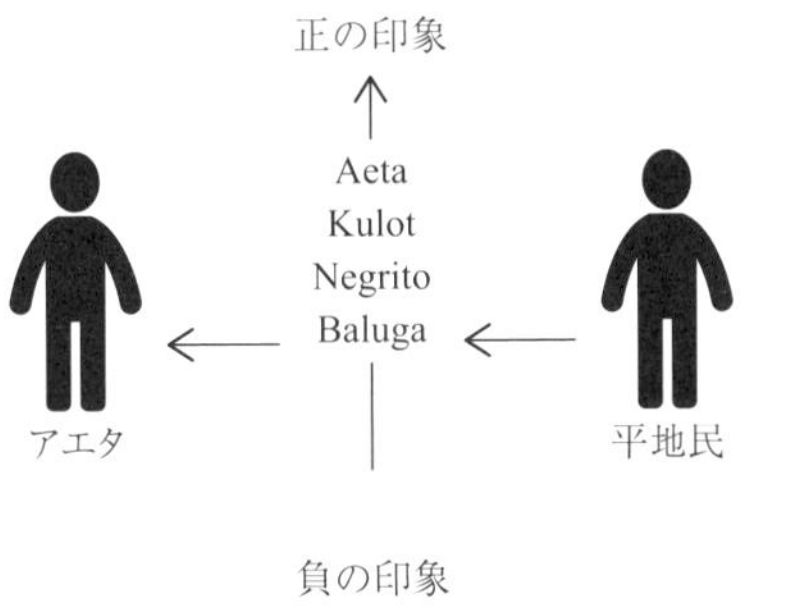

も、「バルガ」と罵られたり、「クロット」と陰口をたたかれたりする。

平地民のアエタへの呼称を整理すると「アエタ」、「クロット」、「ネグリート」、「バルガ」などがある（図2―2）。また、平地民がアエタを呼ぶときは、用いる呼称により、アエタに与える印象が違ってくる（縦矢印）。そして、これらの印象のレベルは、当然、平地民とアエタの関係性や、用いる文脈によって変わってくる。しかし、その場合も、「バルガ」は蔑視語として機能し、「ネグリート」、「クロット」がそれに続く。それらの語では、平地民とは異なる、ネガティブな意味で身体的特徴が強調されている。そこで、この身体的特徴について、もう少しくわしく解釈してみたい。縮毛を意味する「クロット」の語は、アエタも、平地民も用いている。しかし、アエタが用いる場合は、純粋に身体的な差異としての「縮毛」であるが、平地民が用いると蔑視的意味合いを含んだ〈差異〉を示す語となる[39]。したがって、平地民同士が「クロット」の呼称を用いる場合も、アエタに対して用いる場合も、それは、アエタには負の印象をもって受け止められる（図2―2）。

呼称がもつ政治的意味については、アエタだけでなく、多くのマイノリティ・グループに関わって議論されてきた。たとえば一九六〇年代に、アメリカで公民権運動が高揚したが、そのなかで、アフリカ系アメリカ人は、醜いとされる肌の色や縮毛を逆手に取って、「ブラック・イズ・ビューティフル」と謳った。アフリカ系アメリカ人が、たがいに「ニガー」と呼び合うこともある。

しかし、他民族の人が彼ら彼女らを「ニガー」と呼ぶ場合は、話は違ってくる。民族呼称を用いるときはつねに、マイノリティとドミナントの権力関係が、留意されなければならない。同じマイノリティに属する人同士が用いる呼称も、ドミナントの立場にある人が用いると、差別的な意味を帯びることになったりする。アエタの場合も同じである。アエタ同士で「クロット」と呼び合うことがあっても、ドミナントの立場にある平地民が用いるいと、差別的な意味を帯びることになる。

他方で、平地民がアエタの呼称を意識しすぎて、気を遣ってほかの言い回しを考え、逆にそれが当事者に不快感を与えることもある[40]。たとえば、ある先住民フォーラムで、平地民の有識者が、バジャウ（Badjao）はBad（悪）ではないので、Bajaoと表記して発音しましょうと、ジョークのような提案をした。この点に関しては、行政関係者や、ポリティカルコレクトネスの考え方に乗っ取ったつもりの「有識者」からも、BADではなく、GOOD jaoという表現が使われることもある［Maglana 2016:78］。ところが、このフォーラムでは、バジャウの参加者から非難の声があがった。彼ら彼女らの主張はつぎの通りであった。「私たちは昔からBadjaoとして生きてきた。親からも私たちはBadjaoだと言われて育ってきた。いまさら私たちの呼び方を勝手に変えないでほしい。私たちはBADJAOなのですから」と[41]。ここから、Badjaoであることが政治的な含意をもつ呼称になっていることが分かる。またこの問題は、本書の序章で述べた「先住民」と「先住民族」についての議論とも関連している。本当に重要なのは、ある表現が差別的であるかないかという、見かけの呼称や主観的な意図ではなく、当事者や、その人びとにどう接し、彼ら彼女らが抱えている問題をどう理解しているかである。

以上、アエタの平地社会における「名づけ」と「名乗り」から、アエタの〈差異化〉について検討した。つぎに、これらの呼称が、メディアでどう用いられているかを見ていきたい。

3　メディアのなかのアエタ

テレビやラジオ、新聞による「アエタ」の報じ方に着目することで、平地社会においてアエタがどのようなイメージで描かれているかが分かる。二〇〇〇年に、「バルガ」の少女キララが主役となったテレビドラマが人気を博した。「バルガ」役の平地民女優は、「バルガ」の身体的特徴を強調するため、縮毛のカツラをかぶり、顔に真っ黒の顔料を塗った。このドラマにおいて、「バルガ」は「バルガ」とされており、「アエタ」の語はまったく登場しない。実際は、フィリピンに「バルガ」という人種は存在しない。しかし、主人公の縮毛で褐色肌という容姿は、平地社会では「アエタ」と直結されている。(42) 平地のハイスクールや大学に通っていたアエタの若者らは、「キララ」に重ねられ、さまざまな嫌がらせを受けた。

私が通るとね、男の子たちは、「おい、お前のガールフレンドが来たぞ」って言いあうの。私の名前を知っているのにわざと「おい、キララ！」って呼ばれたりもしたわ。すごく嫌だった。［Elly　二〇〇〇年一二月二三日、識字教室にて］

（平地民が）キララの真似をして、わざと変な喋り方で話しかけてくるの……。［Tere　二〇〇〇年一二月一六日、自宅にて］

（キララは）かわいそうだと思ったわ。世間をなんにも知らないという感じで（平地民に）扱われて、まるで「バカ」扱いされていたから［Tere　二〇〇三年八月二日、自宅にて］

テレは、キララが受ける苦難とみずからの環境を重ね合わせて、キララに同情の感情を示していた。このように、アエタに対する「劣った」「醜い」という平地のまなざしは、テレビドラマやエンターテイメント番組をとおして、平地民や当のアエタに刷り込まれていく。また、ニュース報道でも、アエタは、しばしば平地民とは異なる扱いを受ける。二〇〇一年六月、ピナトゥボ山の周辺で、トレッキングをしていた米軍兵士二人が、行方不明になった。[43]事件が報じられて、サパでも、外国人や外部者の出入りが規制され、ヘリコプターなどを使った大掛かりな捜査が行われた。翌日、兵士らは、サパのアエタ男性二人により発見された。サパの村は、メディア関係者で溢れた。兵士が生還し、メディアは、彼らを発見したアエタ男性のことを大きく報じた。しかし、当時の速報で兵士を救出したアエタ男性の映像は流れたが、「アエタが米海軍兵士を発見した」と説明されるだけであった。新聞記事も同じであった。平地民であれば、まずは二人の本名が報じられたことだろう。しかし、この救出劇では、「アエタ男性が米海軍兵士を救出」もしくは「トライブ・マン」(tribe' s men)という表現で報道されただけである。兵士を発見したのは、ラファエル・パンとパトリシオ・グッチェレスであったが、平地民にとっては、だれが救出したかというよりも、救出者がアエタであったことの方が、話題性があったのである。このように、アエタの呼称やイメージが、平地社会において、いかに都合よく利用されているかが分かる。フィリピン社会におけるほかの先住民のイメージについては、七章においてバジャウの事例を紹介する。

注

(1)　フィリピン憲法では、意思伝達のための公用語を、国語であるフィリピノ語に定めているが、ほかに英語も公用語とされている。フィリピノ語は、マニラ近辺地域で話されているタガログ語が、スペイン語と英語の影響を受けて発展したものと言われており、一九八七年に公用語として指定された。

(2) パンパンガ州のアエタは、フロリダブランカ（Floridabranca）再定住地、ポーラック（Porac）再定住地の各バランガイとアンヘレス市、マバラカット（Mabalacat）市の各集落に定住している。本書が対象とするサパを含めて、これらは、ピナトゥボ山の東麓に位置している。他方で、従来のピナトゥボ・アエタの先行研究［清水 一九九〇、Tima 2005; Seitz 2004 など］の対象となってきたサンバレス州のアエタの集落は、ピナトゥボ山の西麓に位置している。

(3) サパのデイケアセンターは、二つあり、一つは社会福祉開発省（DSWD）が管轄しており、もう一つは、ロンドンに出稼ぎに行ったパンパンガ出身者によるNGOによって二〇〇八年に設立された。またDSWDのデイケアセンターでは、給食の予算も組まれており、母親たちが交代制で調理を行なっている。

(4) 他方、二〇〇〇年に調査を開始した頃、サパから平地のハイスクールに通う学生は七人であった。二年後にサパでハイスクールの生徒も入れた識字教室が始まり、生徒は二五人であった。この状況は、現在でもあまり変わっておらず、小学を卒業し、ハイスクールに進級するアエタは、まだ少数である。

(5) サパおよび、地元のバランガイに居住権をもつ教師が、教育・文化・スポーツ省（DECS：Department of Education, Culture and Sports）から派遣される。授業は、基本的に平地と同様のカリキュラムが用いられる。

(6) 二〇〇三年までは、学費と合わせて、交通費と小遣いとして週三〇〇ペソが支給していた。しかしその後、サパで識字教室が始まって、小遣いの支給はなくなった。識字教室には、IPAのシスターも教師として参加したが、受講者が集まらず、教室は続かなかった。

(7) 現在は、サパの入り口付近の山が墓地となっている。

(8) 前述のように、少数民族の先祖伝来の土地権承認の具体的な手続きは、国会で成立した共和国法でなく、行政命令に拠っている。二〇〇二年に行われたバランガイ選挙では、サパの前首長が三〇〇票を獲得したが、三〇人中一〇位で落選した（当選枠は七名）。

(9) スクオッターはいわゆる「不法」占拠居住である。住民は、土地の権利や借地権をもたないまま、公有地および私有地に住んでいるため、いつ立ち退きを求められるか分からない場所である。しかし、近年では、スクオッターの語は「不法」もしくは反社会的な意味合いをもつとして、住民の人権擁護などの観点から、用いられていない。行政や運動関係者の間では、インフォーマル・セツルメント（Informal Settlement 非正規居住区）という語が使われている。しかし一般地区であっても、賃貸の名義貸し、他者への又貸しなどもみられるため、一般地区に住んでいてもインフォーマル（非正規）な場合もある。他方で、スクオッターにおいて、行政から土地を買い取るためにローンを払っている場合もあれば、長年住んでいるなどの理由で、土地の既得権の契約書をもっている場合もある。その場合、強制撤去の可能性は残るものの、一概に違法であるとも言えない。このように、インフォーマルな住居形態が多く存在することから、インフォーマル・セツルメントの語を用いるときは、気をつける必要がある。なお、本書が対象としている地域は、某財閥の私有地に人びとが無許可で居住している土地であり、スクオッターと呼ぶことにする。

(10) サーリンズは、狩猟＝採集民に対する主要な理解であった「狩猟＝採集民は貧困の中で生きている」[Sahlins 1972=1984: 18]という伝統的な見方に対して、狩猟＝採集民の社会こそ「始原のあふれる社会」[Sahlins 1972=1984: 8] であったとして、それまでの狩猟＝採集民と貧困についての理解を反転させた。狩猟採集民は、「その情況にせまられて、やむなく客観的に低い生活水準に留まっている、しかし、それが彼らの目標なのであり、しかも適切な生産手段もあたえられているので、すべての人びとの物質的欲求は、ふつうたやすく充足されている」[Sahlins 1972=1984: 52]。サパのアエタもかつてはこのような「始原のあふれる社会」のなかで暮らしていた。

(11) 米軍基地の保留地は、パンパンガ州のほかに、タルラック州、ザンバレス州にもあった。一九〇三年、保留地周辺には三州で六〇〇〇人のアエタが暮らしていた [Meixsel 2001: 73]。

(12) 二〇一二年、Tony および首長へのインタビューより。また日本軍についても、敗戦後、日本兵がしばらく隠れていたと言われる山のなかの洞窟から、日本兵のものと見られる麒麟ビールの空き瓶や遺留品が発見されている。一度、著者が泊りがけの山仕事について行ったとき、いっしょに寝ていたアエタの夫婦から、「不思議な光が洞窟の上空に灯り、日本兵の亡霊がこちらに日本語のような言葉で話しかけていた。もしかしたら、あなたになにか言いたかったのかもしれない」と言われたことがあった。それは、いまもなお、アエタの人びとの意識に、深く戦争の記憶が残っている表れであり、同時に、自分自身が、日本人の子孫であるという、歴史・社会的立場を考えさせられた経験でもあった。

(13) しかし、平地民が混住するようになると、アエタはふたたび別の保留地に移動させられた。彼ら彼女らは、一〇～一五年単位で計五か所に移動させられた（二〇一二年三月フィールドノートより）。

(14) 基地関係の仕事に従事したのは、すべて男性であったため、アエタ女性は、近年まで、山仕事および家事労働だけに従事していた。協同組合の組合員も、そのような女性たちによって構成された。

(15) 火山の噴火による、アエタの死者は約一〇〇〇人といわれる。政府が再定住地（三州九ヶ所）を指定するまでの六か月間、アエタは平地民と避難センターで暮らした。フィリピン保健省（DOH：Department of Health）によれば、中部ルソンの避難センターでの死者四八三名のうち、九割がアエタの子どもと高齢者であった [Seitz 2004: 139; LAKAS1991=1993: 191]。

(16) そのため、当時帰郷したアエタの人びとは、出稼ぎなどでサパを離れて収入の機会を求めることを望まなかった。この点からも、当時のアエタは、サパの集落に留まって収入の向上をめざす必要があった。

(17) ドラ・ベロニカ・ルズナック（Rusznak）は、火山噴火後のアエタにおける食生活の変容に着目した調査から、アエタが白米やコーヒー、白い砂糖を「進んだ食材・生活様式」（Higher Lifestyle）とみなしていると述べた［Rusznak 2010］。著者の観察でも、イモなどに比べて、現金で買った商品の方が「贅沢」「高級」なものという感覚があった。

(18) 二〇一五年現在の旅客ターミナルは、年間二〇〇万人に対処可能であるが、将来的には、マニラのニノイ・アキノ国際空港に次ぐ、アジアのハブ空港として、年間一二〇〇万人規模に拡張できるよう、一二〇億ペソの国家予算が組まれている。

(19) フィリピン政府は、観光産業における雇用機会促進対策を進めている。二〇一〇年に、国内の観光業関連の労働者数（三六九万四〇〇〇人）は、フィリピンの全労働者数（三六〇四万七〇〇〇人）の一〇・二％を占めた［PTSA 2012］。

(20) リゾートが使用する土地を所有するアエタの三つの集落に対して、毎月四万五、〇〇〇ペソの賃貸料が支払われている。この賃貸料は三集落で分割され、さらにそれらが、各集落の長老たちに分割される。

(21) パンパンガ州フロリダブランカのアエタに、ピナトゥボ山周辺の土地約七四四〇ヘクタール分に対し、証明書が発行された。

(22) 二〇一三年三月、マニラ市内で行われた、マニラのバジャウを支援するNGO「すべての子どもたちに光を」（sun for all children）が主催したフォーラムで、NGO代表のヴォン・アークス氏は、バジャウをただの制度的な「国民」としてではなく、国を担うメンバーとしての「国民」として、フィリピン社会に迎え入れるべきだと主張した。

(23) さらに先住民は、受益対象者になった時点で、住居や家族構成、人数などのデータが登録される。このように、現金給付などの受益者となることは、フィリピン「国民」として国家に把握される意味ももつ。

(24) サパの首長も、週に一度、平地のバランガイ事務所において、先住民証明書発行のための面接を行なっている。面接では、出身地や親戚の名前、移住歴、などが詳細に確認される。COCは、就職のほかにも、奨学金手続き、海外旅行、慣習法での結婚の合法化などで求められることがある。

(25) NCIPのホームページにはCOC取得までの手順が掲載されている。申請料は無料であるが、申請者は、まずつぎの書類の提出を求められる。申請書、情報カード、首長からの民族証明書、出生証明書、申請者を部族メンバーであることを認める供述書（非親戚二名）、パスポートサイズの写真、収入印紙、居住地区の住民証明書。その後、面接などが行われ、最終的に発行されるまでに最短でも一週間以上かかる。

(26) 都市で先住民が増加している理由については、四章二節を参照。

(27) ただし、一世帯当たりの最高支払額は年間一万五、〇〇〇ペソまでという制限がある。

(28) 4Psの受益者のターゲティングの方法については、関［二〇一三］がくわしい。

(29) ただしここには、「先住民」の定義の問題がある。二〇〇八年の統計では、ビコラノ・ボホラノ・イロカノ（ビコール地域・ボホール地域、イロコス地域の出身者）などの地域的なエスニシティから、イバナッグ、カンカナイなどの民族言語学的なグループまで含めて「先住民」としてカウントされたため、先住民の世帯数が大きくなった（ＤＳＷＤ担当者の話より）。

（30）先住民のなかでももっとも多かった理由のひとつは、同地区のバジャウのコミュニティに長年つき合っていた支援ＮＧＯの管轄のもとで、バジャウに対する４Ｐｓを施行していたためである。

（31）これらの対象者は「パートナー・ファミリー」と呼ばれる。二〇一五年一月時点でのＭＣＣＴ―ＦＮＳＰの受益者数は、ホームレスが三七七四世帯、先住民が一六万三九五〇世帯、災害被災者が五万一八二四世帯である。

（32）二〇一一年には、ＮＣＩＰ、ＤＳＷＤ、フィリピン大学など一一の行政・学術機関、ＮＧＯの有識者によるマニラのバジャウ対策チーム（NTFSB：The National Sama-Bajau Task Force）が発足した。バジャウがはじめに対象となった理由には、彼ら彼女らが「問題化」されたことだけではなく、長年コミュニティで支援活動を続けてきたＮＧＯの存在も影響していた。たとえば、孤立して単独で移動している先住民の場合は、現金給付を行なっても、その後のモニタリングがむずかしい。そのため、ＮＧＯが介入しているフィールドが選択された。

（33）ホームレスやマニラのバジャウに関しては、試用開始の当初は、ＤＳＷＤのソーシャルワーカーが直接路上に出て、面接を行なっていた。しかし、これまでの暴力を理由に検挙されたなどの経験から、当事者の行政関係者に対する恐怖・不信感が強く、正確な情報が取得しにくいというテクニカルな問題が生じた。このため、行政が直接介入しにくく、近年では、路上生活者を支援しているＮＧＯや炊き出しの主催者などをとおして受益者の面接を行なうことが多い。

（34）４Ｐｓと同じく、子どもは末子から数えて三人までに限られる。

（35）ただし、住宅補助は、受益者ではなく家主に直接支払われる［DSWD 2015］。

（36）マニラで、物乞いに対する取り締まりが厳しくなり、物乞いをするアエタは徐々に減少しているが、クリスマスの季節に現れる物乞いについては、二〇〇〇年以降も社会問題化されている［Orejas 2006; Cabreza 2011; Ermitanio: 2012］。

（37）このような刷り込みは、学校教育でも顕著である。アエタの子どもは学校で、「フィリピン人」にふさわしくなる教育を受ける。小学校やハイスクール、大学では、フィリピノ語と英語が推進される。児童は毎朝、フィリピン国家を歌い、国旗掲揚を行なう。そして「フィリピン」について学ぶ。このように学校教育では、「自分たちはフィリピン人である」という考えが強調されている。アエタは、このような教育をとおして「フィリピン人」になっていく。しかし、とくに集落外の学校では、教師によるアエタへの差別も根強い。

（38）フィリピンの国名は、ヨーロッパ人として最初の来訪者マゼランが、当時のスペイン皇太子フィリップ（フェリペ二世）の即位記念に彼の名前をつけた。そのため、イスラム教徒の多いフィリピン南部などでは、「自分たちはフィリピン人ではない」という人びとが、少なくない。アエタの場合、宗教の問題よりも、自分たちが先住民であるにもかかわらず、後からやって来て、土地を勝手に「フィリピン」と呼ぶようになった平地民を、非アエタという意味で「フィリピノ」と呼んでいるようにも思われる。

(39) 差異と〈差異〉の議論は七章を参照。

(40) ほかの事例として、「障害者」の記述がある。「害」の文字が差別的であると問題にされ、ひらがなで「障がい者」としたり、別の漢字を使って「障碍者」とすることもある。ある当事者は、「呼び方を変えたくらいで、私たちの問題が解決するわけではない」と、言葉変えの議論を批判する。

(41) 厳密には、バジャウはサマ語を話す人びとのなかの民族的区分であるため、ここでの「Badjao」も、マニラの人びとが、ミンダナオから来たサマの総称として「名づけ」たものである。他方で、「BADJAO」とは、それに対応した「名乗り」であることが分かる。

(42) フィリピンでは、ファッション雑誌やテレビ番組などで、色白、長身、直毛が「美しい」とされている。それに対して、色黒、短身、縮毛は、「醜い」とみなされている。

(43) 米海軍兵士については、トレッキング中の彼らが、フィリピン共産党の新人民軍数十〇人に取り囲まれ、新人民軍が射撃してきたので、避難したという報道がなされた。実際は、新人民軍十〇人の威嚇射撃に驚いた彼らが、パニックを起して逃げ出した、ということである。兵士は、翌日、山中で住民二人に発見された［二〇〇一年六月フィールドノートより］。

第三章　先住民の研究と課題

一　排除される貧者

1　社会的排除

近年、労働市場が変容し、移民の増加などにともなう、「新たな貧困」や「アイデンティティの揺らぎ」などの問題が、学問世界で着目されてきた［Bauman 1998=2008; Alock 2006, 小井土 二〇一七］。そして、このような新たな社会問題を捉えるために、社会科学の各領域において、排除と包摂をめぐる議論が行われてきた［Bhalla and Lapeyre 1999=2005, Byrne 2005=2010; 西澤 二〇一〇、岩田 二〇〇八、福原 二〇〇七、阿部 二〇一一］。先行の社会的排除論においては、社会的排除の語が、国家（権力）が社会的に排除された人びとの実態を把握する「政策の言葉」［岩田 二〇〇八：二〇］として用いられてきたこともあり、人びとがいかに排除されているか、逆に、いかに包摂されているかというかたちで問われてきた。そして、社会的排除の問題が、労働市場、市民社会、国家など、社会構造の諸側面について考察されてきた。

そこでは、たとえば、社会的包摂による「新たな排除」が注目され、社会的包摂は社会的排除の対極概念とはならないという見方も出ている。先住民の社会的排除／包摂の問題については、たとえば丸山淳子［二〇一四］のボツワナの狩猟採集民についての研究がある。そこで丸山は、「先住民」が権利獲得の運動に勝利し、「先住民」としての自己決定が委ねられると、今度は、運動自体が「先住民」を排除したり、「伝統的な狩猟採集民」イメージを彼らに押し付けることに加担してしまうという「意図せざる包摂／排除」がある危険について指摘している［丸山 二〇一四］。また、ジョック・ヤング（Jock Young）は、後期近代における労働市場、市民社会、国家という三つの水準における排除と包摂について論じている［Young 2007=2008: 42］。西澤晃彦も、これらの三つの水準は、「それぞれ固有の排除と包摂の選別メカニズムを発達させている」［西澤 二〇一〇：二四］という。西澤は、その例として、国家から制度的排除を受けてきた下層の人びとを取り上げている。市民社会は、国家による制度的排除を受けた人びとを否認する。国家と市民社会は、「非国民的なもの」を排除する。他方で労働市場は、その人びとを「都合の良い景気変動の緩衝装置」［西澤 二〇一〇：二四］として下層労働市場に包摂する。反対に、労働市場からの排除が、市民社会からの排除に即応することもある。また、労働市場で排除された人が、国家や社会によって包摂される場合もある。(1) このように、ある水準における排除と、別の水準における包摂が連続の関係にあったり、ある水準における包摂の結果、新たな排除が生み出されることもある。また、ひとつの水準での包摂が、同じ水準での排除を生むこともある。(2) ここから、包摂が「排除の精緻化」［西澤 二〇〇五：六二］でしかないこと、どの水準においても、一時的・部分的な包摂でしかないことが分かる。したがって、包摂と排除は、つねに二項対立的な概念であるわけではない［西澤 二〇一〇：二七］。排除と包摂の二項対立は、ある社会的事象のある場面・側面について「一時的に」成立する事柄でしかない。

西澤は、国家や市民社会からの選択的な「包摂」は、排除の反対概念ではないとし、社会的排除の対語として「参入・介入」の語を用いている［西澤 二〇一〇：二七］。参入とは、一方的に包摂されることではなく、個人が、その人らしく生きていくために、必要な関係を選び取って社会に参加することをいう。西澤によれば、排除の反対概念にあたる参入・介入とは、腹を空かせた人が、パンを与えられるのではなく、奪い取ること［西澤　二〇一〇：二八］だという。

同様に、関恒樹は、国家から一方的に排除されたのでなく、むしろ政策を読み替えて運用したり、異なる包摂のされ方を望んだり、抵抗したりする人びとに焦点を置いた。そのなかで、包摂されることを拒む人たちの多様性や主体性に着目し、排除ではなく「非包摂」という語を使っている［関　二〇一三］。関は、フィリピン政府による条件付き現金給付の制度を事例に、その制度に包摂されない人には、貧しくても受給対象から漏れている人のほか、みずからが受給することを拒否する人がいることに着目する。ここでは、前者が包摂による新たな排除で、後者は非包摂となる。

ただし、たとえみずから「非包摂」を選んだとしても、受給の対象者としての条件を満たしたその時点で、その人が経済的に厳しい状況にある、すなわち、社会的に排除された状態にあることになる。その意味で、「非包摂」を選んだ人はやはり、社会的に排除された位置にある。また、西澤の「参入・介入」についても、はたしてその人が自分に必要な関係を選び取ることができる社会・政治的立場にいるのかどうかという問題がつきまとう。すなわち、たとえ排除と包摂の水準や程度を分別したり、排除の対概念を設定したところで、排除と包摂のあり方や見え方は、どこまでは、だれからのまなざしであるかにより、異なってくる。このような事情から、社会的排除について議論するときは、その目的に合わせて、排除／包摂の水準や場面を限定しなければならない。

また近年では、二項対立的な捉え方自体を超えようという試みも出てきた。そこでは、従来、西欧・先進国における事例をもとに説明されてきた社会的排除論ではなく、「アジアにおける「排除」と「包摂」をめぐる経験の多様性」に着目して、「排除型社会」とは異なる社会のあり方が模索されている。アエタの場合も、もともと社会（国民国家）の内部にいて（包摂されるべきところから）排除された人びとの再統合ではなく、新たに社会（国民国家）に入ってくる人びとを統合するという意味での社会的包摂になる。さらに、西欧社会では、特定の人びとをどう社会に包摂するかが議論される。そこには、その人びとを包摂することが可能であるという暗黙の前提がある。これに対して、フィリピンなどの途上国においては、たとえば制度的次元でいえば、本来は包摂・統合されるべき国民（平地民）でさえ、国家財政の貧困のゆえ福祉制度の恩恵を受けることができず、実質、排除・不統合の状態に置かれている。このように、西欧発の社会的排除論を、それが成立する社会的基盤を顧慮しないで、そのまま途上国に適応することはできない。

2　文化的包摂

社会的排除論において、ヤングは、社会構造だけではなく、人びとの価値世界にも着目し、近代の社会を「吸引と排斥を同時に行なう社会」［Young 2007=2008: 68-9］であると特徴づけた。ヤングがいう「吸引」とは、政策的な含意をもつ社会的な「包摂」とは異なり、排除された人びとこそが、支配的価値に取り込まれるという事態を指す概念として設定されている。すなわち、排除された人びとこそ、「文化的に包摂」されやすい。ヤングは、ロバート・マートン（Robert Merton）のアノミー論を援用し、アンダークラスに多くみられる犯罪について、文化的包摂と社会的排除の双方によって生じているという［Young 2007=2008］。「差異をもつ人びと」は、差別や貧困ゆえに排除されているだけではない。また、そのような排除ゆえに、文化的な欠如や、貧困の再生産が起こっているわけでもない。排除された人びとは、その境遇（貧困、差別など）を受容し、そこから脱出するために、国家や市民社会、労働市場で承認された価値や能力を、積極的に身につけようとする。ヤングは、人びとがどれほど疎外されているかをみるだけではなく、人びとがどれほど社会の支配的価値や文化を身につけようと苦闘しているかをみることこそ重要であるという。すなわち、社会のなかで疎外されている人びとが、社会へ適応しようという意欲は、「経済的・社会的に排除された結果、弱まるどころか、むしろ強まっている」［Young 2007=2008: 213-214］。人びとは、市場的価値を受容し、新たな生活目標を立てるものの、その目標達成のための手段や資源をもたない。しかし人びとは、みずからをそのような状態に置いている社会自体を（積極的に）受容している。

本書においても、雇用形態や労働環境など、社会構造の排除の実態に着目するだけではなく、ヤングのいうような、排除された人びとの価値世界にも着目する。それは、「差異をもつ人びと」に支配的価値を刷り込み、人びとを内側から支配していく市場社会の力を可視化させるためであり、それにさえ適応できない人びととの境遇を描き出すためでもある。アエタも、市場経済に適応することを迫られている。彼ら彼女らは、ピナツボ山の噴火や、それによる地域労働市場の変容などの外的な諸要因によって、市場社会へ押し出された。彼ら彼女らは、現金収入を得るため、伝統的な山仕事ではなく、平地の仕事に就労するようになった。そして、市場社会に生きることで、成功や出世という、新たな目標を抱くようになった。（収入が）安定した生活を目指す親は、子どもに学校教育を受けさせるようになった。アエタの消費価値も変容し、生活の必需品や「購入したいもの」は、増加するばかりとなった。このようにアエタは、たんに火山の噴火という物理的な要因によって市場社会に押し出されただけではなく、彼ら彼女らの内面の価値観も、丸ごと市場的なものへ取り込まれていった。このようなアエタの姿に、市場社会が「差異をもつ人びと」の価値観をも支配的価値に取り込んでいくプロセスをみることができる。(3) 他方で、アエタは、市場が求めている能力や価値を持たないまま、安価な労働力として労働市場に取り込まれている。その結果、アエタは、成功や出世などの新たな目標をめざしたり、生活のなかで出てきた新たな欲求を満たす手段を得ることができない。そして、ますます厳しい貧困の境遇に追いやられている。市場社会に適応しようとすればするほど、厳しい境遇に追いやられていく。これがアエタの姿である。市場社会における「差異をもつ人びと」の排除が、これに覆いかぶさる。ここに、アエタの「文化的強調と社会構造の結びつき」［Merton 1949=1961: 135］による、排除のプロセスをみることができる。本書では、このような仮説的アイデアをもって、とくに四章において、市場社会におけるアエタの境遇をくわしく分析する。

3　マイノリティの「参加」

最後に、マイノリティの社会への「参加」について考えてみたい。マイノリティのドミナント社会への適応や、移民・移住先でのネットワークの形成については、先行研究で多くの議論が行われている。エスニシティに関わるところでは、フランスなど欧米における移民政策の性格として「同化（Assimilation）」、「編入（insertion）」、「統合（integration）」などの概念が挙げられる［梶田　一九九三、宮島　二〇〇九、中條　二〇一二］。また、日本においても、外国人定住者が増加するにともない、「（多文化）共生」「共存」「結合」などの概念が出されている［佐竹　二〇一一、李　二〇一三、谷二〇〇二］。そこでは、どのようにして文化の異なる人びとが尊厳を失うことなく「ともに」生活できるのか、そのあり方が模索されている。他方で、先住民については、アボリジニやアイヌ、ネイティブ・アメリカンなどの「同化」をめぐる諸問題が問われている［小山・窪田　二〇〇二、上村　二〇一五、鎌田　二〇〇九］。「同化」は「ホスト社会側が移民側に対し、彼（女）らがもつ出身国／地域の文化的要素の放棄を求めるもの」［中條　二〇一二：三］である。しかし、この点から見ると、アエタの場合は同化とはいえない。まず、フィリピン政府が、政策としてアエタを国民化しようと明確には考えていない。ゆえにアエタは政治的にもマイノリティの立場にあり、いまだ国民国家から放置された状態にある。つぎに、市場社会におけるアエタの状況をみると、アエタは労働者として労働市場に参加するとき、アエタという差異を利用することが必要なことがある。それは、アエタであるがゆえに雇用が優遇される場合である。その場合は、アエタであることが前面に打ち出される。他方で、アエタであるがゆえに、アエタでという〈差異〉をもつがゆえに、アエタは、低位な労働者とみなされて、劣悪な労働環境におかれる。そのときアエタは、そのような排除の状況から逃れるために、アエタの価値や文化を放棄しようとする。

本書は、アエタの主体性を否定するものではない。アエタが市場社会において、ただ黙って搾取され続けている存在であるとも思わない。しかし本書では、アエタが現在置かれている状況を説明するとき、あえて「参入」や「非包摂」という語の使用を避けた。これは、自分の意志で入り込んでいくという意味合いが強くなり、巻き込んでいく側の市場社会側の構造や、文化的包摂の側面が見えにくくなる可能性があるからである。このことから、本書では、アエタが市場社会の一部として組み込まれる状態を、社会的排除／包摂、文化的包摂も含めて市場社会への「参加」と表現したい。

4　「もたざるもの」と「もてるもの」

つぎに、先住民に関わる相対的底辺化を考察するとき、「市場社会への参加」と「先住民らしさ」の関係をどのように捉えるかという問題について考察する。先住民の近代化やマイノリティのドミナント社会への同化、もしくはこれらの人びとの貧困の問題については、さまざまな分野で研究されてきた［水野　二〇〇七、岸上　二〇〇九、窪田・野林　二〇〇九、中田　二〇一三b］。また、開発経済学や文化人類学、社会学における貧困や開発をめぐる問題意識の違いについても議論されてきた［Sen 1992=1999; 青山　二〇〇六、佐藤　二〇〇九、下村　二〇一〇］。そこでまず、先住民の「市場社会への参加」と「先住民らしさ」の捉え方について、開発経済学と文化人類学の領域から整理し、本書の位置をあきらかにしたい。

1　貧困と開発——なにを「もっていない」のか

市場社会と先住民について考察するとき、まず、先住民を市場社会で生きるために必要な資源[4]を「もたざる人びと」として捉えることができる。このような捉え方は、経済学の分野でよくみられる。そこでは、先住民が市場社会において生計を向上するために、なにが「欠如しているか」に焦点が当てられる。そして、なにを「もたざる」がゆえに、貧困の位置に留まっているのかが、考察される。教育の欠如による低い識字率や、市場的価値観の欠如により職にありつけない、雇用機会がないことにより、生活を賄いきれるほどの所得を得られないなどについて分析される。とくに開発経済学において、「先住民らしさ」は無くなっていくかもしれないが、国民として近代化もしくは同化していくことが、貧困解決のカギとされる。またそこには、先住民が「持続的な経済成長をとおして国民に統合されていく」〔青山　二〇〇六〕という前提がある。

アマルティア・セン（Amartya Sen）は、貧困を所得の欠如としたり、飢饉を食糧供給量の問題にする従来の集計化された経済学の開発理論を批判した。そして、貧困とは「福祉水準が低いということではなく、経済的手段が不足しているために福祉を追及する能力がないこと」〔Sen 1992=1999〕であると捉えた。たとえば、同じように資源をもっていても、その人が生まれ育ってきた経緯やその人がもっている身体もしくは健康状態、また、その人が暮らしている社会環境によって、その資源が「うまく」生計の向上ができるかどうかは異なってくる（なにをもって「うまく」いくと判定するかの基準も異なる）。飢餓についていえば、ある人が飢えるのは、その人が十分な食糧を摂取できないためである。しかし、センが注目したのは、どうして食糧を入手できなかったかということにある〔Sen 1982=2013: 224〕。このようにセンは、貧困を所得の欠如ではなく、「権原（entilement）」の剝奪もしくは「潜在能力」の欠如として捉えた(5)。ここでセンは、「財や所得への着目から、それを生かす人びとの多様性へと視点を移す」〔佐藤二〇一〇：一三〕ことに成功した(6)。このような潜在能力アプローチは、市場社会に参加したアエタがその底辺から抜け出す方法を導き出す示唆を与えてはくれない。しかし、同じように集落が開発されても、平地民が生計の向上に成功していくのに対して、アエタが取り残されていく状況を説明するヒントになるかもしれない。

2　先住民と文化——なにを「もっている」のか

文化人類学では「貧困者を個別社会の価値観や文化を担った主体」〔青山　二〇〇六：五〕として捉える。ここでは、先住民が「もっているもの」や、人びとが「いかに生きようとしているのか」について着目されている。すなわち、市場社会において、先住民が社会から差異性を押しつけられながら、それを跳ね返して「先住民らしさ」を保持し、再構築している姿に焦点が置かれる。そこでは、先住民やエスニック・グループの伝統的価値観の変容、生き抜き戦略、抵抗、アイデンティティの操作などに焦点があてられる〔松田　一九九九、小川　二〇一一、清水　二〇〇三、青山　二〇〇六〕。

清水展は、文化戦略との関わりから、「現代を生きる先住民の居場所」として、「排除と同化を拒否し、文化的な差異を保持しつつ国家社会のなかで正当な権利と居場所を確保する」〔清水　一九九七：一五八—一五九〕ことの重要性を説いている。サパのアエタも、開発計画のなかで、自分たちの居場所を確保しようと声を大にしてきた。サパにリゾートができたときも、話し合いのもと、アエタに対するインセンティブを取りつけた。サパに小学校が設立されたときには、学校教育（formal education）だけではなく、子どもや孫世代への伝統的な知識や文化の伝承など、非公式教育（informal education）の重要性を訴えるアエタも現れた。ここに、同化を拒否して、正当な権利と居場所を確保しようとするアエタの姿をみることができる。ただし、サパのアエタが、実際にそのような居場所を確保できているかというと、それは疑問である。そもそも、同化は拒否できても、排除は拒否できない。市場社会への参加度が高いアエタは、同化ではなく、カテゴリー化された〈差異〉のもと、市場社会への適応を迫られている。

清水はまた、「既存のシステムに適応するためにアエタ自身が変化し、変容することではなく、社会の側が少しずつでも変わってゆくことであり、そうするための関与が必要」〔清水　一九九七：一七五〕であると述べる。これは、研究者やドミナント社会の読者に対する警告としては、同意できる。責任はアエタにあるのではない。清水はおそらく、アエタの土地を収奪し、アエタを貧者もしくは被差別の位置に置き続ける既存のシステムを変える必要性を強調したかったのだろう。社会の側が変わるべきことは、言うまでもない。しかし同時に、もはやアエタには、市場社会で生きる以外の選択肢はない。そこでは、アエタ自身の「変わらないもの」だけをみるのではなく、市場社会へ適応していく側面を含めて、アエタの「変わっていくもの」（さらには消えていくもの）にも着目することが、重要である。

3 「もたざるもの」か「もてるもの」か

以上では、市場社会における先住民について、「もたざるもの」と「もっているもの」の二つの視点から考察した。ここで本書の位置を確認しておきたい。まず、「もたざるもの」に着目した場合、かりにある人や集団が資源を獲得して、それが均等に配分されたとする。しかしその場合も、先住民が生きるのは、市場社会である。先住民は、差別的な社会構造のなかで周縁化されている。たとえ、アエタが機会に恵まれて、市場社会のなかで生計が向上したとしても、そこで新たな敗者が生まれる可能性がつねにある。また、市場社会において、アエタが貧しいのは、彼ら彼女らの「無能性」のせいではない。石岡は、アルジェリア農民についてのブルデューの説明の論理を検証して、「無能性」と「無能化」を区別している［石岡 二〇一三］。農民は、従来の生活では豊かな知識をもつ「有能な人びとであった。しかし、彼ら彼女らは、強制移住により「その有能性が生かされない外的環境が宛がわれ」［石岡 二〇一三：一二］、その能力は「無能化」されてしまった。本書でも、アエタの人びとの〈もたざる〉状況を「無能性」としてではなく、それは市場社会において「無能化」されたという観点から捉える。それによって〈もたざる〉者を底辺に留める市場社会の問題性を浮き彫りにする。

他方で、「もっているもの」に着目した場合にも、市場社会の問題性に関わってひとつの懸念が出てくる。松田素二は、文化人類学にみる「抵抗論」に対する批判として、「個々の主体のもつ能動性と創造性を、あまりにも過大に評価し支持することで、抵抗という視点は、かえって支配のシステムを不可視化してしまうばかりか、それに手を貸してしまった」［松田　一九九六：一一〇］と述べている。「もっているもの」に着目することが、つねに支配のシステムを不可視化してしまうとは思わないが、たしかに松田が言うように、あまりにも主体に注目すると、彼ら彼女らがそこまで頑張って生きなければならない状況を作り出している市場社会の問題が問われなくなる危険が生じる。

本書で対象とするアエタも、この「支配のシステム」のなかで過酷な生活を強いられている。市場社会では、すでにアエタ同市の相互扶助さえ、部分的にしか機能していない。本書の関心は、市場社会において周縁化されたアエタの生活と労働をとおして、このような「支配のシステム」を可視化させることにある。

二　市場社会と相対的底辺化

本書では、市場社会における、先住民の相対的底辺化の要因とプロセスをあきらかにする。そのため、ここでは、先住民の共同化・個人化、市場社会への参加・非参加という視点を軸に、アエタの労働と生活の変容について説明したい。

図3―1は、仮説の全体図を示している。横軸は、市場化におけるアエタの共同化と個人化とする。これを設定した理由は、市場社会への参加にともない、〈共同化〉と〈個人化〉の狭間でゆらぐアエタの姿を捉えるためである。アエタは、かつて「われわれアエタ」として強い紐帯を維持して、生活を営んでいた。このような、伝統的な共同性は、短期間で市場社会に参加することになったアエタにとって、たがいの生活の困難を解決するための資源とな

図 3-1　市場社会におけるアエタの状況

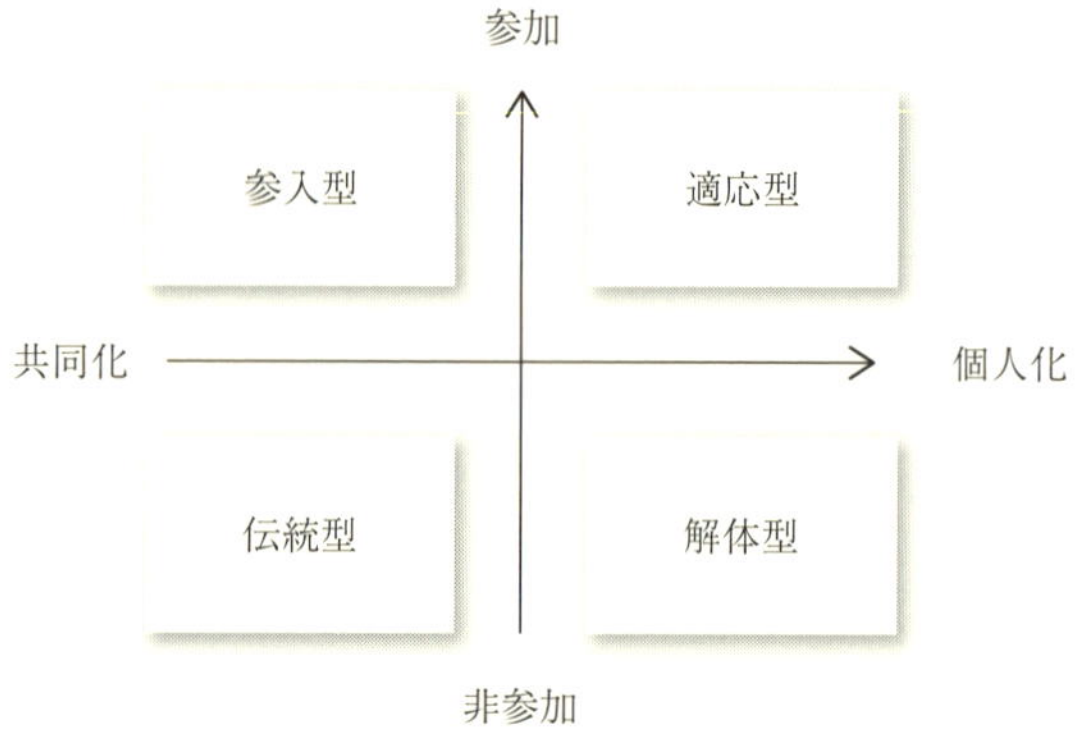

る。他方で、市場への参加にともない、アエタとしての共同的な集団帰属が解体され、人間関係が個人化に向かっていく。また市場社会では、〈共同化〉と〈個人化〉を使い分けるアエタや、同じような社会参加の程度であっても、〈共同化〉を保とうとするアエタと、共同体のネットワークから断絶され、孤立した状態にあるアエタがいる。

縦軸は、アエタの市場社会への参加の程度を示している。ここで「参加」には、二つの意味が含まれる。まず、アエタがどれほど市場社会に参加しているかという主体の行為である[7]。これには、アエタが平地の労働市場で就労することのほか、市場で求められる価値観や慣行に適応しようとすること、さらに、市場社会に依存して生計を立てることが含まれる。したがって、ここでの「参加」は、当事者による主体的な選択の結果としての西澤がいう「参入」〔西澤　二〇一〇〕や「非包摂」〔関　二〇一三〕に限ったものではなく、「参加」せざるをえないという側面をも含む。

もうひとつは、平地社会がどれだけアエタを市場のシステムに組み込んでいるか（「参加」させているか）という意味の、アエタの受動的な「参加」である。これには、先住民（またはその村）を売り文句にした観光開発や、雇用におけるアエタの優遇措置、社会福祉サービスの対象者、労働法への対象化などが含まれる。すなわち、アエタを労働者もしく

図 3-2　アエタに対する国家のまなざし

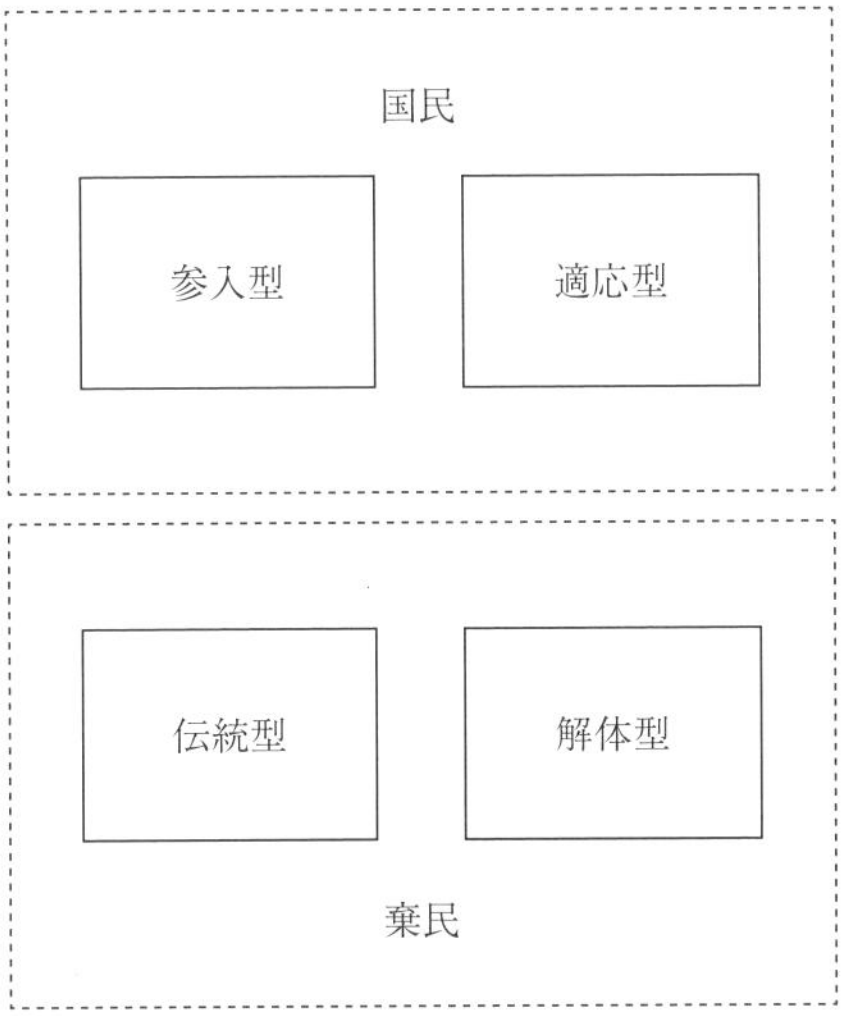

は国民として労働市場やフィリピン国家に包摂するという意味での「参加」である。これは、図の「参入型」と「適応型」の人びとである。これらの人びとは、国家や市場社会にとって、労働者や国民としての役割を担って、社会や雇用主に寄与している。この意味で、（建て前上は）国家や雇用主が、平地員と同様に、先住民を庇護し、包摂すべき「国民」になる。他方で、みずから市場社会との接触を拒む人、もしくは、労働市場に参加しない／できない人びとは、国家や企業による福祉の庇護の対象にならない。これは、図の「伝統型」と「解体型」の人びとである。これらの人びとは、国家や市場から〈他者〉として「異邦人」へのまなざしを向けられ、「棄民」の扱いを受ける（図3―2）。このように、縦軸を設定することで、同じように個人化の位置にいても、市場社会に参加する者と、参加できない者がいることが見えてくる。また、市場社会に組み込まれた先住民が、平地民とは異なる〈他者〉として、差異化される状況を説明することが可能となる。

　本書では、市場社会における先住民の相対的底辺化のプロセスを、これらも四つのキーワード（共同化、個人化、参加、非参加）から構成される二つの軸、そして二つの軸から構成される四つの類型の相関関係をとおして考察する。これらの類型は、市場社会におけるアエタの状況を捉えるための、分析概念である。

市場社会およびアエタにとっての正当な類型を「参入型」とすれば、アエタは、市場社会で〈差異〉化され、蔑視されるかぎり、「参入型」には移行できず、そのほかの類型（「適応型」「伝統型」「解体型」）に留まり続けることになる。すなわち、アエタは「参入型」への移動よりも、「適応型」や「伝統型」から「解体型」へ下降する圧力をたえず受けることになる。この先、市場社会において、アエタ間での階層格差が広がったとしても、上層して「参入型」に移行し、正当な「国民」になることができるアエタは、ほんの一握りであろう。すなわち、アエタは、正当な「国民」として市場社会に参加している平地民と比べて、いつまでも底辺の地位に置かれることになる。本書は、これを「相対的底辺化」と呼んでいる[8]。

これまでのような先住民の近代化・市場経済化の議論や、先進国を中心とした社会的排除論によっては、市場社会におけるアエタの相対的底辺化のプロセスを説明することはできない。共同化から個人化へ、伝統から現代へという軸だけでは、「近代化するアエタ」を説明できても、そのプロセスの結果として、いま現在、どうして先住民を厳しい境遇に留め続けているのかという、市場社会の事情が見えてこない。また、排除／包摂を線引きしても、現実には、包摂が新たな排除を生み出しており、アエタの場合は、市場社会に包摂されたはずの「適応型」に至っても、市場社会の方は、彼ら彼女らを〈他者〉として排除し続けるのであり、アエタが完全に適応することを許さない。すなわちこの場合は、排除／包摂という二項のいたちごっこに陥るだけである。アエタが生きるには市場社会に適応するしかなく、参加した先では、アエタは〈差異化〉されて労働市場から排除される（社会的排除）。他方で、アエタは、市場社会の価値を刷り込まれて個人化し（文化的包摂）、彼ら彼女らが築き、維持してきた共同性が、次第に解体されていく。そこから、先住民に相対的底辺化を強いる、有無を言わさない市場社会（本質的には資本

の力が見えてくる。つぎに、各類型の簡潔な描写を行ないたい。

1 「参入型」――参加・共同化

「参入型」は、市場社会のあらゆる場面で、先住民としての権利が尊重される、いわば先住民法（ＩＰＲＡ）で保証されている内容が完全に適ったような環境である。そこで本節では、暫定的に「参入型」を、市場社会において、アエタがみずからのアイデンティティを確立し、アエタ同士の共同性を構築し、市場社会への完全な参入を果たす、そのような状態を示す類型として設定する。それは、岩田や西澤が言うような、主体的選択としての「参入」に近い概念である。そこでは、国家や市民社会、労働市場において、アエタとして、市民としての権利と生活が完全に保障される。それは、経済力や政治力、共同性やエスニシティの実践である。それは、同化でも、有無を言わせない編入でもない。均質な国民として国家に統合するのでもなく、西欧社会をモデルとする均質な空間、すなわち近代のシステムに一元的に包摂されていくことでもない。また、かつてのような、アエタだけで構成された社会を指すものでもない。「参入型」とは、民族としての共同性・アエタ的な相互扶助を維持しながら、同時に、市場社会や国民国家において、労働者や国民として人間存在を認められることを含意する。それは、「みんな」の生活が保障されて、「みんな」がともに社会生活を営むことができるようなコミュニタリアン的［吉原　二〇一〇］な人間／社会の関係類型である。

「参入型」は、本書において、市場社会におけるアエタの理想的な類型としておく。ただしこれは、あくまで著者が想定する理念であるにすぎない。もちろん、このような形で、アエタが市場社会に完全に「参入」する（できる）可能性を排除することはできない。しかし、この類型を設定するにあたり、留意しておくことが二つある。まず、著者が、アエタが市場社会でめざす状態としての類型を代弁することは容易ではない。そこには、よそ者である著者が「アエタはこのような状況になるのがよい」と考えることの暴力性を含む。つぎに重要なことは、特定のアエタや集団にとっての理想の形が、つねにほかの個人や集団にとって理想であるとはかぎらない。(9)あるアエタは、市場社会に積極的に参加して、生計を向上したいと思うかもしれない。しかしほかのアエタは、市場社会への参加は苦痛以外のなにものでもなく、かつてのような山での自給自足の暮らしに戻りたいと思っているかもしれない。このように、人間の現実認識や願望が多様であるように、「参入型」の意味づけも多様である。

また、本書の目的は、アエタを完全に受容する理想の社会を構想することでも、アエタの将来の境遇を予見することでもない。それでも本書では、あえて「参入型」を設定する。それは、このような条件の揃った類型を定めておくことで、なぜアエタが「参入型」に向かって移行できないのか。なにがアエタの移行を阻んでいるのかについて、一定の説明が可能になるからである。

わしは金持ちも、貧乏人もいないのを望んどる。みんな同じなのがいい。アエタでも、平地民でも関係なく。今は、金をもっている人もいるし、もっていない人もいる。給料が低い人もいれば、高い人もいる。それはつまり、金をもっている人がいれば、もたない人がいるってことなんだよ。だから、わしは平等（pantay-pantay）がいいんだよ。［Apo 二〇一二年三月二五日、自宅にて］

これはサパの長老（七五歳）の言葉である。長老の言う **Pantay-Pantay** こそ、アエタでありながらも、平地民と同じように生計の向上をめざして生きていける社会である。(10)すなわち本書では、アエタが市場社会において、他者との差異を他者とともに発展させながら、たがいの居場所が確保できるような状態を「参入型」にイメージしている。

2 「適応型」——参加・個人化

「適応型」は、アエタとしての共同性は低く、人間関係がばらばらになる個人化の傾向にあり、他方で、市場への参加度の高い類型である。「適応型」には、サパの内や外で平地民に雇用されて働くアエタ、民族衣装モデルや野菜売りなどで生計を立てているアエタが照応する。市場に労働者や物売りとして参加しているため、アエタは、市場社会から、よくも悪くも「国民」「労働者」として認知されている。たとえば、先住民法で定められた雇用の優遇措置を受けたり、児童労働を禁止する法律によって雇用主から救助される子どもの事例がある。幼い子どもがいる世帯では、行政による価値形成セミナーなどへの参加を条件に、現金給付が行われたりする。これらの場合、「適応型」のアエタは、フィリピン国民であり、労働者である。

他方で、アエタは、平地的な（資本主義的な）働き方を求められる場合、たとえ村のなかでの仕事であっても、アエタの共同体的な慣行や価値を捨てなければならない。出稼ぎの場合は、村を離れることで、伝統的共同体から疎遠になる。[11]出稼ぎ先では、厳しい労働・生活規範を遵守し、重労働に従事しなければならない。ほかのアエタとのネットワークもつくりにくい。このような境遇のなかで、かつては貧しさを分かち合い、苦しい時期をともに生きていたアエタも、セーフティネットを失い、貧困の苦難を一人（一家族）で背負わざるをえなくなった。そこでは、貧しい生活をしのぐのは、あくまで個人の責任とされるようになった。

これらの人びとは、労働市場にしっかり組み込まれているという点で、市場社会への「参加」度は高い。その状況のなかで、アエタは、平地民との差異を克服しようと努力する。また、市場的価値を積極的に取り入れようとする（教育や資格の取得、職業訓練への参加、語学の習得など）。本書は、この状態を文化的包摂と呼ぶ。文化的包摂とは、市場社会で認められている労働価値へ適応または順応すること、伝統的価値を廃棄して市場的価値を取り込むこと、または、みずからのアエタ的な価値を支配的価値へ解消することを指す。

アエタは、労働市場において市場的価値を受容し、みずからの内面で労働価値を再構築することを迫られる。市場社会を生き抜くための「経済的必然性は、最下層の人びとに対して、伝統の破棄とともに、伝統の完遂ともいえる行動を強要」［Bourdieu 1977=1993: 86］する。しかし、アエタが差異を乗り越えるためにどれほど奮闘しようとも、〈差異〉を解消する手段と資源をもたない。なぜなら、〈差異〉を解消するか否かを決定するのは、市場社会または平地民だからである。このように、アエタは、社会的に排除され、文化的に包摂された結果、ふたたび労働市場の底辺に据え置かれていく。

3　「伝統型」――非参加・共同化

「伝統型」は、アエタとしてのアイデンティティは強く、アエタ同士の共同性は高いが、市場社会への参加度が低い類型である。「伝統型」には、日常の生活において、市場社会への依存が増し始める、火山が噴火する前のサパのアエタや、山仕事によって自給自足的な生活を続けていたアエタが、当てはまる。火山が噴火する前のサパには、アエタの伝統的な村共同体があった（共同化）。そこには、自給自足の経済と、相互扶助により貧困を分かち合う人びとの生活があった。当時のアエタは、積極的に市場社会に参加する必要はなかった（非参加）。

噴火直後の時期に、市場社会への参加の試みとして、アエタが運営する協同組合が立ち上げられた。これは、サパのなかで、アエタを顧客として利潤をあげる平地民に対抗して、アエタとしての利害を守るために団結してできたものであった。同時にそれは、ともに助け合いながら、市場社会への参加や生計の向上を図ろうとするものでもあった（共同化）。しかし、実際には、さまざまなケイパビリティ(12)（機能達成のための実質的な機会）が欠如した結果、協同組合は破産して、アエタは、市場社会に参加することができなかった。協同組合の事業に関わらなかったアエタも、同じく市場参加ができない状態が続いていた（非参加）。また、高齢や病気、障害などのために平地で働けず、どうにかアエタの相互扶助慣行の恩恵に与かっている互助機能システムの恩恵を受けている人びとや、村落で細々と自足的な暮らしを送っている人びとがいる。これらのアエタも、「伝統型」に当てはまる。

つぎに、これらの人びとに対する国民国家や市場社会のまなざしについてみていきたい（図3―2）。山のなかで暮らして、市場社会とほとんど関わりをもつことがない人びとは、国民国家や市場社会にとっては、〈他者〉であり、「異邦人」である。[13] このようなアエタは、少数であるが、現在でもいる。彼ら彼女らは、たとえ貧困な暮らしをしていても、市場社会に参加していないため、福祉や庇護の対象にならない。すなわち、彼ら彼女らは、国民としても、働く人間としても、国民国家や市民社会にとっては、「棄民」の状態である。

4　「解体型」――非参加・個人化

「解体型」は、「適応型」と同じく、個人化の傾向にあるが、市場社会への参加度が低い人びとの類型である。郷里や同胞とのネットワークから切断され、[14] 都市部でホームレス化するアエタが、ここに該当する（個人化）。重い病気を抱えていても、家族や親戚とのネットワークをもたず、なんの援助もなく、悶々として路肩に座り込み、時を過ごす。そのようなアエタが、いわば「解体型」の最後の姿である、都市部では、住み込みの仕事に就くことができず、路上で寝起きし、日々、炊き出しで命をつないでいるアエタがいる（非参加）。「解体型」のアエタは、「適応型」や「伝統型」に比べてまだ少数である。しかし、就労に必要な能力や条件をもたず、働く気力さえ削がれて、市場社会を生き抜くことが容易ではないアエタは、現在、市場社会の圧力が強まるにつれて増加する傾向にある。

国民国家や市場社会は、これらのアエタを完全な〈他者〉とみなす。そのまなざしは、彼ら彼女らを「棄民」とみる。近年では、貧困世帯を対象にした条件つきの現金給付がはじまっている。しかし、現金給付の条件とされている諸事項は、先住民への配慮を欠いたものであり、制度をより充実するには予算の確保など課題は多い。そのため、実際に現金給付の恩恵に与っているアエタは、少ない。

注

（1）たとえば、山根清宏（二〇一三）は、つぎのような事実に言及している。近年、企業のコスト削減のために増加傾向にある「個人請負就業者」は、労働空間に不可欠な労働力であり、「定住」「家族」という要件が充足されるかぎり、「社会の内部」の「国民」として留まることは可能であるが、事業主（非労働者）であるがゆえに、労働者としての法的保護や、労働関係法の対象外とされている。このように「個人請負就業者」は、「曖昧な労働」［山根　二〇一三：一一二］の状態にあるために、市民社会では成員でとして包摂されている一方で、労働市場では、法制度から排除された人びとである。

（2）あるホームレス支援団体は、週に一度、体育館を路上生活者に開放している。人びとはそこでシャワーを浴び、洗濯をし、医者の診察を受け、神に祈りを捧げ、食事をとっている。そのことで、彼ら彼女らは、一時の「市民生活」を送ることができる。団体の担当スタッフは、「かれらも市民です。身だしなみを整え、空腹を満たす権利をもっています」という。他方で、この団体は、体育館に集まるホームレスが増えていることを受け、今後は路上で面接を行ない、団体が発行した証明書がある人だけがサービスを受けられるシステムに移行する予定だという。その場合、証明書をもたない人は、サービスを受けることはできなくなる。すなわち、市民社会での包摂が、市民社会での新たな排除を生み出すこととなる。

（3）これに関連して、政治学者のベンジャミン・バーバーは、消費社会のなかでは、人びとに生活必需品を求める「真のニーズ」がなくとも、資本が嗜好品を次々と繰り出して宣伝することで、それに対する「偽りのニーズ」に消費欲を掻き立てられ、貪欲で操られやすい消費者が創り出されていると指摘している［バーバー　2007 = 2015］。バーバーは、おもに先進国の消費者について議論しているが、他方で「第三世界」の人びとは、先進国の消費者の「偽のニーズ」のために、資源や労働力を搾取され、「真のニーズ」が放置されていると指摘している。また、これらの人びとは、消費のための資金、すなわち可処分所得をもたないために、消費者として資本のターゲットにならないと述べている。しかし、四章三節の事例でみるように、資本の力はそのような可処分所得を持たない人びとをも、放っておかない。購買力がない貧者にも、資本は「偽のニーズ」を創り出しているのである。

（4）本書で資源とは、「人びとの生活を基礎付ける人的・知的、および天然・物的な条件の総合体」［佐藤　二〇一〇］とする。

（5）「権原」関係とは、私的所有に基づく市場経済において「ある種の正当性のルールに基づいて、ある所有権の集合をほかの所有権の集合と結びつける」［Sen 1982=2013: 2］ことである。またセンは「潜在能力」を、人間の生活を構成する機能の集合とするが、具体的には資源を活用したり、アクセスしたりする能力のことを指す［Sen 1992=1999］。
（6）潜在能力および権原アプローチに関する批判も出ている［佐藤　二〇一〇］。他方で、青山和佳［二〇〇六］も、概念の抽象性が高く、そのため概念の操作が困難であると指摘しているが、その限界を差し引いても、センのアプローチは、貧困者をさまざまな選択をする主体として捉えることができる「人間志向的」なものであると評価している［青山　二〇〇六：九一一〇］。
（7）本書での「参加」には、先の議論にあった「参入・介入」のような、主体的選択としての参加も含むが、当事者が社会的に排除／包摂されるという、受動的な参加も含めて捉えているため、あえて主体的選択のニュアンスが強い「参入・介入」ではなく、「参加」する／させられるという表現を用いる。
（8）また、本書における「共同化」は、先に確認したように、アエタというエスニック集団としての「共同化」である。そのため、本仮説を直接、平地民の状況にあてはめて、たとえば、経済的に裕福な平地民を「参入型」とみなすことはむずかしい。その意味で、フィリピン社会における平地民の状況は、縦軸（「適応型」と「解体型」）のみで説明することも可能である。したがって本書での「相対的」とは、同じ「参入型」にいるアエタと、平地民を比較して判断するものではない。
（9）アマルティア・センは、「中心的」とみなされている社会的課題の平等を求めることは、中心的ではない「周辺的なもの」の不平等を受け入れることを意味するという。すなわち、ある面で平等主義を主張すれば、ほかの面では平等主義を拒否することになる。これは、近年、社会的排除論で議論されているような、どのような包摂も排除をともなうという指摘と通底している。
（10）清水［一九九七］は、アエタが「富める側の人びとの経済生活の水準にキャッチアップし、同じように『豊かな』生活を送ることに留まるのではなく、経済力をつけることと政治的な発言力を得ること」［清水　一九九七：一五三］や、「文化的な差異を保ちながら、差異をプラスの価値として他からも認められて生きてゆく」［清水　一九九七：一五三］ことこそ、「当該社会のなかでの正当な居場所」であるとする。平地民と同じように、ただ経済的に豊かになることがアエタのめざすところではない。この視点から、本書では、アエタというエスニック集団としての「共同化」という軸を設定し、アエタがめざす目標「参入型」とした。
（11）平地での偏見や郷里への回想をとおして、「アエタ」であることを意識するという意味での共同性はある。
（12）センは、「潜在能力」を、ある人が選択することのできるさまざまな機能の組み合わせと定義する［Sen 1992=1999: 60］。
（13）米軍関係者の記録によると、一九二〇年代のクラーク周辺のアエタは、フィリピンの自治体から福祉や恩恵をまったく受けていなかった［Meixsel 2001: 75］。
（14）日常実践として、エスニック・ネットワークとは異なる、ホームレス相互の弱い紐帯を形成することはある。

●Ⅱ部　参加する先住民／参加しない先住民

第四章　適応型の労働と生活

本節では、アエタの人びとがどのように市場社会に参加しているのか、その一端をサパおよび周辺地域における労働と生活から考察していきたい。

一　村で働く

1　地域労働市場への参加

アエタが市場社会へ参加していった背景には、クラーク周辺地域の経済発展や労働市場の変容と、政府の先住民政策によるアエタの雇用機会の増加があった。火山灰に覆われた基地では、商業エリアとしての復興に向けた経済開発が、急ピッチで進められた。それにともない、周辺地域は、農業や基地に関係した産業から、工業や観光、サービス業へ変容していった。二〇一二年には、隣州のスービック（Subic）と合わせて、米軍基地最盛期の三倍を超える一一万七〇〇〇人の雇用が創出されて、国内最大の労働集積地となった［Simbulan 2009=2012: 58］。それでも、アエタが、最低賃金が保証されている仕事や、社会保険がついた仕事に就労することは、ほとんどなかった。経済特別

表3-1　サパのアエタの経済活動の変容

年代	職種
第一期 （1950年代以前）	① 山仕事（焼畑、狩猟採集など） ② 産婆
第二期 1951年～1991年 （米軍基地時代）	① 山仕事（焼畑、狩猟採集、木炭作りなど） ② 産婆 ③ 基地関連（軍隊、守衛、弾丸・再生資源収集） ④ 家畜（水牛、豚、ヤギ、ニワトリなど） ⑤ 出稼ぎ（農場、工場、家事手伝いなど）
第三期 1991～2003年 （災害復興時代）	① 焚き木拾い、再生資源採取 ② 産婆／治癒師 ⑥ 短期労働（NGOアシスタント） ⑦ 内職（工芸品作り）
第四期 2004年以降 （観光開発時代）	① 山仕事（焼畑、木炭作りなど） ② ヘルス・ワーカー、産婆（出産介助、マッサージ） ③ 軍関係（洗濯、軍隊、訓練アシスタント） ④ 家畜（水牛、豚、ヤギ、ニワトリなど） ⑤ 国内出稼ぎ（家事使用人、店番など） ⑥ 短期契約（NGOアシスタント、マスコミ取材、町内会役員） ⑦ 内職（クッション、アクセサリ、工芸品） ⑧ 観光業（ガイド、リゾートスタッフ） ⑨ 幼稚園教諭 ⑩ 集落外での労働（通い）整備・清掃業務等

区に関連したアエタの仕事といえば、守衛や清掃係、同地区で働く平地民の家事労働など、インフォーマルな仕事が多い。他方で、「先住民アエタ族」であることが、就職に有利になることもある。たとえば、サパのリゾートでは、アエタ文化や「先住民族」との交流が売りになっており、スタッフやガイドも、アエタが優先的に雇われている。

表3―1は、年代ごとにサパのアエタが関わってきた経済活動を示したものである。ここから、避難先から帰郷後した第三期以降に職種が多様化していることが分かる。

2　現代的労働の特徴

1　不安定な収入と労働条件

火山噴火後の第三期では、避難先でNGOの手伝いをしたり、マスコミの取材を受けたりして、一時的に収入を得られる機会があった（表3―1）。また、この頃より、集落にいることが多くなった女性や高齢者、子どもによって工芸品やアクセサリーなどの内職(1)が行われるようになった。これらの商品は、サパを訪れる客に販売するほか、特別経済区や都市部の教会の前などでの行商で、販売されるようになった。竹や木の実で作ったアクセサリーは、一個につき一〇～三〇ペソで販売したが、これらは毎日売れるものでもなく、多くても一日に二〇〇ペソ程度の稼ぎにしかならなかった。

サパに戻った直後は、週に一度、残留していた米軍兵士の家で洗濯物一サック（コメ三〇キロ分の袋）につき八〇ペソで引き受けるアエタもいた。しかしそれも、雇用主の帰国にともない、仕事は数か月で終った。リゾートが開発される前は、国内旅行者が一か月に一～二回、トレッキングに訪れることもあったが、一人のガイドが受け取れるのは一回につき五〇～一〇〇ペソ程度であった。このように、第三期以前と比べると、収入獲得の機会は増加したものの、いずれ仕事も、いつ売れるか、いつ仕事のオファーがあるか分からないという、予測できないものであった。

写真6　リゾートのメンテナンス部門で働く若者。車道の舗装のため、火山灰を撤去している。［筆者撮影2012年］

第四期になると、非正規ではあるものの、日雇いや六か月未満の契約雇用が増えた（写真6）。表3―2は、サパのアエタが従事している職種の一覧である。賃金では、月給四〇〇〇ペソ前後（日給に換算すると一四三ペソ）前後の仕事が多く、パンパンガ地方の一日あたりの最低賃金(2)と比べても、大きな開きがある。また、観光業や製造業、経済特区での建設作業などでは、住宅ローンの補助や健康保険などの福利厚生が保障されている場合も多い。ただし、これらの諸費は、給料から天引きされており、申請の手続きも複雑であるため、実際にこれらの福利厚生を利用している者はおらず、ほとんど機能していない。

また、契約書に署名はしたが、契約内容を知らされていない、試用期間中の数か月は休みが取れない、試用期間が終わっても月休が二日しか取れない、残業代が支給されないなど、不当な働き方が強いられている。また、契約期間が五か月以下の非正規雇用が、常態化している。(3)

表 3-2　サパのアエタの収入と雇用形態

職種	内容	労働者の特性	収入（月平均ペソ）	雇用形態	福利厚生	勤務日・時間
内職	アクセサリ作り・販売 工芸品作り・販売	女性、子ども、高齢者	P100 ～ 500	自営	—	不定
産婆	治療、指圧マッサージ	30 ～ 50 代女性	P100 ～ 2000	—	—	不定
NGO・町役員	NGO やバランガイ事業の手伝い	30 代女性、50 代男性	P1000 ～ 1500	契約	なし	不定
洗濯業	洗濯業	20 ～ 50 代女性	P1800 ～ 2000	日雇い	—	週 1 ～ 2 日半日
家畜	水牛の飼育とレンタル（荷物運び用）	家族	P2000	自営	—	不定
ガイド	観光ガイド、写真係	20 ～ 50 代男性	P2400	日雇い	なし	週 1 ～ 2 日半日
民族衣装モデル	民族衣装の写真撮影	50 代男性	P2500	自営	なし	不定
ヘルスワーカー	出産介助、健康相談	30 代女性	P2500	3 年	なし	不定
山仕事	イモ、豆類などの焼畑	未成年、高齢者、障害者など	P2000 ～ 4000	—	—	不定
家事手伝い	雑貨屋、ネットカフェの店番、犬の世話	10 ～ 20 代男性	P3000	1 年契約	なし	不定
家事手伝い	洗濯、食事、子守など家事手伝い	10 ～ 20 代女性	P3000	1 年契約	なし	終日
幼稚園教諭	就学前教育	30 代女性	P3000	—	なし	平日午前
守衛	リゾート施設の守衛	20 代男性	P4000	5 か月契約	あり	17 時～ 5 時（夜勤）
土木建設	施設や道の整備（土木建設作業）	10 ～ 30 代男性	P4800	週雇い	なし	週 7 日 8 ～ 16 時
セラピスト	スパ施設でのマッサージ	10 ～ 20 代女性	P4000 ～ 5000	5 か月契約	あり	8 ～ 17 時（残業有）
集落外（通い）	国際空港の整備・清掃業務	40 代男性	P5400	1 年契約	あり	平日 8 ～ 15 時
レストラン	リゾートでのウェイトレス、ウェイター	10 ～ 20 代	P4000 ～ 5500	5 か月契約	あり	8 ～ 17 時（残業有）
軍隊関連	ジャングル訓練のアシスタント・通路整備	20 代男性	P6000	契約	あり	隔週 5 日勤務
観光業	雇い主とアエタ・スタッフの調整役	50 代男性	P8000	正規	あり	8 ～ 17 時（残業・当直有）
集落外（通い）	土木作業	20 代男性	P11000	1 年契約	あり	平日 8 ～ 15 時

（吉田 2012　から一部抜粋，表記修正）

以下は、サパのリゾートで観光客にマッサージをするセラピストとして働いているマリア（二〇代女性）の話である。マリアの仕事は八時に始まるが、職場が山のなかの施設にあるため、朝は七時に家を出る。セラピストは一一人おり、一人の客に四五分間、足や全身マッサージを施す。客の数は日によって違うが、少なくとも二～三人の客が付くという（写真7）。

写真7　火山灰ツアーで人気の天然温泉プール［筆者撮影　2012年］

仕事は基本一八時までなんですけどね、客が多いと帰りが二一時とかになることもあります。残業代なんてないですよ。サービス残業です。上司に聞いたら「じゃあ今来ている客に残業代請求するから、手伝ってよ」って言われます。いくら早く家を出てもかならず帰宅が遅くなるので、もう三度も残業代について掛け合ってみましたが、だめでした。夜中の一二時に終わったこともあったんですよ。そしたら、夜通しここにいたらどうかって五〇ペソくれました。署名までさせられて。もう、チップしか望みがないですよ。五〇〇ペソとかもらえることがありますからね。［マリア　二〇一三年三月一二日］

このように、マリアもただ黙って働いているわけではなく、上司に残業代を要求している。しかし、毎回うまくかわされる。チップはもらえるが、このリゾートでは、客からもらったチップも一度すべて集められる。そして、月末になると、残業代の代わりに、従業員に支払われるという。ドルや韓国ウォンでもらうこともあり、為替レートによっても額が変わってくるが、良いときは二〇〇〇ペソ程度もらえることもあるという。毎月の給料が四〇〇〇ペ

表 3-3　サパのアエタの仕事内容

	職種	仕事の内容
1	洗濯業	衣服やシーツの洗濯
2	清掃業	剪定やガーデニング
3	家事手伝い	犬の世話、子守、皿洗い
4	守衛	施設内の見張り
5	軍の訓練補助	訓練中の道の整備（木や雑草を切って道を作る）
6	NGO・町役員	プロジェクトに参加するアエタのとりまとめ、相談役
7	リゾート管理職	アエタ従業員のまとめ役、相談役
8	空港メンテナンス	滑走路の石拾い、鳥を追い払う（鳥衝突防止のため）
9	ガイド	野草や生き物の説明、荷物持ち、写真撮影係
10	レストラン	皿洗い、料理の見張り
11	建設	火山灰の撤去、ペンキ塗り、木材運搬
12	リゾート	マッサージ、砂蒸し風呂の砂や木炭の運搬、接客
13	ゴルフ場	草むしり

ソであることを考えると、「チップしか望みがない」という状況がよく分かる。

2　単純労働と感情労働

つぎに、労働の内容についてみていきたい。表3―3は、サパで雇用労働に就労しているアエタの仕事内容をまとめたものである。

平地民に雇用されるアエタの場合、動物や植物、山に関係した肉体労働など、山仕事の延長のようなものや、荷物持ちや守衛、皿洗いなど、とくに高度なスキルを必要としないものが多い。また表3―3では、一番下の欄のリゾートのマッサージの仕事だけは、二か月の研修を受けているが、そのほかの仕事では、研修や職業訓練はなく、雇用されたその日から実務に就いている。ここからも、雇用主が、アエタの仕事にそれほど高い技術を求めていないことが分かる。

他方で、アエタの労務管理については、上司や同僚との間で最低限の意思疎通ができる言語能力や、身だしなみ、時間管理の指導などに重点が置かれている。とくにリゾートや経済特別区の仕事では、遅刻や欠勤だけではなく、休憩時間と労働時間の区別が、厳しく指導されている。これに対して、平地民の労働者であれば提示される労働契約の内容や、給料の支払い方などの説明も、アエタに伝えられることはない。(4)したがって、給料日が分からない、給料からなにが天引きされているのか分からない、いつ仕事を休んでいいのか分からないというアエタが多い。すなわち、雇用主にとって、差異をもったアエタを労働者として雇用する意義は、アエタをいつでも使い捨てできる便利な、すなわち低賃金で、法律を無視して雇うことができる労働力として扱うことにある。

最後に、近年、観光業に関わるアエタに求められる労働に、感情のコントロールを必要とする、接客労働がある。現在、サパのリゾートスタッフは四九人いるが、そのうち四六人がアエタであり、それとは別に、観光省に登録されているガイド三九名の全員がアエタである。このほか、個人的に工芸品や土産物を販売する者を合わせると、村全体がなんらかの形で観光業に関わっている。ガイドは、観光省の研修と面接試験を受けて、合格した者が正式なガイドとして登録される。面接試験では、体力や知識とともに、外国人や観光客に親密な態度がとれるかどうかがチェックされる。そして、話が通じない外国人とのコミュニケーションの取り方や、トラブルを回避する裁量の有無がチェックされる。なにがあっても客を怒らせてはいけない。とはいっても、怪我でもされたら営業に支障が出るだけでなく、自分やほかのアエタの生活にも響きかねない。ゆえに、ガイドや接客係のアエタは、客の感情や様子を顧慮しながら、客を怒らせないために、泣き落としで相手の気持ちを静めたり、事情によっては客を脅すといった、感情の操作が要求される。(5)

3　複合的生業

サパでは、村の雑貨屋でコメなどの食料や生活必需品をつけ買いすることが多い。二〇一二年のインタビューでは、雑貨屋で一世帯が一か月につけ買いする額が、平均四、〇〇〇ペソにも上っていた。ここから、収入をほぼ全額つけの支払いに充てている世帯もあり、アエタの厳しい家計状況が分かる。また、このような収入では、ひとつ

表3-4　職業の組み合わせ

A	50代女性	山仕事＋産婆＋内職
B	40代女性	洗濯業（村落外）＋内職
C	30代女性	山仕事＋NGOアシスタント＋内職
D	20代女性	リゾート・セラピスト
E	70代男性	山仕事＋家畜
F	30代男性	空港清掃業（村落外）
G	40代男性	山仕事＋ガイド＋役員
H	20代男性	山仕事＋道路整備
I	20代男性	リゾート・ウェイター

の職種、ひとりの働き手だけで一家（家族は平均五～六人）の生計を賄うことはできない。したがって、多くのアエタは、単発的な仕事を組み合わせて生計をやりくりしている（四章一節）。

表3―4は、二〇一二年のサパのアエタの仕事を組み合わせたものの一部[6]である。リゾートや出稼ぎなど、労働時間の拘束や地理的制限がある場合、ほかの仕事に関わることは少なくなるが（D、F、I）、それ以外は、ほぼ全員が、山仕事と、内職やガイドなどの単発的な収入機会を複合的に組み合わせて生計を立てている。たとえば、AとCの場合、自家消費のために山仕事も行っている。内職とは、観光客や来客に販売するためのアクセサリー作りである。Bは、村落外の個人宅で洗濯の契約を結んでおり、週に三日ほど洗濯に通っているが、家にいるときは同様にアクセサリーを作っている。他方で、男性（G、H）も、ガイドや道路整備などの単発の仕事の合間に、山仕事に携わっている。これらの事情から、サパのアエタが、多様化した収入獲得の機会を使いこなし、日々の出費をやりくりしている[7]ことが分かる。他方で、産婆（A）やNGOのアシスタント（C）、バランガイの役員（G）など、特別な知識や技能が必要とされる仕事の月給平均は、一〇、〇〇〇～一二、五〇〇ペソである。このようにアエタは、現代的労働だけで生活を支えることができない。それらの仕事は、山仕事よりも短期間で収入を得ることができるが、収入や雇用条件、収入獲得の機会の頻度は、不安定である。そのためアエタは、出費の不足分を単発の仕事で補ったり、山で食料を調達して、家計をしのぐことになる。次項では、具体的な仕事の内容と特徴についてみていきたい。

また、若者や男性が集落の内や外で雇用される機会が増加すると、残った家族も山仕事を控えて、集落で過ごすことが多くなった。これにより、山仕事で男性の補佐的な仕事しかできなかった女性も、集落で直接収入につながるような仕事に携わるようになった。とはいえ、男性は、短期契約ではあるが、村の外に働きに行く機会があるが、女性の仕事には、内職や洗濯など、単発的で安価な収入のものが多い。このように、新たに現われた仕事においても、女性の家計への貢献は、補佐的なものに留まっている。

二　都市で働く

1　マニラのアエタ

本節では、先住民の都市部への移動と労働という観点から、都市に出た先住民をつぎの二つに分類して、説明する。まず、クリスマスの季節にマニラに出て、物乞いなどをして、一定の金銭を稼ぐと帰郷する循環型の出稼ぎ者がいる。循環型のアエタの物乞いは、一九九〇年代に多くみられた。アエタは、火山が噴火したことで、生活基盤を失い、全国各地に散って避難生活を送っていた。しかし、避難先や再定住地での生活が不安定であったため、短期間、マニラやほかの都市に行って、物乞いをして帰るアエタが増加した。しかし一九九〇年代半ばに、アエタの物乞いが目立つようになると、それが次第に「社会問題」となり、メディアで取り上げられるようになった［清水二〇〇三：二〇五］。高速道路の入り口やバスターミナルでの物乞いが増加し、運転手や通行人とのトラブルが発生する機会が増えた。また、アエタの物乞いには、シンジゲートがついているという噂も流れた。このような状況のなか、政府と自治体は、物乞いをするアエタの取り締まりを強化して、かれらを再定住地に強制送還するようになった。その結果、近年では、マニラで物乞いをするアエタは減少した(8)。他方で、二〇〇〇年代に入ると、地方の工業化や観光開発が進み、そこでの雇用が増加して、アエタが現金収入を得ることのできる機会が増加した。しかし彼ら彼女らは、現在でも、三か月から一年単位の契約で、店番や子守、工場労働者として、マニラに出稼ぎに来ている。その多くは、地方の労働市場で雇用されなかった若者や単身者からなる。

2　住み込み労働とネットワーク

本書でネットワークとは、マーク・グラノヴェッター（Mark Granovetter）が定義したような、「個人間の相互作用の一側面としての紐帯（Interpersonal tie）」［Granovetter 1973=2010: 124］を指す。さらに、本書では、個人間のネットワークだけでなく、共同体としてのアエタという、集団とのエスニックなネットワークも含めて考える。都市先住民の生活におけるネットワークには、平地民、ほかの民族の人びととの「弱い紐帯の強み」［Granovetter 1973］が確認できることもある。ネットワークからは、「経験と情報・信用」［梶田ほか　二〇〇五：二一八］などの社会的資本が提供される。(9)

また、出身集落の同胞や家族、親戚との強い紐帯は、現金や食糧、精神的な安定などの助けになる。つぎに、ネットワークの強弱については、グラノヴェッターが基準とした「ともに過ごす時間量、情緒的な強度、親密さ（秘密を打ち明け合うこと）、助け合いの程度」とする。本書では、これ以上深く助け合いの度合いを定義しないが、グラノヴェッターの基準に準拠して、「強い」／「弱い」ネットワークを判断する。たとえば、「伝統型」の人びとのネットワークは、共同体的な価値観が共有され、血縁・地縁関係が維持されることで成り立っている。これは、「強い」ネットワークである。他方で、「解体型」の人びとは、特定の目的を達成するために、一時的にネットワークを形成することがある。そこには、つねに信頼関係や「親密さ」があるわけではない。これは、「弱い」ネットワークである。

以下では、都市において、住み込み（Stay-in）労働をするアエタの労働と生活と、そのなかで構築されるネットワークについて見ていきたい。

1　住み込み（Stay-in）労働の実態

ライアン（二九歳、男性）は、食肉加工工場で、六か月住み込みで働いていた。工場の仕事では、社会保険や社会年金などの福利厚生が充実していた。給料も、マニラのなかでも良い方で、一か月に一万ペソ以上は稼いだ。ただし労働時間は、朝一〇時から明け方の三時半までの一七時間半であった。仕事の内容は、ひたすら食肉用の鶏を屠殺し、加工したという。寝場所は工場の一角にあったが、平日は睡眠時間が十分に取れないため、休日は寝て過ごすか、そうでないときは、給料を両親に届けるために郷里に帰っていた。そのため、毎月、二〇〇ペソだけ手元に残し、残りは実家に届けていたという。マニラでは、基本的に外出することはなかった。食事も職場で食べていたので、実際の出費はタバコと洗濯洗剤、実家に帰るための交通費くらいであった。工場では、いっしょに働いていた、アエタの同僚、直属の上司と話をするくらいで、それ以外の人と話をすることもなかった。このようにライアンは、出歩くことはほとんどなかったが、休日には休養し、月に一度は実家に帰ることが許されていた。

つぎに、犬の世話をするという条件でマニラに出てきた、ジョッシュ（一七歳、男性）の事例をみていきたい。マニラに来る前は、パンパンガ州の高校に通っていた。父は山仕事をし、母は洗濯婦として生計を賄っていたが、ジョッシュの学費を払う余裕はなかった。そのため、ジョッシュは学費を稼ぐため、隣近所の洗濯やガーデニングをした。しかし、学校が休みの日に一二時間働いても二〇〇ペソの稼ぎにしかならなかった。そのほかに木炭作りやサトイモ作りも手伝ったが、月収は五〇〇ペソ程度にしかならなかった。その収入も、学費ではなく、家計の出費で消えていった。そのような状況のなか、ジョッシュは、マニラで働いていたサパ周辺のアエタに仕事を紹介された。二〇一一年四月、ジョッシュは二年間の出稼ぎのつもりで、マニラに出てきた。仕事に慣れれば、マニラの高校に通わせてくれるという条件であった。ジョッシュは、マニラの高校を卒業したら郷里に戻り、実家から通える仕事力的であった。

に就きたいと考えていた。そのため、しばらく村を離れることにはなるが、このような条件がついたオファーは魅

はじめは「犬の世話をする仕事がしたいか」と言われたんです。当初の話では、犬が僕に懐きさえすれば、一、五〇〇ペソでスタートするのはどうかって。ちょうどタイミングもよかったから僕がやるって言ったんです。あ、給料は一五日ごとの支払いだったから七五〇ペソでした。仕事次第では給料を上げてくれるということでしたが、上がるどころか、約束の金額を支払ってさえもらえなくなりました。手持ちのお金がないとか言って、給料日には一〇〇ペソとか二〇〇ペソとか。契約書とかないですしね、僕もなにも言いませんでした。

［ジョッシュ　二〇一二年三月二〇日、パンパンガ州の自宅にて］

先の工場労働と比べ、家事労働の場合は、インフォーマルな契約であるため、契約書が交わされるわけでもなく、労働条件がくわしく説明されることもない。さらに自由時間が制限されている。これは家事労働の特徴にも関わるが、仕事場と生活空間が同じであるため、労働時間とプライベートな時間を区別するのがむつかしい。このような契約外の状況を相談する相手もおらず、ジョッシュの労働環境は、悪化するばかりであった。ジョッシュは毎朝四時に起床して、六時まで一八頭の犬の餌の準備に追われた。七時に犬の食事が終わると、食器やゲージの清掃をして、八時から九時には雇用主家族八人分の朝食の準備をしながら、雇用主の家の掃除をする。それが終わったら洗濯が待っている。このように、実際の労働内容は、当初の「犬の世話」とはかけはなれていた。

寝るのも、犬といっしょでした。ビルの屋上に小さな物置スペースがあって、屋根はついてるけど、壁がな

いんです。格子だけ。だから、雨が降ったらびしょびしょになって寝られなかった。下にも降りちゃいけないって言われて。でも、犬といっしょだから暖かいんですけどね。僕の食事が用意されていないときは、お金もないし、仕方ないので犬のえさ用のサバ缶を食べていました。でも、辞めるときに、僕がサバ缶を一箱分食べたって、えさ代まで請求されました。一度、家の人がフライドチキンを買ってきたことがありました。しばらくして、主人がやってきて、僕にくれるのかと思ったら、「これ、犬にやっといて」と骨を渡されました。僕は、彼らにとって犬以下だったんですよ。［ジョッシュ　二〇一二年三月二〇日、パンパンガ州の自宅にて］

ジョッシュの母親は、いまだに息子の寝床を見たときのショックを忘れられないという。このインタビューをそばで聞いていた母親は、「（ジョッシュを引き取るとき）あんたは私の息子を犬のように扱ってるって雇い主に言ってやったの」と泣きながら話した。ある晩、土砂降りの雷雨に驚いたセント・バーナードの親犬が屋上から飛び降りて死んでしまった。ジョッシュは雇用主にベルトでたたかれ、胸を殴られた上に、損害賠償金として二〇万ペソを請求された。その後も雇用主の暴力がエスカレートし、結局、噂を聞きつけたサパの親戚がＮＣＩＰに相談し、ＤＳＷＤに連絡した。当時一七歳のジョッシュは児童労働ということで、ＤＳＷＤによって保護された。

ジョッシュ：ＤＳＷＤで「給料はちゃんともらってたのか」って聞かれましたが、僕は「はい、ちゃんともらってました」って答えたんです。

母：嘘までついてね。この子、私にも給料をもらっていなかったことを黙ってるように口止めしたんですよ。あの人たちも楽しいクリスマスが過ごせるようにって。（雇用主が起訴されたら）かわいそうだって。でも、本当は、息子は怖かったんですよ。もし都合の悪いことを告げ口して、後でなにをされるか分かりませんから

ね。［ジョッシュと母親　二〇一二年三月二〇日、パンパンガ州の自宅にて］

七か月ぶりに母親がジョッシュを見たときには、睡眠不足と疲労のために、目がくぼみ、別人のようだったという。本人の話からも、彼の七か月の経験がどれほどのものであったか想像できる。ジョッシュの事例は、とくに雇用主に恵まれなかったということもあるが、そこに、平地社会で「犬以下」の扱いを受けているアエタの労働の現状を垣間見ることができる。このほかに、家事労働などの住み込みの仕事において、帰郷するときや、休日に出かけるときには、家のものを、もち出していないか、入念に身体や荷物をチェックされたりする。このようにアエタは、基本的な人権さえ無視した扱いを受けることもある。(10)

2　先住民ネットワークが再編されない理由

つぎに、ジョッシュの先住民ネットワークについてみていきたい。ジョッシュは、マニラに出てからも、数か月に一度、親が雇用主の自宅に電話して、連絡を取っていた。他方で、ジョッシュと同時期にマニラに来た親戚のアンジー（一七歳）は、プリペイド式の携帯電話をもって、携帯メールで頻繁に家族に近況報告をしていた。彼女の場合、クリスマスや誕生日には、五日程度の休暇をもらい、一時帰省している。このように、多くの出稼ぎ労働者は、郷里の家族と定期的に連絡を取ったり、休暇を取って家に一時帰省するなどして、郷里の家との間に強いつながりを保持している。他郷にあって厳しい労働環境にあるアエタにとって、それは、大きな情緒安定の役割を果たしている。

いつもボスに郷里の話をするんだ。自然がいっぱいあって、空気がきれいで、とてもいい所だよって。あなた（著者）が今度戻ってきたときは、もう僕は実家に戻ってるかもね。ぜひ実家に遊びに来てよ。

［ジョッシュ　二〇一一年八月二三日、雇用主の家で］

彼の祖父は、村の長老の一人で、村人のために行政や外部者との交渉を行なってきた人物である。叔父は、先住民族委員会（NCIP）の現地スタッフとして先住民関連の事業に携わっている。このような家庭環境で育ったジョッシュは、マニラでも自分は先住民であるという自覚をもっていた。(11) そして、最後は先祖伝来の土地へ戻って暮らしたいと思っていた。

他方で、マニラにおけるエスニックなつながりをみると、ジョッシュは、アンジーの職場の徒歩圏内で働いていたにもかかわらず、外出を許されたことは一度もなかった。

近所で働いていたアンジーのところへ行きたいって頼んでみたんだ。そしたら、「お前は遊びに来てるんじゃないんだぞ」って言われて、許してもらえなかった。その後にも「一度でいいから、行ってみたいんです」って言ってみたけど、だめだった。それからはもう二度と行きたいとは言わなかったよ。

［ジョッシュ　二〇一二年三月二〇日、自宅にて］

ジョッシュは、一人きりでの外出や、実家への帰宅は禁じられていた。著者がはじめて彼にインタビューを行なったのは、彼がマニラに来て四か月後の八月であったが、その時点で一度だけ、醤油を買うのに、遣いに出されたことがあったと話した。雇用主の家では、朝から晩まで働き、土日の休暇もなかった。近所で働いていたアンジーは、日曜日だけ休暇が取れたため、彼女の方から数回訪ねてきたが、ジョッシュからの外出や電話は、すべて禁じられていた。また、実家から雇用主の家に電話があっても、アエタ語で会話することが禁止されていた。実際に、著者が彼を訪ねたときは、短時間ですませることを条件に、雇用主からの許可が下りた。そして、インタビューは、雇用主が同席するなかで進められた。ジョッシュがマニラに来た動機や、家族の話など当たり障りのない話で一時間ほど話をしたが、結局、ジョッシュの寝床や、実際の仕事場は見せてもらうことはできなかった。

その後、サパでのインタビューで分かったことであるが、高校への通学についても、仕事が落ち着いたらマニラの高校へ転入手続きをしたらいいと言われていたが、転入手続きの書類を準備するための外出も許されなかった。その結果、ジョッシュは、マニラに滞在していた七か月の間、ほかのアエタと話をすることはおろか、雇用主の家族以外の平地民とも、話をする機会はなかった。このように、住み込み労働では、職場や雇用主の家に寝泊まりをしているため、アエタ同士のネットワークはおろか、平地民ともネットワークを形成することがむずかしい。

本書で紹介する短期出稼ぎで家事労働や工場労働に従事するアエタは、一定期間後に帰郷する予定で都市に出る。そのため、出稼ぎ労働者は、仕送りをしたり、携帯電話（メールを含む）をとおして、郷里の家族や親戚と頻繁に連絡をとっている。また、雇用主や知人をとおして新たな求人情報が入れば、家族や親族、知人に仕事を紹介することもある。この意味で、都市のアエタのネットワークは、住環境においては、アエタ同士のネットワークから断絶されているが、「いつかは帰郷する」という気持ちをもち続けており、その点では、精神的には断絶されていない。

3　先住民／平地民ネットワーク

ここで、都市で暮らす先住民のネットワークについて、整理しておきたい。先住民の居住条件は、もっぱらその労働条件に規定される。また、労働・居住条件は、先住民の移動や、ネットワークの形成を規定する。都市で暮らす先住民は、仕事と住居の状態に応じて、さまざまなレベルのネットワークを構築している。図4―1は、本書の調査で確認された、マニラの先住民の住居・仕事とネットワークの関係を示したものである。

図 4-1　先住民／平地民ネットワークと住居・労働の関係

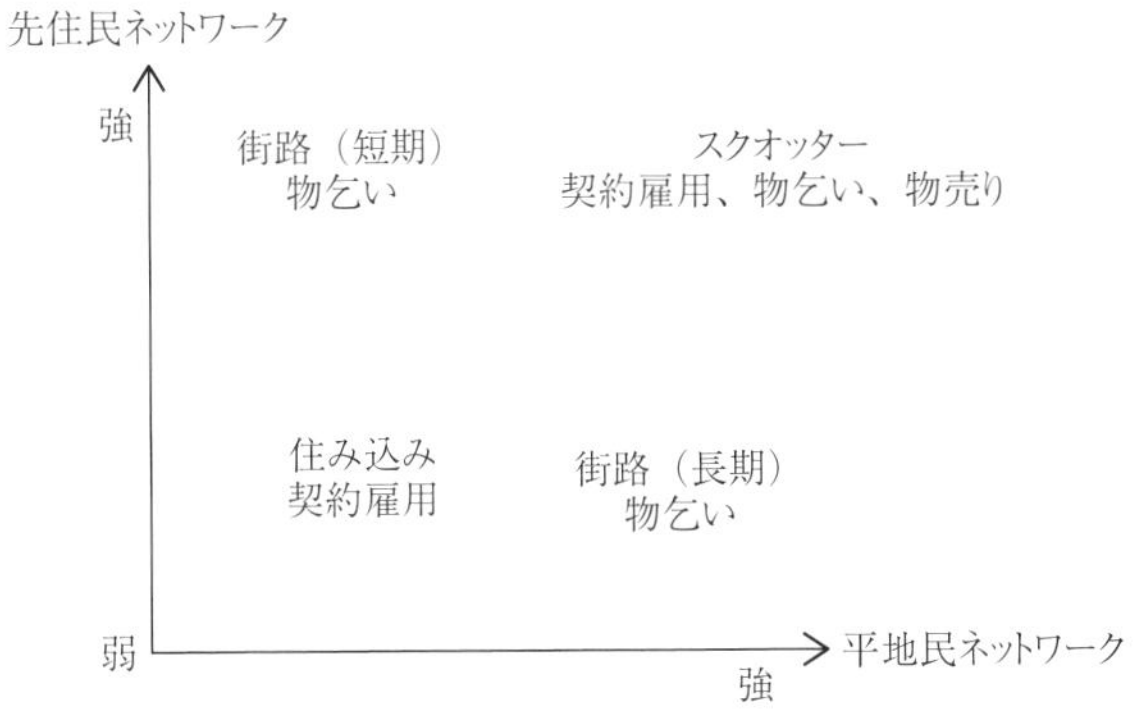

都市で暮らす先住民は、図のように、労働と居住の観点から四つに分類することができる。一つ目は、雇用主の自宅や仕事場に住み込んで働く労働者である。これには、単身で地方からマニラに出て、数か月契約で家事労働や店番、工場労働などで働く、短期の出稼ぎ者が多い。アエタの多くがこれに当てはまる。彼ら彼女らは、アエタとしてのアイデンティティをもっていたし、郷里との精神的なつながりともっていた。しかし、外出や帰郷が制限されるなど、出稼ぎ先で孤立しているため、先住民のネットワークの維持や再編や、平地民との新たなネットワークが作りにくい環境にある。先にみた、ライアン、ジョッシュ、アンジーらの事例もこれに当てはまる。

二つ目は、スクオッターで家を借り、または所有して、スクオッターの外にある職場に出かける通勤者、さらに、ひとつの部屋を数世帯で間借りして、スクオッターと街路を往復する人びとである。これは、マニラに生活基盤を移した人や、新しく親戚や友人を頼ってマニラに出た人である。マニラに住むバジャウが、その代表例である。彼ら彼女らは、長年、マニラのコミュニティに集住しているため、先住民と平地民の双方のネットワークをもっている。

三つ目は、短期間だけ家族連れでマニラに出てきて、街路で物乞いをして収入を得るホームレスである。彼ら彼女らの多くは、閉店後の店のシャッター前や空き地に段ボールや布、ビニールシートで簡易な寝床を作って寝る。この場合、先住民のネットワークは維持できるが、平地民とのネットワークはつくりにくい。

四つ目は、長期間、路上で暮らすホームレスである。これには単身者が多い。彼ら彼女らは、廃品回収などをすることもあるが、炊き出しを利用したり、物乞いをして命をつないでいる。夜には、段ボールなどを敷いて路上で寝る。このようなホームレスの人びとは、三つ目の人びととは反対に、平地民とのネットワークは強いが、先住民のネットワークからは離別することがある。

図は、都市に住む先住民のネットワークをすべて包含するものではない。また、ジョッシュのように、労働環境によりネットワークを維持することはできないが、情緒的には強い思いを抱いている人もいる。しかし、この図は、先住民の共同化と個人化の状況を捉えるひとつのツールとして提示した。ネットワークは、平地社会を生きる先住民の心強い生き抜きの技法となっている。

三　市場文化へ包摂される人びと

アエタの多くは、火山の噴火を機に、それまでの山仕事から、平地の労働市場で仕事に就労するかたちで、市場社会に参加するようになった、先にみたように、アエタは平地の労働市場において、安価な労働力として排除されている。そして、その多くが、生活の向上と地位の上昇を制限され、労働市場の底辺に留まって、苦しい生活をよぎなくされている。他方で、市場社会で排除されたアエタは、苦しい生活から抜け出すため、市場的価値に適応しようとする。このように、アエタは、市場社会への適応の過程で文化的に取り込まれていく。以下では、このようなアエタの内面世界の変容を、労働価値と消費価値に焦点を置いて考察したい。

1　労働価値

本項では、市場社会におけるアエタの境遇を、「文化的な」側面から考察する。ここで、文化的とは、アエタが市場的価値を受容すること、またはそのように努力することを指す。以下では、アエタが市場的価値をどのように捉え、またどのように価値が受容しているかという点を考察する。つぎは、二〇〇三年と二〇一二年に、山仕事についてインタビューしたときのベルの言葉である。

私たちは山で仕事をしてるわよ。いまはパパイヤを植えているの。子どもはまだみんな小さいけど、もう少し大きくなったら、しっかり手伝いをさせるわ。そうしたら、子どもたちも将来は、山で仕事ができるようになるでしょ。〔ベル　二〇〇三年三月一八日、山の畑にて〕

当時のベルは、将来、自分の四人の子どもといっしょに山で仕事をすることを楽しみにしていた。しかし、長女がハイスクールを中退して、リゾートのスタッフとして働き始め、ほかの子どもたちも学校に通い始めたため、自身も山仕事を控えるようになった。その後、子育てが落ち着いたベルは、子ども達が学校を中退した当時を、つぎのように振り返る。

以前、息子が学校を中退したときも、娘が山仕事を手伝いたいからって学校に行かなくなった時も、私といっしょに山仕事についてきてたんだけどね。山仕事している子どもたちを見て涙が出てきたの。「私はあんたたちにこんな仕事なんてさせたくないのよ。なんで畑仕事してるのよ！」って泣いたわ。子どもたちには山

仕事じゃなくて、学校に行ってほしかったの。［ベル　二〇一二年三月一〇日、自宅前にて］

子どもにも山仕事をさせたいと考えていたベルであるが、九年後、五〇代になっていた彼女にとって、山仕事は、子どもにはさせたくない仕事となっていた。この背景には、サパのなかでも現金収入の機会が増え、ベル一家の生活が、以前と比べていっそう現金を必要とするものとなったことがある。また、なによりも、ベル自身が子どもたちを育てるために、現金収入の機会を求めて苦労してきた。このような経験はベルに限ったことではない。サパのアエタは、このような経緯のなかで、行政や教会、ボランティア団体による生計向上セミナーなどの研修にすすんで参加し、子どもには学校教育を受けさせ、職業威信が高く稼ぎのよい仕事に就労することを、理想とするようになった。こうして、多くのアエタが平地民に雇用されて働くようになったものの、平地の職場では、それまで身につけていたアエタの価値と、市場的価値が衝突することになった。

山にいるときは時間なんて気にする必要はなかった。体調が悪いときには、だれに断りをいれる必要もなく休めた。でも、平地ではそうはいかない。それでも、アエタはそんなの慣れていないから、山の感覚で働いてしまうんだ。そうなると、むかしの働き方と、平地で求められている働き方とがぶつかってしまう。平地では一五分遅れただけで上司から文句言われて、それが重なるとクビになることだってある。だから、山は山、平地は平地の働き方に合わせないといけないんだよね。［マルティン　二〇一三年三月三日、教会横の家にて］

マルティン（男性、二〇代）の祖父は、現在も定期的に山仕事を続けており、マルティンは、幼い頃から山での生活について聞かされてきた。その一方で、マルティンは、教会学校の教師を務めており、これまでにも、教会関連の生計向上セミナーに何度か参加している。彼は、アエタ的な労働価値と、平地の労働価値の違いを認識しており、平地で働く場合は、平地に感覚を「合わせないといけない」という。実際に、マルティンの言うように、価値や行動様式のコンフリクト（衝突）が起きた結果、平地の働き方に合わせることができず、職を失うアエタも少なくない。本調査でも、家族がけがをしたり、急に隣りの村に行かなければならなくなったために無断欠勤をしたり、事後に報告をしたり、勤務時間中に家に帰ったなどの理由で、クビなったアエタもいる。

わしの息子も、孫がサンフェルナンドSan Fernando（近郊都市の地名）で入院したんじゃよ。それで一週間休んで、また仕事しようと思ったけどもう雇ってくれなかった。そういう感じなんじゃよ。いくら平地の仕事のやり方を学ぶべきだって言われても、緊急の場合でも前もって休みの許可を取らないといけないとか、子どもが死にそうになっておるのに、仕事に出てこいとか、そんなのはむずかしい話だよ。

［ボボン 二〇一二年一〇月七日、自宅にて］

ボボン（男性、八〇代）の息子は、リゾートスタッフの仕事をしていた。マルティンと同様、ボボンの息子も、職場では、時間や約束事を厳守するという「平地の仕事のスタイル」を身に付ける必要があることは知っていた。そのため、結局は許可が下りなかったが、子どもの入院が決まるとすぐに、上司に休みたいと掛け合った。しかし、休みがもらえなかったため、やむなく欠勤した。彼は一週間の無断欠勤後、職場に戻って働こうとしたが、もはや戻る場所はなかった。アエタの間であれば、たとえ急に仕事に行かなくなっても「なにかあったに違いない」と済まされたり、家族の病気となれば、そちらを優先するのは当然のことであった。ここに、平地の労働価値を取り入れようとするが、みずからの価値と行動を選択して、職場から追い出されるというアエタの姿がみられる。

また、先のマルティンの話を著者の隣りで聞いていたベルは、インタビュー終了後、アエタが平地の働き方に合わせることについて、つぎのように語った。

たしかに、マルティンはいいこと言ってるよ。本当よ、平地で働くなら時間の管理もしないといけないし、そのためのトレーニングも必要かもしれない。でもいくらトレーニングと言っても、それを受け入れられるかどうかは結局、その人次第よ。いくら（トレーニングを）しないといけないと分かっていても、本人ができなかったら意味ないよ。私もこれまでに何度もトレーニングを受けてきたけどね。いまだに平地民から、時どき言われるのよ。手でご飯を食べるなとか、平地に行く前には、シャワーを浴びろとかね。アエタの文化は尊重するけど、悪いアエタの文化はやめるべきだって（鼻先で笑うように）。でもね、そんなこと急に言われたってできないわよ。だって、私はアエタだもの。［ベル　二〇一一年〇三月二一日、サパの道端にて］

彼女も、マルティンが言うように「平地で求められている働き方」を受け入れることが、「いいこと」であり、「しないといけない」ことを知っている。しかし、ベル自身はこれまでに幾度となく、アエタ的な価値と市場的価値とのコンフリクトを経験しており、市場的価値に適応することのむずかしさも、身をもって知っている。「本人ができなかったら意味ない」というのは、ベルの体験談でもあった。ベルは、ピナトゥボ山の噴火後、アエタの協同組合を立ち上げてみたり、マニラや平地で商売をしてみるなど、市場社会で生きるためにいろんなことに挑戦し、ことごとく失敗するという経験があった（五章三節）。したがって、ベルは、市場的価値に適応することは「いいこと」ではあるが、「そんなこと急に言われたってできない」ことを知っている。また、彼女は、アエタ的な価値を「悪い文化」だと言う平地民の言葉を、鼻先で笑うように再現し、あえて自分が「アエタ」であることを宣言した。

このようにベルは、「コンフリクト」に遭遇したとき、市場的価値に適応できない自分が「アエタ」であることを、あらためて自覚した。これまでのエスニシティ研究においては、このような、「アエタ」意識の覚醒に、エスニシティの強靭さや、アエタの誇りを見出したり、ベルのような言動を、市場社会に生きるアエタの「抵抗」として捉えられることが多かった。しかし、圧倒的な市場社会の力は、簡単にアエタが抵抗できるようなものではない。それどころか、アエタであることは、市場社会に適応できないことを正当化する機能を果たす。家庭の事情で無断欠勤をしたり、勤務時間中に家に帰って解雇される、トレーニングを受け入れられない、という人びとの体験は、「アエタ」という共同的な体験へと再解釈され、それは誇りの証しであるどころか、アエタが「アエタ」を貶めていく、そのような価値やアイデンティティを抱かせかねないものになる。したがって、「私はアエタだもの」というベルの言葉は、アエタが、「市場社会に適応していくためには、アエタ的なものを捨てなくてはならない」として市場的な価値を受容しなければならないことを意味しており、他方で、それにもかかわらず「アエタであることから逃れられない」という現実が浮かび上がる。

2　消費価値

つぎに、生活における消費価値の変容と、現金収入に関する価値の変容について、みていきたい。アエタが市場社会で苦しい生活を送らざるをえないのは、低賃金や労働条件の話に留まらない。そこには、アエタの生活における消費価値の変容に関わる問題がある。サパでは現金収入の機会が増加し、かつては現金を使わなくてよかったが、現金がなくては生活できなくなってしまった。また、そのような生活の変化のなかで、人びとの物欲も高まっていった。火山の噴火後、アエタが避難先から戻ってきたときは、サパには現金収入の機会はほとんどなく、人びとはふたたび山仕事に戻って暮らしを立てていた。しかし、二〇一三年には、山仕事だけで生計を賄っている家庭

表 3-5　住居と家具の変容

	2003		2013	
	建築資材・間取り	家具・電化製品	建築資材・間取り	家具・電化製品
A 家	屋根:トタン板 床：土間 間取り：2 部屋＋台所（内） トイレなし	食器、鍋、中華ヘラ プラスチック製衣装ケース 木製タンス 木製食卓テーブル、長椅子 トランシーバー 発電用バッテリー	壁：ブロック・セメント 屋根：トタン板 床：コンクリート 間取り：1 部屋＋トイレ 台所（外）	食器、鍋、中華ヘラ テレビ 携帯電話 食器入れ 木製タンス プラスチック製衣装ケース ガスコンロ、炊飯器、電気コンロ、洗濯機、脱水機 プラスチック製椅子、ベッド
B 家	屋根および壁:竹、ニッパの葉等の天然素材 床：土間 間取り：1 部屋＋台所	食器、鍋、中華ヘラ プラスチック製衣装ケース 木製食卓テーブル、長椅子	壁：ブロック・セメント 屋根：トタン板 床：コンクリート 間取り：1 部屋＋台所（外）＋トイレ	食器、鍋、中華ヘラ テレビ カラオケセット ソファセット一式 プラスチック製衣装ケース 竹のベッド 炊飯器 木製タンス プラスチック製椅子 扇風機
C 家	屋根および壁:竹、ニッパの葉等の天然素材 床：土間 間取り：1 部屋＋台所	食器、鍋、中華ヘラ 木製食卓テーブル、長椅子	壁：ブロック・セメント 屋根：トタン板 床：コンクリート 間取り：3 部屋＋台所（内）＋トイレ	食器、鍋、中華ヘラ テレビ 携帯電話 冷蔵庫 炊飯器、ガスコンロ トライシクル（荷台付きバイク） プラスチック製椅子、ベッド

は、もうなかった。そこには、四章でみたような、地域労働市場の変容や、火山噴火後の復興事業などの背景があるが、アエタの消費に対する価値も次第に変わっていった。表3―5は二〇〇三年と二〇一三年のサパの三つの家庭にみる所有物の一覧である。

　サパでは、二〇〇三年頃から観光開発のための整備が進み、同年六月には電気が通り、平地までの道も整備され、アエタの生活は大きく変化した。表3―5にみられるように、個人の家では、電化製品や家具が増加した。これには、火山の噴火後、平地の支援団体がサパで実施した住宅事業によって、家の仕様や間取りが変わって、アエタの生活スタイルも変えせざるをえなかった事情が関わっている。たとえば、かつての家では、建材にニッパなどの自然素材を使っていたものが、トタン屋根やセメントなどを使ったものに変わった。かつての部屋の間取りは、寝室以外は土間が中心であったが、支援団体が提供した家には土間がなかった。そのような間取りでは、家のなかで木炭などを使った調理ができない。そこで、火をおこさなくても料理ができる炊飯器や、LPガスのコンロが普及していった。しかし、ガスボンベは一本三〇〇ペソにもなり、その上、市場からの運搬費がかさんだ。また、土間がなくなった部屋を飾るため、平地の家庭のような、ソファセットやラジオ、テレビなどのリビング・セットも好まれるようになった。B家のネルソン（四〇代男性）は、つぎのように語った。

いまの家を（支援団体に）もらったときは、しばらく落ち着かなかったよ。自分の家なんだけど、自分の家じゃないみたい。なにせ、家具もないし、リビングもがらーんとしていてね。平地からお客がきても、地べたに座ってもらわないといけない。あれは恥ずかしかったなあ。それで、まずリビング・セットを買ったんだ。寝室用のベッドも買ったけど、寝てるときに子どもも、自分も落ちるし、慣れるまで大変だったよ。

［ネルソン　二〇一三年三月二一日、自宅にて］

かつては来客があると、家の外で地面や長椅子に座って話をしたり、土間にあった食卓テーブルと長椅子を囲んで話をすることが多かった。しかし、土間がなくなり、リビングのある間取りになると、これまでのように台所のテーブルで接客したり、地面に座ってもらうことは「恥ずかしい」接客の方法となった。そのほうに、アエタの意識や生活スタイルが変容していった。そしてなにより、それまで床に寝ていた家族が、ベッドという決められたスペースに収まって、朝まで落ちることなく寝るようになった。そのような行為に慣れるまでには、時間を要した。

表のC家では、サパのアエタ家庭ではめずらしく、トライシクルという荷台付きのモーターバイクを購入した。

しかしこれも、ガソリン代や維持費がかかる。プリペイド式の携帯電話も普及したが、電話をかけるには料金をチャージしなければならない。このように、人びとは、日々、なにかしらの出費が必要な暮らしをするようになった。また、現金を要する生活のなかで、日々の生活で必要だと思うもの、ほしいと思うものも増加していった。つぎは、テレシア（五〇代女性）とカルミーナ（三〇代女性）の語りである。

この食器の水切りは夫の給料で買ったの。以前はね、お金が入って家のものを買おうなんて考えたことがなかった。ただ、家族が毎日食べられて、子どもたちが無事に育ってくれればって思うだけだった。でも、最近は収入が入って少しでも自由になるお金ができたら、こうやってひとつずつ、家で使うものを買うことにしてるの。［テレシア　二〇一三年三月五日、自宅にて］

家具を揃えていくっていうのもいいもんだわね。こうやって家のものを見てるとね。自分の苦労がかたちになるっていうか。うちの家のソファも、汗水たらして働いた証しよ。このラジオだって、私がサトイモを七サック、市場で売ったお金で買ったのよ。［カルミナ　二〇一三年三月八日、自宅にて］

かつての生活では、「毎日食べること」や「子どもが無事に育ってくれること」のために働いていた。たまに現金収入があれば、コメや塩など、命をつなぐために最低限必要なものにあてられていた。また、アエタにとって、山の畑を耕すことは、生活の中心であった。アエタは、対価を求めて汗水たらして「労働」していたわけではない。山仕事は自分たちの命を具体的に支える営みであった。

他方で、市場経済に巻き込まれるにつれて、アエタの「ほしいもの」は増加していった。食器の水切りやソファ、ラジオなど、アエタにとってはどれも「必需品」であり、平地民との関わりのなかで、「ほしいもの」となっていった。このように、アエタが家具を買い足したり、それを「いいもんだわね」というように、市場経済が生活に浸透していくにつれて、アエタはみずからの価値世界に、支配的な（平地の）価値を取り込んでいった。このようなアエタの意識の変容について、村の長老は、つぎのように説明する。

金があれば、買いたいものもたくさん出てくるし、実際に金があれば買える。でも、金がなかったら、なにも手に入れられないんだよ。山仕事をしていた頃は違ってたがね。

［ディンディン　二〇一一年三月二五日、Belの自宅前にて］

長老が言うように、市場社会に依存した生活のなかで、アエタの必需品や出費は増えていった。しかし、サパにはこれらの出費を賄いきれるほどの現金収入はない。そして、必要なものを「手に入れられない」アエタが増加していった。また、生活の変容に合わせた金の使い方、すなわち、なにをどう購入するかという、現金生活の指針をもつには、時間を要した。そのため、必要でないものを購入したり、そのほか不要な出費をすることがしばしばあった。その結果、生活がいっそう圧迫されることになる。自分がもっている携帯電話に対応していないプリペイド・カードやSIMカードを、一枚二〇〇ペソも出して購入したり、村に出入りする行商から、鍋セットやローション、パウダーなどの化粧品を、分割払いで購入したりする。もともと、サパの雑貨屋では「つけ」による信用買いが多かった。しかし近年では、このような分割払いが増加し、給料日になると支払いの取立てが家に来たり、支払いが滞ったときには、購入した物を取り上げられることもある。また、子どもへ小遣いを与える大人も増えてきた。仕事から帰ってきた親やきょうだいが、小銭を渡したり、子どもが駄々をこねて泣き止まなかったり、雑貨屋への遣いを頼むときなど、毎回一～五ペソ、多いときには一日に一〇ペソ近く、菓子を買うための小遣いを渡すこともある。先にみたように、アエタの人びとは、収入に余裕があるわけではなく、わずかな収入で日々をやりくりしている。子どもに渡す一〇ペソで干し魚や塩タマゴを買えば、家族の一食分のまかないになるかもしれない。しかし、そのような発想は、合理的な計算に基づくものであり、市場的価値の一部である。このように、アエタの生活や意識は市場化し、市場的価値に適応しようとするが、実際には、人びとの生計の向上に資するかたちで適応できていないことがみて取れる。

注

（1）アクセサリー作りなどの内職は、元締め・下請けシステムはなく、時間があるときに作成し、自分で販売する自営的なものである。

（2）農業部門二八四ペソ、非農業三三〇ペソ、サービス業三一九ペソ［PSA 2011］

（3）フィリピンの労働法では、非正規雇用が六ヶ月を超えると正社員として雇用しなければならないとされている。そのため、サパのアエタの多くが、五か月の契約期間を結んでいる。仕事の内容にもよるが、一～二か月間の休みを入れた後、ふたたび非正規として雇用される。フィリピンでは、このように、五ヶ月ごとに契約を結び直す雇用形態を「五―五―五スキーム」と呼び、そのような雇用条件で働く労働者は「endo（end of contract）worker エンド（契約終了）・ワーカー」と呼ばれている。ある会社では、産休などのやむを得ない事情での休職は認められるが、復帰後はふたたび初任給からスタートすることになる。また、観光業では、オフシーズンや、シーズン中でも客が少ないときには、数週間の無給休暇を取らされることがある。

（4）これには、平地民と比べて、アエタが契約時に雇用主に契約の内容を聞かないという事情もある。しかし、本来は、雇用主は、みずから進んで契約の内容を雇用者に説明する義務があるのであり、それを省略するという点からも、アエタを、説明の必要のない、便利な労働力としてみなす雇用主のスタンスがみられる。

（5）このような、アエタの労働の雇用化、女性の労働参加、感情労働は、かならずしもアエタに特有の特徴ではない。労働の変容の歴史的・社会的な背景こそ違うものの、これらの変容は、フィリピンだけではなく、グローバリゼーションのもとにある、ほかの国や地域でもみられるものである［松園　二〇〇六、木曽　二〇〇三、Hochschild 1985=2000］。しかし同時に、アエタのようなマイノリティの労働は、非マイノリティの労働にはない固有の〈差異〉を貼り付けられた労働である。この点も、他の国や地域と共通するものである。

（6）このほかに、高齢者にはリゾート経営者から毎月土地賃貸料が払われており、NGOも不定期で寄付を行っている。このように現金収入の機会は、このほかにもあるが、本章では、労働に焦点を置いているため、それらについては表に含めていない。

（7）ルース・リスター（Ruth Lister）は、限られた資源で生活を切り盛りする「やりくり（Getting by）」を、経済的に貧しい人びとの主体的行為のひとつに入れている［Lister 2004=2011: 190］。ただし、アエタは、市場社会に参加する前から「やりくり」を実践していた。アエタは、狩猟採集や焼畑でも、「単一の生業にすべてを賭ける」［清水　一九九〇：一一二］のではなく、そのほかの食糧獲得手段を求め、危険を分散させることにより、確実に資源を確保することを図ってきた。

（8）アエタの物乞いが減少した理由としては、もうひとつ、火山噴火直後にあった、彼ら彼女らに対する「哀れな被災者」というイメージが弱くなったこともある。二〇〇〇年に入ると、平地民の間では、「ピナツボが噴火して一〇年も経つのに、まだ生活が復活しないのか」というように、物乞いに対するネガティブなまなざしが強くなっていった。

（9）本書では、都市で生活している先住民を「都市先住民」とする。これには、地方から都市に出てきた短期出稼ぎ者や、都市で生まれた先住民を含む。

（10）丹野清人は、グローバリゼーションが浸透する国々が共通に抱える課題として、グローバル経済を支えている契約労働者の多くが、「労働者」としてではなく、人格的存在を欠いた「労働力」としてしか捉えられていないことを指摘している［丹野　二〇〇七：三四］。本書で対象としているアエタも、人格的存在としての「労働者」というよりも、インフォーマルな「労働力」として労働市場に組み込まれ、グローバル経済を下支えしている。

（11）「一度、市場で『ヘイ、ジョー』って声をかけられたことがあるんだ。ボス（雇用主）は、僕が黒人に間違われたって、ほかの人に冗談っぽく話すんだけどね。僕は、べつになんとも思わなかったよ。『違いますよ、パンパンガから来たアエタですよ』って答えたんだ。だって本当のことだから」［ジョッシュ　二〇一一年八月二三日、雇用主の家にて］。フィリピンでは、アフリカ系の人びとに対する蔑視感情があるが、アエタに対する蔑視の方がより強いと思われる。そのため雇用主は、ジョッシュがアフリカ系アメリカ人に間違われたことが、人種として「格上げされた」というニュアンスを込めて「冗談っぽく」話した。フィリピン人であること、もしくはマニラ出身者でないことを説明するため、出身地を明かすことはあるが、ジョッシュは、あえてその場で自分が「アエタ」であることを相手に伝えている。ここからも、ジョッシュが、強いエスニック・アイデンティティをもっていることが分かる。

第五章　伝統型の仕事と生活

一　アエタの仕事」と「労働」

本書では、サパのアエタが、一八世紀以前にスペイン人や平地民がサパに入植する前から行なっていた自家消費のための狩猟や採集、焼畑、産婆などの仕事を[1]〈伝統的仕事〉とする。これは、アエタが市場社会に参加する前のおもな生業であり、金銭や賃金、雇用関係をともなわない「食」や「生」に直結した行為が含まれる。アエタは、これらを「アエタの仕事」と呼んで、賃労働や、そのほかの現金収入の機会と区別している。他方でアエタは、市場社会に参加するようになると、雇用関係をともなう労働に従事するようになる。その場合、労働の対価として賃金が支払われる。また、山で狩猟・採取した獲物や焼畑で収穫した農作物を、商品とし、市場で販売して現金を得る。本書では、このような労働の対価や商品販売を目的とする行為を「労働」と呼び、「アエタの仕事」と区別して対照させる。以下では、〈伝統的仕事〉がどのようなものだったのか、それはどのように変容してきたのかという、具体的な中身について考察したい。

1　山仕事の意味

一九〇三年に米軍基地がアエタの土地に設置された頃、アエタは、山で野鳥や猪を狩猟したり、山菜や果実、はちみつなどを採集して、自家消費に充てるとともに、平地の塩や衣服などと交換していた［Larkin 1972: 5］。しかしスペイン時代、アエタが誘拐されて、メイドなどの労働力として売り飛ばされたり［Larkin 1972: 5］、平地民が入植したときには、土地を収奪されて追い出されたなどの経験から、アエタは平地民を恐れ、平地民との接触は可能な限り、抑えられていた。この時期にはすでに焼畑が行われており［Reed 1904: 42］、サトイモ、バナナ、タロイモなども栽培されていた。アエタは、離れた場所に異なる作物を交互に植えるなど、食料確保の方法を工夫して、予期せぬ災害や不作に備えていた。山にいくときは、男性が家族の先を歩き、歩行の妨げとなる木を切った。土砂崩れが起こりやすい時期や、足元がぬかるむ雨季には、安全な道のりを探した。山の畑では、男性が茂った木を切り倒し、ときには食料になる果実や獲物を見つけた。女性は、男性が切り倒した木を集めたり、雑草を抜いたりし、子どもは、水汲みや食事を準備したりと、補佐的な作業を行なっていた。苗の植え付けや収穫のときには、家族と親戚が総出で畑作業を行なった。収穫期でないときは、マメなどの保存食を食べたり、狩猟、採集、魚釣りをして日々の食料を確保した。このように、山仕事では、家族や村の人びとがそれぞれの役割をもって、さまざまな食料確保の方法を組み合わせて暮らしを立てていた[2]。

一九五四年以降、アエタが米軍の保留地で暮らすようになると、畑仕事ができる時間が少なくなった。それでも、週末には家族で山に行って、畑仕事をした。山からは調理用の焚き木や、タロイモやバナナなどの農作物、天然の石鹸（Gugo）を採取し、平地民に売って、家計の足しにした。その後、一九七〇年代に、いくつかの保留地を移動していたアエタが、サパに定住するようになった。そこでも、山仕事は続けられた。サパは高地に位置し、ほかの保留地に比べると山の畑に近く、通いやすい場所にあった。このように、アエタは、基地での労働と山での仕事を両立させて、暮らしを立てていた。

しかし一九九一年以降、サパのアエタは、ピナトゥボ山の噴火と米軍基地の撤退によって、生活の糧を失った。避難先でも、近くの山で仕事をしてみたが、サパよりも、作物の収穫がなかった。人びとは、一九九七年にサパに戻ると、山で野生のパパイヤやバナナを採取して、市場で換金した。当時のサパには、まとまった現金を得ることのできる機会が少なかったので、アエタは、山仕事で家計を支えるしかなかった。しかし、避難先で平地の食生活や文化に触れるなかで、アエタの生活必需品は増加していった。たとえば、アエタは、もともとイモ類を主食としていたが、避難生活のなかでコメ食が浸透し、一日二食であった食習慣も三食になった［Rusznak 2010: 182］。稲作をしないサパのアエタは、コメを現金で買うしかない。また、加工食品が食卓に並ぶようになった。このような食生活の変化は、アエタの家計に大きな影響を与えた。また、サパにNGOが進出し、政府の事業も行われ、そのなかで学校教育の重要性が認識されるようになり、学校に通う子どもが増加した[3]。集落には幼稚園や小学校が設けられ、高等教育をめざす若者も現れた。これに対して、山で泊り込んで仕事をする時間と人手が少なくなった。とくに二〇〇〇年以降、山仕事の働き手であった男性や若者が、時間や場所に拘束される仕事に就労するようになり、家族で山仕事を行なう機会は減っていった。残された家族は、支援団体が作った村内の共同農場や、生協活動の生計向上の事業、手工芸品の内職など、山仕事よりも早く現金を得られる生計手段に携わるようになった。その結果、かつて家計を支えていた山仕事での収穫は、コ

写真8　山仕事の収穫物を平地の市場で売るアエタ［筆者撮影　2013年］

メが買えないときの非常食としたり、市場で販売するだけではなく、集落を訪れた観光客や平地民に売るようになった。こうして山や畑の仕事は、「家計の補助」として副業化していった（写真8）。このように、アエタが市場社会に労働者として参加する過程で、山や畑の仕事における人手と時間の比重が小さくなり、その収穫物の家計に対する役割が変容していった。

最後に、現在も山仕事をおもな生活の糧としているアエタがいる。二〇一一年に行なった職業に関するインタビュー調査では、四〇人中八名が、山仕事だけを収入源としていた。そのうち四名は高齢者で、残りの四名は、過去に山仕事以外の賃労働の経験があるものの、諸事情のために辞めたり、年齢や健康状態が雇用条件に満たなかったため働くことができず、山仕事の道を選んだ人たちであった。ここからは、山仕事が、市場社会に参加できなかったアエタのセーフティネットになっていることが分かる。

2　産婆の賃労働者化

伝統的な仕事が変容したもうひとつの事例に、産婆の賃労働者化が挙げられる。産婆は、以前は出産の介助や治療をして、その報酬としてイモやコメ、または謝金をもらっていた。サパの産婆は、出産を介助するとき、妊婦がアエタであろうと、平地民であろうと、決まった報酬を請求することはなく、妊婦の家族が出せるだけの食糧や謝礼を受け取っていた。家計に余裕がある家からは、三〇〇～五〇〇ペソを受け取り、余裕がない家からは、畑で採れた農作物や木炭をもらっていた。サパの産婆はもともと、先祖や精霊と交信する能力をもっており、ひとつの職種というよりは、アエタ共同体の宗教的な役割を担う存在であった。そのため、出産以外でも、犬に咬まれた、熱が下がらないなどの治療として、指圧や薬草の処方を行なっていた。また、不幸が続くアエタのために、先祖の霊や精霊と交信することもあった。しかし、その産婆も、西洋医学が浸透し、政府が施設での分娩を推進する政策をとることで、その役割も大きく変容していった。

サパには、三人の産婆がいる。そのうち、二人はヒロット（Hilot）と呼ばれる伝統的産婆で、もう一人は、二〇〇三年に大学で助産師コースを専攻した女性、エマ（Emma）である。フィリピン保健省（DOH：Department of Health）は、出産の介助者を、国家試験に合格した医師、看護師、助産師と、保健省の研修を受けた産婆および、研修を受けていない産婆（Trained/Untrained Hilot）に区分している。この区分に従うと、エマは、国家試験を受けていないが、保健省公認の研修を受けた産婆に該当し、その他二人は、研修を受けていない産婆に該当する。伝統的な助産では、治療に薬草を使い、へその緒を切るときは竹製の器具を使うなど、先代の産婆から伝わった分娩法を行なってきた。彼女らは、先代の産婆から、薬草や体のツボの知識、出産介助の技術を受け継いできた。これに対して、エマは、援助団体の奨学生として大学に行った、サパのアエタで唯一人の大学卒業者である。しかし彼女は、西洋医学の知識はあるが、サパに薬品や器具がないため、大学で習った出産介助ができない。ゆえに、ほかの産婆と同じように、薬草などをつかって、出産介助を行なってきた。

かつてのサパでは、自宅出産をする女性が多かった。しかし、一九九一年の避難生活以降、被災者の生活支援を行なう医療関係者と接するなどして、病院での出産を希望する妊産婦が増加した。また保健省は、二〇一一年、出産時の母親の死亡率が東南アジアで最悪だったことへの対策として、施設分娩および専門の出産介助者のもとで出産することを法制化した。(4) サパにおいても、衛生・安全上の理由から、すべての妊婦が、バランガイの保健センターまたは病院で出産をするよう、村の産婆に通達が出された。

これにより自宅出産は、実質、全面禁止となった。エマは、助産師免許をもたないが、バランガイ議長の取り計らいにより、ヘルスワーカーとして採用された。現在は、アエタの保健相談や、保健センターでの出産の介助役として、行政から月二五〇〇ペソが支給されている。ほかの産婆は、知り合いのつてで、村の外で出張マッサージを行なうこともある。平地ではアエタの指圧マッサージ(5)の評判が高く、最近では、経済特区の宿泊施設などに呼ばれることもある。収入は、一度の出張で一〇〇～二〇〇〇ペソになる。このように、収入は高いが、月に一～二度しかなく、彼女らは、山仕事や内職の仕事を組み合わせながら生活をやり繰りしている。こうして、産婆の報酬は、額にこだわらない謝礼ベースから、ヘルスワーカーとしてのマッサージの対価・現金に変容した。このように、かつて共同体の重要な役割を担った産婆は、賃金を得て暮らすサービス労働者になった。このように、アエタが市場社会へ参加するにともない、伝統的な「アエタの仕事」が、働いて賃金をもらう「労働」へ変容していった。そして、「アエタの仕事」から「労働」になるとともに、アエタの、自然とのかかわりを中心とした伝統的文化や、共同体的な人間関係も変容していった。次節では、アエタが本格的に市場社会に参加していく頃の、伝統的な共同性の変容について考察する。

二　婚資の変容

本節では、アエタ特有の伝統的文化のひとつ、婚資(6)（Duro）の慣行、および駆け落ち婚について考察したい。ここから、平地社会との接触が増えつつあるなかで、アエタの意識が変容し、伝統的慣行が合理化されていく様子に焦点をあてる。また、伝統的な略奪婚と現在増えている駆け落ち婚の事例を紹介して、アエタの人間関係が個人化し、共同体が解体していく様子について考察する。本節では、つぎの視点から婚資の変容について考察する。まず、アエタにとって、婚資がどのような意味をもっているのだろうか。ここで、アエタ社会における婚資の意味と役割について確認する。つぎに、アエタが市場社会に参加していくなかで、彼ら彼女らの婚資をめぐる考え方も変容していった。婚資の意味や機能が変容していくなかで、アエタと市場社会の関係は、どのようになっていくのだろうか。

1　アエタ社会における婚資

本書で考察する婚資とは、結婚のときに男性の家族が女性の家族に贈る物品や現金を指す。先行の研究においても、アエタ社会における婚資の意味や機能について議論されてきた。そこでまず、先行研究のなかから、婚資を、女性の親族の怒りをなだめる「慰撫財」と捉える清水展［一九九〇］の解釈と、婚資の交換は女性にとって「名誉」であるとするマリア・サントス（Santos, Maria.F.A. Wong）［二〇〇二］の解釈について検討したい。

清水は、文化人類学の立場から、アエタ社会における婚資の調査を行ない、婚資を行なう男性や親の態度、アエタ社会における婚資の機能を分析している。そして清水は、婚資を「侵犯や剝奪を受けた他者（女側親族）の怒りや欠損の感覚を慰撫し、懐柔することによって、緊張し対立する関係を修復し、乱された秩序を回復する目的で支払われるさまざまな品々を一括して意味づけるカテゴリー」［清水　一九九〇：二八二］と定義している。清水によれば、婚資には、女性の性が男性に奪われる結婚によって生まれる女性の家族の「怒り」や敵意をなだめ、亀裂を修復する機能がある。すなわち、アエタ社会における婚資の授受には、ムラとしての共同性を維持する機能がある［清水　一九九〇］。

婚資はもともと、村の長老や新郎新婦の親戚によるスソン（Suson）という交渉の場をとおして、その額や支払い条件が決定されてきた。そして、若い男と女は、婚資の支払いが滞りなく行われているか、もしくは完済したかによって、夫婦となることが許される。清水によれば、婚資を支払うことは、男性が相手の女性の性に近づく権利を獲得することを意味する。男性は、結婚してはじめて女性の胸や性器に（生殖器官としてだけではなく、性の喜びを得る手段として）接近することができる。結婚とは、女性の性が奪われることを意味する。女性の家族は、慈しんで育てた娘の性を奪われることに「怒り」を感じる。それに対して、男性は、婚資を贈ることによりその怒りをなだめることができる。したがって婚資には、「怒れる他者を鎮める『慰撫財』という性格」［清水　一九九〇：二五七］がある。婚資は本来、アエタ社会において、結婚による秩序の撹乱を鎮め、親族間の平和を回復するという機能を果たすものとしてある。婚資をとおして、娘を奪われた親の「怒り」(7)をなだめるという行為には、このような、結婚の当事者（結婚する本人とその家族・親族）を超えた共同体の秩序維持という機能がある。

結婚における「怒り」自体は、社会に普遍的に生じる事象である。サパの事例も、そのひとつである。駆け落ちや両親の了承を得ないまま女性が妊娠したり、子どもたちだけで結婚を決めてしまったとき、女性の家族は憤慨し、男性（の家族）に謝罪を求める。サパの場合は、多額の婚資を請求する。現在でも、アエタ社会では「性規範」の規制が厳しく、結婚前の男女が二人きりで話すこと自体が、してはならないこととされている。また、結婚にともなう「怒り」と婚資に関して、二〇世紀初頭には、しばしば「奪略婚」（wife-kidnapping）が行なわれた。奪略婚とは、気に入った女性との結婚の交渉がうまく進まないとき、男性が女性を誘拐して、強引に妻にしてしまうというものである。サパでも、かつては、奪略婚のように、男性に強引に山に連れて出された女性がいた。近年では、そのような「事件」は滅多にないが、駆け落ちは、五〇代、六〇代の親の世代までは続いていたといわれる。

つぎは、現在の夫に山に連れて行かれ、やむなく結婚することになったベルの事例である。そこから、清水の言うような親の怒りだけでなく、だまされた当事者である女性の怒りまでもうかがうことができる。本来はまず、アエタ男性は、気に入った女性に気持ちを伝える前に、女性の家族に会って、付き合いを始めることへの了承を得る必要がある。(8)ベルの場合も、現在の夫であるクティルとあまり話したことがなく、クティルがベルの家族に許可をもらった後に、クティルからアプローチされた。当時、ベルの気持ちは結婚どころか、まったくクティルに関心がなかったが、親が結婚前提の付き合いをすることを許可してしまった。ある日、ベルは、クティルの姉に山へピクニックに誘われてついていった。すると、山でクティルが待っていた。そして、二人で話をしているときに、クティルはいきなりベルに抱きついた。ベルはそのときのことをつぎのように話す。

そのとき（抱きしめられたとき）、二人も連れがいたのよ。（連れですか？）そうよ。（舌打ち）後で本人に聞いてもいいわよ。私、びっくりして、「あんた、そんなことして、私を養っていけるとでも思っているの」って言ったの。そしたら「できないわけないさ」って彼は言ったの。［ベル、二〇〇三年八月一八日、自宅にて］

とくに、女性の胸は子どもに（母乳で）「命」を与えることから、女性の体でもっとも神聖な箇所とされている。年頃の男女が遊んでいるとき偶然、抱きついて胸に触れてしまった場合でも、本人の気持ちはどうであれ、周りから結婚しなさいと言われることもある。(9) クティルもこの日、最初からベルを抱きしめることを心に決めていた。そのため、「抱きしめる」行為を見届ける証人となる姉や友だちを呼んでいた。著者への話のなかで、ベルは舌打ちをしたが、それから分かるように、ベルには結婚の意思はなかった。しかし、クティルの姉や友だちは、クティルがベルを抱きしめることを目撃していた。そして、「抱きしめられた」行為を他人に見られたため、ベルは、結婚することになった。現在は、四人の子どもに恵まれて、サパのだれもが知っているおしどり夫婦になっている。しかしベルは、当時のことを思い出すと、いまだに、あのようなかたちで強制的に結婚させられたことが、悔しくて仕方がない。ときには、このような出来事は、家族だけではなく、当事者の女性にとってもつらい経験になることもある。もとより、アエタの女性のだれもが、ベルのような経緯で結婚したわけではない。しかしここから、アエタ社会における結婚や結婚に至る手順が、しばしば、女性とその家族に怒りを生むものであったことが知られる。婚資は慰撫財であると解釈する清水は、奪略婚の解釈においても「贈り物のもつ力」に着目している。女性を連れ去った後、男性は、女性の家族に多額の贈り物をして、起きてしまった事態を「平和的に問題を解決しようと」［清

水　一九九〇：二五四〕努力した。クティルも、ベルの家族に婚資を送って、許可を得て、結婚に至った。このように、婚資は「社会関係の内旋化、すなわち自閉的な集団化の進行に対する制御、反転の装置として、若者と娘を取り巻く親族を互いに新たな姻戚関係のなかに解き放つ働きを有して」〔清水　一九九〇：二五四―二五五〕いた。ここから、かつての奪略婚は、「集団編成のダイナミズムを生み出すものとして、外部の導入による生活世界の拡大と社会関係の再編という働きを」有していた〔清水　一九九〇：二五四―二五五〕。婚資は、その社会関係の再編に一役を果たしていた。

つぎに、婚資の文化的価値に重点を置くサントスは、結婚の交渉における婚資の文化的意味と婚資に対する価値観について述べている〔Santos 2001: 122〕。サントスによれば、婚資交渉の過程においては、「処女性や出産能力、婚歴（再婚かどうか、前夫との間の子どもがいるか）、エスニシティ」〔Santos 2001: 123〕が評価の基準になる。すなわち、婚資は「象徴的な資本（symbolic capital）」である。サントスによれば、婚資の慣行は、アエタ女性にとって「名誉」なことである。したがって、婚資の額を交渉する過程で、アエタ女性の「名誉」が、彼女の属する社会のメンバーによってどう説明されているかが重要になる。[10] スソンのときに、仲介人や交渉のまとめ役に指名されるのは、かならずコミュニティの男性である。サントスによれば、アエタ社会では、女性が嫁としてもたなければならない価値の項目は、男性によって決められる。サパにおいても、スソンの取りまとめは男性が務めている。当事者となる女性は、スソンに参加することはできず、なかには、本人の了承を得ないまま親が話をスソンにもち込むことさえある。[11] しかし、それでも女性の家族は娘のために交渉を行ない、そこで決まった婚資は女性にとって「名誉」となる。このように、アエタ社会での女性の社会的位置の決定権を、男性が握っているという点に関しては、批判的な意見もある。[12] しかし、サントスのような、アエタの文化的価値に着目した捉え方からすれば、婚資が、女性のコミュニティにおける社会的位置を決定する機能を有していると理解することができる。

2　簡素化される婚資

他方で、近年、婚資が簡略化されたり、省略されるケースが増加している。その理由は、おもに二つに集約される。まず、アエタが市場社会へ参加するにともない、人びとの経済状況が厳しくなっていることである。贈られる婚資の内容は、特定の象徴財が決められているわけではなく、「各々の時代の人びとが手に入れたいと欲するもの」［清水　一九九〇：二九二］によって変化している。二〇世紀初頭は、タバコやトウモロコシなどの農作物や、矢や山刀などであったが、一九五〇年代には、現金やショットガンなどが贈られるようになった。さらに一九七〇年代には、犂農耕に必要な水牛やラジオ、ポータブルステレオなどが贈られるようになった［Reed 1904; Fox 1952, 清水　一九九〇］（写真9）。サパでは、二〇〇〇年に入ると、カラオケセットやガスコンロ、炊飯器などの電家製品、またはオートバイやトライシクル（荷台つきバイク）が求められるようになった。とはいえ婚資の中心になるのは、生活にすぐに役立つ現金である。市場社会へ参加するにつれて、「人びとが手に入れたいと欲するもの」は増えるばかりであるが、現金収入の機会は限られている。このような状況のなかで、婚資の慣行は、次第に男性側の大きな負担になってきている。

写真9　婚資用に飼育されていた豚［筆者撮影　2011年］

それをもっとも象徴するのが、略奪婚のつぎに現われた、駆け落ち婚である。略奪婚や、女性を山に連れ込む方法は、親に結婚を認めてもらうことが目的であった。そのため、女性を連れ去った後、男性は、女性の家族や親族と連絡を取って、婚資の額の交渉に入るものが多かった。しかし近年では、男性が婚資の負担を避けるために、駆け落ちをするというアエタも現われている。

この場合は、親族とは絶縁状態になるため婚資の手続きも行なわれない。男性は、女性側の怒りをなだめるどころか、家族の亀裂を埋めるために婚資について相談するどころではなくなる。簡略化の二つ目の理由は、平地社会との距離が縮まるとともに、伝統的文化や慣行に固執しない人（固執する必要がない人）、平地民と結婚するアエタが増加したことである。平地の文化に触れて、婚資を簡素化する傾向は、平地で育ったアエタにおいてはもとより、村に住むアエタの間でも見られるようになった。つぎは、婚資の内容を簡素化したジェムの場合である。

私の親は、娘は動物じゃないんだからって言ったの（笑い）。あなたたちの気持ちだけを受け取るって。もしドゥロをくれるんだったら感謝するし、なくても感謝するって。子どもたちが年頃になって、いっしょになりたいって言ったら、結婚させてやろうって、親は言ってたの。［ジェム 二〇〇三年三月一七日、自宅前にて］

ジェムはサパと同じパンパンガ州の別のアエタの村で生まれ育った。夫のジェイジェイはサパに住んでおり、ジェムの村に親戚を訪ねた際に、ひとめぼれした。その後、村を行き来する友人をつてに交流が始まり、ジェイジェイの親から、ジェムの両親に話をした。ジェムの両親は、婚資の交渉は、娘を「動物」のように引き渡す行為だと考えて、男性の家族に婚資を請求しなかった。それまでのアエタの婚資慣行をこのように捉える背景には、婚資の文化をもたない平地社会との関わりが増えたことにも関わりがある。(13)

ジェムは、婚資を「動物」のように引き渡す行為と言って笑ったが、その笑いには彼女の親の意見に同調する意味合いが含まれていた。この事例から、アエタ女性の社会的地位が、婚資の価値によって決まるというサントスの説は、アエタの婚資についての考えが急速に変わりつつある現在では、単純には当てはまらないことが分かる。そうでなければ、ジェムの親は、娘の社会的地位を守るため、男性の家族に婚資を要求して、積極的な交渉が行なわれたはずである。

それで、夫の親は、「でも、私たち（アエタ）の文化なんだから（婚資を）やることはやりましょう」って言ったの。だから、私の親は水牛をもらったのよ。そして、私は夫の家族にこっちに連れてきてもらったの。

［ジェム　二〇〇三年三月一七日、自宅前にて］

ジェムの親は、婚資の有無にはこだわらないと言ったが、男性側は、結果的に、婚資はアエタの文化であると言って、ジェムの親に水牛を贈った。ここに、清水が言うように、拡大家族の関係を平和的に維持しようとする双方の家族の「好意」がみて取れる。ただし、相手の家庭の経済状態や結婚に至る経緯にもよるが、初婚の女性の婚資が水牛一頭のみというのは、婚資としては少ない方である。また、ジェムの親は、婚資が伝統的な慣行であることを認めながらも、実際は、長老らによる交渉（スソン）はなかったし、婚資の「値段」の交渉を省略するなど、形式に則って行なわれたものではなかった。このような婚資の内容や、交渉の過程をすべて省略するなどという変容の背後に、アエタの生活が変容しているという、サパの経済事情を看過することはできない。また、「婚資がなくても感謝する」と言いながら、最後は婚資を受け取った。そこには、ジェムの親に、やはりただで娘を結婚させるわけにはいかないという、親としての意志が働いていたと思われる。

3　省略される婚資

本項では、平地民と結婚したアエタの婚資観についてみていきたい。平地社会で育ったリンダは、アエタの伝統的な文化や風習に固執しておらず、彼女の家庭では、六人の姉妹全員が、結婚のときに婚資の贈与を受けていなかった。

たくさん婚資の請求をしたところで、結婚したら同じ家族になるんだから。結局は結婚したらお金もいるし、結婚した後も本人たちはお金がいるんだしさ。結局はおなじことでしょ。

〔リンダ　二〇〇三年三月一九日、自宅前にて〕

リンダは、男性側の家族に大きな負担をかける婚資は「経済的」ではないと、自分たちが婚資を受け取らなかった理由を説明している。アエタが平地社会と接近していくなかで、ジェムやリンダのように、婚資を結婚の重要な要件であると考えないアエタの女性が、現われている。ピナトゥボ山の付近に位置するアエタの村々では、とくに噴火後の避難生活をとおして、平地民の文化に関わっていった。その結果、アエタの婚資は、いまも伝統的な慣行として残ってはいるが、先にサントスが言ったような、もはや女性の社会的地位を決める「名誉」に当たる「絶対的な」文化的価値ではなくなった。そして、次第に、「かたちだけ」でよしとされるものに変わっていった。

リンダ夫婦のように、平地社会で育つアエタや、平地民と結婚した後もサパで暮らすアエタは、増加している。二〇〇三年、サパに一七の平地民家族が定住していた。これらの家族は、親世代のときにサパに移住して、アエタと生活をともにしてきた人びとである。しかし近年、これらの平地民はもとより、アエタの若者の間にも、アエタの伝統的な仕事である狩猟や採取の仕事ではなく、教師や助産師といった市場的な仕事に就こうと、都市部の学校に進学する人が増加している。そのため、学校生活のなかで知り合い、交際を始めた平地民と結婚するアエタも、増加している。サパの平地民事情にくわしい平地民のヴィックによれば、サパでは、以前から平地民男性とアエタ女性の組み合わせが多かった。婚資はアエタの慣行であり、それらの結婚においては、多くの場合、婚資の慣行は遵守されていない。また最近では、先に見たように、アエタ同士の結婚においてさえ、婚資をかたちだけのものにしたり、その交渉を簡素化する傾向にある。とはいえ、アエタの間に、婚資がアエタの文化であるという観念は、今も明確に残っている。

男女ともアエタだったら、婚資はあるわよ。だってそれが伝統だからね。それで、もし女がウナット（平地民）で、それでアエタの男と結婚したら、そのときは、女の両親が婚資を請求することはないわね。（平地民の）姉が結婚したときも、相手はアエタの男性だけど、結婚式を挙げること以外、なにも要求しなかったわ。ここらも、ウナットとの結婚ではそういうのはないの。とにかく結婚式だけ［ヴィック、二〇〇三年八月一七日、自宅にて］。

婚資は、配偶者がアエタであるかどうかによって、婚礼費の支払い義務やその額が、異なってくる。つぎの表は、ヴィックに対するインタビュー・データから作成したものである。それは、アエタと平地民の結婚のすべてに妥当するものではないが、サパでは、これらのパターンが支配的になっている。

アエタの女性と平地民の男性が結婚するとき、婚資の慣行をもたない相手であっても、女性の家族は、婚資を要求することができる。しかし、相手がアエタ男性であるときより、金額は小さく抑えられる。また、平地民の女性とアエタの男性が結婚するとき、アエタの男性が女性の家族に婚資を払うことはないが、きちんと結婚式を挙げることが要求される。これらのパターンの背景には、アエタ側が、婚資の慣行をもたない平地民の文化を、仕方のないこととして受け入れていること、社会的に弱い立場にある「アエタの側がみずからの文化の論理を主張できない」［清水　一九九〇：二六六］こと、などの事情がある。[14] このように、アエタの文化は、平地の文化が浸透するとともに、大きな変容を被った。それは、アエタの生活に大きなインパクトを与えた。

このように、サパでは、これまで「当たり前」とされてきたアエタの文化的価値が変容しつつある。婚資の意味もまた変容しつつある。アエタが築いてきたネットワーク、すなわち、親族関係をはじめとするコミュニティの人間関係が、結婚をめぐって亀裂が入ったとき、婚資によって双方の関係を修復する方途がなくなりつつあるという現実がある。今日、婚資による経済的負担を避けるため、アエタ同士の結婚を忌避したり、駆け落ちをして婚資の支払いを免れようとするカップルが現われている。かつての奪略婚は、「生活世界の拡大」や「集団社会の再編」という機能を有していた〔清水　一九九〇：二五四〕。しかし今日では、このような行動は、社会関係を再編するどころか、集団との亀裂を深め、アエタ社会の秩序を壊すものでしかなくなった。また従来、「アエタ女性の社会的位置を決める」〔Santos 2001: 123〕婚資の慣行も、近年では「婚資を交わす慣行は合理的ではない」、「若い二人が家庭を築いていかなければならないのに、男性の負担になるだけだ」などの理由により、簡素化されたり、省略されるようになった。このように、婚資をめぐる伝統的な価値観は、とくに火山の噴火後、大きく変容しつつある。さらに、婚資慣行の変容の背後には、アエタの生活の変容がある。その変容を促しているもの、それは、市場経済の浸透、平地社会との接触の拡大である。かつて人びとは、貧しくとも相互に扶助しあう共同性をもっていた。そこには、クリフォード・ギアツ（Clifford Geertz）がいう「貧困の共有」（Geertz）があった。しかし今日のアエタ社会において、そのような相互扶助を行なう経済的基盤が解体されつつある。アエタは、ますます個人の力で生きなければならなくなった。婚資慣行の変容の背後に価値観の変容があり、価値観の変容の背後には生活の変容がある。このような循環のなかで、アエタの婚資観が揺らいでいる。

とはいえサパでは、現在も、アエタ同士が結婚するときには、婚資の贈与が行なわれている。厳しい経済状況のにあっても、アエタの文化や慣行を守るべきであると主張するアエタがいる。そこに、なんとかアエタとしてのつながりを維持しようとする、サパのアエタの姿がうかがわれる。

三　協同組合と互助機能

本節では、ピナトゥボ山の噴火を機に市場社会に参加せざるをえなくなったアエタが、圧倒的な市場の力に翻弄されている現実に着目したい。以下では、アエタが設立した協同組合の顚末を事例に、彼女らが急速に市場社会に巻き込まれる意味について考察する。具体的には、市場システムのなかで、アエタがかつてとは異なる価値観や身体を求められ、それらの習得に努力をしたが、結局、事業が失敗に終わった事例を紹介する。事例をとおして、貨幣の力に翻弄され、人間関係が解体していくアエタの姿を見ることができる。それは、先住民アエタが市場へ参加することの過酷さを物語るひとつの場面である。そのようなアエタの経験は、市場社会では当然のものとされている市場的価値や身体性、それらを修得できない先住民、その結果としての彼ら彼女らの貧困について、あらためて確認させてくれる。

1　組合設立の背景

本書は、第三期から第四期への過渡期にあるサパの事例を取り上げる。それは、サパのアエタが、グローバル資本さえ参入する地域労働市場に、本格的に労働者として参加していく、その前の段階である。本書で述べたように、本書は、「急激に」異質な経済システムに投げ出されたアエタの過酷な境遇に着目している。

サパのアエタは、経済史の第二期にあたる時期に、すでに米軍に雇われていた。また、第三期の避難生活では、NGOなどの支援関係者や平地からの避難者たちと交わって、アエタの工芸品や農作物を販売して、現金を得ていた。さらに長老の話によれば、一九五〇年代以前にも、はちみつやバナナなどの山の採取物と、塩や砂糖、布などを、平地民に販売していた［Bapa 2011.8.12］。このように、アエタは、第四期の前から、市場社会と関わりをもち、経済活動を行なってきた。しかし、本書は、第四期直前の、アエタが、本格的かつ「急激に」市場社会に投げ出されていく事例として、協同組合を取り上げる。それは、第三期以前と第四期以降では、アエタの市場社会への関わり方が質的に異なるからである。具体的には、つぎの二点が挙げられる。一つ目は、第三期以前に比べ、第四期以降のアエタの市場社会への関わりが、積極的になったことである。それには、六年間の避難生活のなかで平地民との距離が縮まったことが大きい。それまで政府が把握していなかったアエタが、人口統計に含まれるようになった。避難所の生活をとおしてアエタの存在が確認されると、ＮＧＯなどの支援の対象として浮かび上がった。そして、生活向上の事業や教育など、アエタが市場社会に参加するためのさまざまな機会が与えられていった。そのようななか、アエタの生活スタイルや価値観も、変容していった。生活に必要な食品（加工食品）や消耗品を購入する出費も急増していった。このような事情とは裏腹に、避難先から帰郷して間もない時期は、火山噴火の前よりも、アエタの現金収入の機会が限られていた。日々のニーズを満たすために、アエタは、かつてのように、必要なだけ（消極的に）市場社会に関わるだけでは、間に合わなくなっていた。

二つ目は、第四期以降、アエタが暮らしを成り立たせるために、市場が求める特別なスキルを身につけなければならなくなったことである。一期～三期のアエタは、村の生活のなかで培ってきた技術や能力をもって市場社会と関わるだけでも、暮らしを維持することができた。たとえば、米軍兵士や平地民を相手にした農産物の販売や物々交換は、アエタが消費する米や調味料が買える程度の取引で十分であり、それには複雑な計算能力などを必要としなかった。また、守衛や家事労働などの仕事は、見張り、洗濯、子守、皿洗いなど、生活の延長のような内容のものであり、格別に高いスキルを要するものではなかった。しかし、サパに戻った第三期の後半以降、アエタは、これまでのような商取引や働き方で得られる程度の収入では生計を賄えなくなった。そこで、サパでは、協同組合をとおした収益活動がめざされた。協同組合を成功させるためには、識字力や交渉力、合理的な計算能力をもった運営が求められた。サパへの帰郷後、アエタが生計を立てるためには、新しい価値や能力を身に着けて、積極的に市場競争に参加しなければならなくなった。このように、アエタと市場社会の関わりは、第三期から第四期への移行の過程で、「急激に」変容した。

2 組合運営の顛末

二〇〇〇年、カトリック教会による先住民支援事業[15]の援助を受け、サパにパミララム多目的協同組合[16]（Pamilalamu Multi-purpose Cooperative）が設立された。サパには、一九九七年頃より、平地民が経営する五つの雑貨店があった。それらの店の商品価格は、平地の市場からの運送費[17]が加算され、平地より三割高く設定されていた。たとえば、町の市場では一キロ一七ペソほどの米も、サパの雑貨屋では二〇ペソで売られていた。アエタもそれらの店での価格が高いことは知っていたが、交通費や時間を考えると、いちいち市場に出向いてそれらを買う余裕がなく、平地民の雑貨店で買っていた。しかし、平地民がアエタを相手に利益を得るのを見るうちに、アエタの間に不満が募っていった。アエタが現金収入を得ることができる仕事は、わずかであった。しかし、そこで稼いだ、なけなしの金も、平地民の店で買い物をすれば、平地民の生活を潤すだけとなる。そこで、アエタの女性リーダー[18]であったベル（Bel）は、「これではいけない。自分たちで商売を仕切らなければ」と思い立った。しかし、アエタが個人で平地民に対抗するような商売を始めるのは、事業資金がないので叶わなかった。そこで、教会関係者による先住民支援事業の援助を受けることになった。支援団体は、店舗建設の費用と商品購入の資金として、六万五〇〇〇ペソを出資して、組合の設立と運営の技術援助を行なった[19]。他方でベルは、組合設立に向けて、サパの女性を一年かけて組織していった。平地民の店で物をよく買う女性は、ようやく自分らの店ができると、組合設立に協力し、奮起した。また、現金収入が少ないアエタの多くは、協同組合の余剰金に期待した。余剰金は「利益（interest）」と呼ばれ、組合員を募るときには、出資金が「利益」として還元されることが、強調された。協同組合の規約は、教会関係者が作成して、組合員によって決定された。運営はすべてアエタが行なって、「利益」は組合員に還元するというルールが設けられた。組協同組合の設立当初の組合員は、三〇人であった。組合員の資格は、アエタ女性であることと[20]、各人に可能な範囲で出資することの二つであった。組合員は、少額ずつ出資金を出し合った[21]。協同組合では、米や缶詰、油、石鹸、灯油などの生活用具のほか、木炭など、組合員が作った商品や作物も販売された。商品は、平地民や非組合員のアエタにも販売された。こうして協同組合は、次第に業績を上げて、商品の種類や数も増えていった。店番をする組合員には、手当が支払われることになり、まずリーダーであったベルが、その役割を担うことになった。こうして、協同組合の運営は、おおむね順調に進んで、協同組合は、村でも目立つ生活組織となっていった。設立当初は協同組合の活動を遠巻きに見ていた女性らも、その繁盛ぶりを知り、加入を望むようになった[22]。

しかし、協同組合の成功話は、ここまでであった。協同組合の運営に、次第に影が差すようになった。まず、協同組合に対抗して、平地民の店が値下げをした。すると顧客は、協同組合から平地民の店に流れるようになった。また、協同組合では、組合員によるつけ買い（Utang）が増えていった。組合の運営を任されていたベルは、経営が傾く責任を感じて、商品の仕入れに自分の店番の手当をつぎ込むようになった。そのため、ベル自身の生活が圧迫されていった。こうして、顧客が減り、つけ買いが嵩み、その結果、運営資金もままならなくなっていった。ベルは、店番の手当による商品の買い付けもできなくなった。そして二〇〇三年、協同組合は破綻した。このように協同組合は、設立当初の勢いにもかかわらず、三年を経ずして破綻していった。協同組合が破綻した本当の原因は、なんだったのだろうか。次節では、このような運命をたどったサパの協同組合がもった四つの特徴について、考察する。それらは、特徴であると同時に、協同組合の破綻を決定づけた本当の原因でもあった。

3 協同組合の破綻

1 剰余金と「利益」

フィリピン協同組合法(Cooperative Code of the Philippines、共和国法第六九三八号)には、「協同組合は、フィリピンの文化や経験に照らし、かつ、協同組合の国際規準に準拠して運営されるものとする」(第四条)とある。ここで、フィリピンの文化や経験とは、多数派である平地民のものを指している。これに対して、サパの協同組合は、平地民とは異なる文化や経験をもつアエタによって運営された。

サパの協同組合には、四つの特徴が現れた。まず、剰余金と出資金の扱い方であった。組合員は、配分される剰余金のことを「利益(interest)」と呼んだ。「利益」は、組合員に平等に配分されることになっていた。共同の利益をすべての組合員に平等に配分するという考えは、アエタの文化や経験により培われた「相互扶助」の価値に基づくものであった。組合員のマルーはつぎのように話す。

この協同組合のいいところは、平地の組合のやり方をすべて真似するのではなくて、アエタの伝統的なやり方を取り入れたところだと思うわ。アエタのための協同組合だもんね。つけのシステムもそうだし、利益をみんなで分けるスタイルもそうね。ほら、ガイドの寄付金だってそうじゃない[23]。

[マルー 二〇〇〇年四月六日、協同組合設立準備の会合にて]

一般の協同組合では、剰余金は出資金の額に応じ、決められた還元率にしたがって配分される。これに対して、サパの協同組合では、剰余金と出資金が切り離された。そして、マルーが言うように、売上金は、商品の仕入代金、援助団体への返済金(24)、店番の手当、組合員の配当金と、四等分された。その配当金は、すべての必要経費を差し引いた完全な剰余金であり、組合員にとっての「利益」であった。そこで、この「利益」を平等に配分するため、配当金の全額が、組合員の人数で割られた。他方で、協同組合では、組合員に配分される「利益」を確保するため、商品価格が平地民の店より高く設定された。そして「利益」は、毎年一二月の決算時に組合員に配分するとされた。組合員は、「利益」が配分されることを期待し、協同組合を「利益」を分かち合う相互扶助の場とみなしていた。他方で、組合員には、収入がなくて生活必需品さえ買えない、困窮した生活の事情があった。組合員には、一か月以上も収入がない人もいた。その結果、組合員の「利益」への期待は、膨らむばかりであった。ところが、収入がない組合員のつけ買いが増えていった。他方で、協同組合の売り上げは落ちていった。そして、一二月の決算時を過ぎても、組合員に「利益」を配分できない状態が続くようになった。

組合員は、「どうして利益が回ってこないの」って聞いてくるの。そんなときは「組合員の借金が多すぎるからよ、こんなにつけが多いのに、どうしてみんなに配当が回るって言うの」って説明するの。もちろん、「借金が返ってくれれば、みんなに利益が回せるわ」って言うの。〔ベル　二〇〇二年九月二日、協同組合の店舗にて〕

ベルは、「利益」の配分を催促されるたびに、逆に、つけの返済を催促するようになった。そのようなことが重なり、ベルと組合員の関係は、次第にぎくしゃくしていった。また、協同組合の経営も傾くばかりであった。

2　出資金とつけ

サパの協同組合の第二の特徴は、出資金の扱いとつけ買いに対する方針にあった。フィリピンの協同組合を管轄している協同組合開発庁（CDA：Cooperative Development Authority）の規約によれば、協同組合では、剰余金は出資金の額に応じて配分される。これに対して、サパの協同組合では、剰余金は出資額とは関係なく、平等に配分された。また出資金は、商品の仕入れや店舗の運営資金に充てられたが、規約によれば、組合員は、出資した金額までつけが認められることになっていた[25]。このようなかたちで、協同組合の規約でつけを認めたこと自体、平地の協同組合では考えられないことである。ただしフィリピンでは、アエタに限らず、平地の店舗においても、つけ買い自体は、ごく普通のことである。フィリピンの農村研究においても、小売業を営むとき、親戚や知人を相手に商売をすると、つけや値引きをしなければならなくなるため、親戚や知人がいない村で商売した方が、成功率が高いとされている［菊池　一九八二：一六八］。実際、サパで雑貨店を経営する平地民ゲールも、客がつけ買いすることを認めていた。

馴染みの客に嫌われたら最後だしね。（つけを断ったら）客がいなくなっちゃうわよ。だからつけも許してるの。客を信頼しないといけないの。うちは、もうそれで四年もやってきたわ。組合の人らはつけばかりしてるわ。あんな状態で商売なんか続かないわよ。つけの借金ばっかり。……うちだってそうだけどね。苦しくても、つけで買った人に返済を催促しないわ。お金ができたらみんな返しに来るからね。だから催促しないわ。それに、恥ずかしいからそんなこと言えないしさ。［ゲール　二〇〇三年五月一七日、店舗前のベンチにて］

このようにサパでは、平地民の店でも、つけ買いが行われていた。サパでは、子育てを共同で行ない、食べ物がない家には食べ物を分けるといった、相互扶助の慣行が生活の中心にあった。そこには、たがいに助け、助けられるという、アエタの平等観と、それにともなう名誉や尊厳の感覚があった。ゆえにサパでは、つけを認めないと商売が成り立たないだけではなく、返済を催促することは「恥ずかしい」こととみなされた。つけ買いが協同組合の規約に盛られた背景には、当時のアエタの経済的な事情だけではなく、このような相互扶助の強固な慣行があった。ベルは、もとより組合員の困窮した生活を知悉していた。そのため、つけを断ることができず、強く返済を催促することもできなかった。それどころか、出資金を超えてもつけ買いを認め、また、農作物でつけを弁済することを認めるという状況であった。

協同組合の規約には、つけ返済の誓約や返済期間、利息についての規程は、なにもなかった。つけは、組合員に金が入ったときに返済するというのが、暗黙の了解事項であった。つけをした人の名前や金額は、ベルが記帳していたが、いつどれだけ返済されたかは、ベルとつけをした人の記憶に委ねられた。もっとも平地民の店でも、つけの利息や誓約などの規則はなかった。しかし、平地民は、顧客の家計の事情が分っていても、経営が危うくなると思えば、躊躇することなくつけを断った。ガレの店でも、収入があったときに返済しない顧客や、いつまでも借金が減らない顧客には、つけ買いを認めなかった。つけ買いを認めたうえで経営を維持するためには、このように、相互扶助の慣行を無視してでも、計算に基づく経営をするほかなかった。また、CDAの規約には、組合費が滞った組合員は退会させることができるという規程があった。しかし、サパの協同組合には、そのような規程はなかった。ベルも、組合員が返済を滞らせても、協同組合を追い出すことはできなかったし、そのつもりもなかった。

組合員のつけ買いの額も、変わっていった。はじめは、まとまった金がないときに、米を一〇キロ（約二〇〇ペソ）単位で購入するなど、支払いが高額なものに限って、つけで買うことが多かった。しかし組合員は、次第に、卵一個や干し魚一匹といった、五ペソ程度の物もつけで買うようになった。

（組合員の）つけは、二〇〇〇ペソ、一〇〇〇ペソ、六〇〇ペソ、五〇〇ペソと、いろいろだったわ。でもこの人たちが、どれだけ借りたままになってると思う？長い人で八か月よ。［ベル　二〇〇二年九月二日、自宅にて］

そのような状況に、協同組合の運営の危機を感じたベルは、つけ買いをする組合員に、つけの返済を催促するようになった。

協同組合を始めたときは、つけを取り立てることは簡単にはできなかったの。つけのない組合員もいたわ。つけのある組合員がいても……つけが多くない頃は、協同組合は順調にやれたのよ。

［ベル　二〇〇二年九月二日、自宅にて］

協同組合の設立当初、ベルは、つけを取り立てることができなかった。しかし、協同組合の運営が厳しくなると、返済を催促せざるをえなくなった。そして二〇〇三年、つけ買いを断ったベルが、組合員の夫から空気銃を突きつけられる事件が起きた。その夫は、協同組合を任されているベルが、困っているアエタを助けるのは当然のことだと思っていた。ベルも、夫がどうしてそこまで怒るのかも分かっていた。つけ買いを認めなければ、組合員の一家がその日の食事にもありつけないことを知っていたからである。これに対して、平地民の店でも、つけを断ることはしばしばあったが、それがトラブルになるようなことはなかった。ここから、組合員が、協同組合をアエタの伝統的な相互扶助慣行の延長として捉えていたことが分かる。ベルも、運営資金さえ許すなら、つけ買いを認めたいという気持ちがあった。しかし、組合員のつけ総額は八〇〇〇ペソに達していた。協同組合の運営は行き詰まり、資金も枯渇して、つけ買いという相互扶助を認める余裕がなくなっていた。

もっとも、協同組合の資金と運営に関わる困難は、サパの組合に限った問題ではない[26]。フィリピンの協同組合の多くは、同じ課題を抱えている[27]［野沢　二〇〇〇：一八七］。政府は、資金不足による協同組合の破綻を防ぐため、フィリピン土地銀行（Philippine Land Bank）による、組合への融資制度を設けている。しかし、その制度を利用するには、「協同組合開発庁に登録されていること、組合員を六〇人以上有すること、最低の払込資本が三万ペソを超えること」［野沢　二〇〇〇：一八八］などの条件がある。サパの協同組合は、CDAへの登録資格をもたないため、この融資制度を利用することはできない。かりにこれらの条件を満たして、ローンを組むことができたとしても、問題は残る。サパの協同組合とほかの協同組合でもっとも異なる点は、組合員の多くが、極端に苦しい家計に喘いでいることにある。一節で述べたように、当時のサパは、臨時的な日雇い作業や、ピナトゥボ山のガイドくらいしか、収入機会がなかった。そこでの収入は、数日分の食糧を買える程度のものであった。組合員の家では、つぎはいつ、現金収入が得られるか分からないような状況にあった。このようななか、組合員の購買力が向上するわけもなく、つけ買いが膨らむのは当然の成り行きであった。

3　店の使い分け

催促なしのつけ買いを容認する協同組合の運営は、そもそも経営体として成り立つはずもなかった。そしてそこには、さらに破綻に追い打ちをかける第三の特徴があった。それは、組合員が、協同組合と平地民の店を使い分けて商品を買ったことである。この組合と店の使い分けは、協同組合が破綻する直接の引き金となった。協同組合の設立のために売り上げが落ちた平地民の経営者は、協同組合への対抗意識を募らせた。彼ら彼女らは、客を取り戻すために米や洗剤など、協同組合の商品よりも五〇センタボ〜一ペソ（約一〜二円）の値下げをした。こうして協同組合は、平地民の店との価格競争に入り込んだ。

平地民の思惑通り、商品が値下げされると、組合員は、金があるときは、安い平地民の店で買い物をするようになった。協同組合を設立したとき、組合員は団結して、平地民への対抗心を燃やしていた。彼女らは、配当金による生活改善を願って組合設立の準備会議に参加し、店舗の建設を手伝った。しかし、開店してしばらく経つと、状況は一変した。組合員には、何か月も先に支払われる「利益」のために、割高な組合で買い物をする余裕がなかった。わずかな収入から出費を切り詰めるために、安い平地民の店に行くのは、当然の成り行きであった。しかし、平地民の店では、金がないときはつけ買いを断られるリスクがあった。そのため、組合員は、金がないときはつけ買いがしやすい協同組合に行くようになった。このように組合員は、懐具合に合わせて、組合と店を使い分けるようになった。

また、協同組合では、売り上げの利益は、援助団体への借金の返済や、組合員への「利益」の配分に充当されていた。そのため、利益を商品の値下げに充てることは叶わなかった。さらに、つけが嵩んで、運営資金を確保する余裕もてなかった。ベルがつけの問題に苦労していることを見ていた姉のメルは、つぎのように言った。

みんな、つけで買いたいときは協同組合に来るの。普通に買いたいとき（金があるとき）はほかの店で買うの。お金があるときはよそに行って、ないときはこっちに来るなんて、なによそれって感じでしょ。自分たちで作った組合を自分たちで潰してるようなもんじゃない。本当は、みんな団結しなくちゃならないのにさ。

［メル　二〇〇二年九月二日　ベルの自宅にて］

メルは、組合員の団結の必要性を述べるが、ベルには、アエタが団結して協同組合の収益を上げることが、至難のことであると分かっていた。

以前は売り上げが一日一〇〇〇ペソを超えたこともあったけど、今は売り上げなんてないもの。それはね、

みんな収入がないからよ。みんな、仕事がないの。〔ベル二〇〇二年九月二日、市場に買い出しに向かう路上にて〕

つけの返済が進まない原因は、組合員の家庭の収入が少ないことにあった。そしてその原因は、サパに現金収入の機会が少ないことにあった。たまに仕事があっても、けがや病気など、緊急に出費が必要になれば、つけの返済は後回しにされた。それゆえ、つけが重なるのは無理からぬことであった。結局、協同組合は、「売り上げなんてない」状態に追い込まれ、破綻した。

4　識字力と市場的知識

サパの協同組合の最後の特徴は、組合員の多くが、読み書きができず、商取引の知識をもたないことであった。そのため組合員は、協同組合の運営に参加することができず、運営は、ベルに任せきりになった。しかしそのために、組合員の組合運営に対する危機感は薄れて、つけ買いにも歯止めがかからなくなった。協同組合を設立したときの契約書に自筆で署名をしたのは、加入者三〇人中一〇人であった。署名しなかった組合員は、指紋を押捺しただけであった。また、名前は書くことができても、読み書きができない女性も、多かった。それほどに、サパのアエタ女性には、非識字者が多かった。彼女らは、文字が書けず、物の売買の知識がないため、平地民にだまされることも少なくなかった。そこで、調査でサパに入っていた大学生（著者もその一人）が呼びかけて、組合員を対象に、識字教室を開くことになった。その直接の目的は、協同組合の店番ができる組合員を増やすことであった。しかし、協同組合が設立され、識字教室が始まると、彼女らは時間がないと尻込みしていった。店番の仕事や識字教室は、長時間拘束されるので、山仕事や家事に差し支えるというのが、彼女らの口実であった。そうならないようにと、店番には手当がつくことになっていた。しかしそれでも、店番のなり手は現れなかった。それどころか、「利益」

が配分されない日が続くうち、組合員の目には、ベルが手当をもらっている事実だけが映るようになった。

あの人らは、なんであんたは手当もらってるのに、ほかの組合員には分け前がないのって言うの。だから「じゃぁ、あんたが店番してよ」って言うの。「私は長い時間を割いて店番してるのよ」って。そう言うと、みんな嫌だっていうの。〔ベル　二〇〇二年九月二日、市場に買い出しに向かう路上にて〕

しかし、組合員が店番の役割を避けた本当の理由は、時間の問題ではなかった。店番を引き受けると、金の管理や商品の記帳をしなければならない。仕入れのときには、平地の市場で大量の買い物をしなければならない。商品の価格は変動するため、仕入れのたびに値引き交渉をしなければならない。仕入れが終わると、商品運搬のためにジプニー（Jeep）やバイクタクシー（Tricycle）の運転手と交渉をしなければならない。平地民と交渉したり、計算したり、文字を書いたりする機会がなかった組合員にとって、これらの実務は、疎ましいものであった。店番の代わりに、ベルの畑仕事を手伝った組合員のサギは、つぎのように言う。

ベルによく店番をやってみないかって誘われるの。でも、ノートに記帳したり、そんなの私にはできないわよ。一度だけ手伝ったこともあるけど、お客さんにつけといてって言われたら、全部覚えておいて、後でベルに伝えたの。でも、一度にたくさん店に来られると分かんなくなっちゃうんだよね。ははは。やっぱり私には店番は向いていないわ。それで、ベルが毎日店番してるせいで、自分の畑に行けないっていうから、今日は私が代わりにベルの畑の草むしりに行ってきたの。〔サギ　二〇〇二年九月四日、自宅横にて〕

サギも、協同組合の実務に恐怖心を抱いた。それが、協同組合の活動に参加できなかった、本当の理由であった。親戚でもあるベルが店から離れられなくて困っている。しかし、自分に店番はできない。こうして、サギやほかの組合員は、協同組合の活動から距離を置いていった。

4　〈もたざる〉状況と相互扶助

本書は、アエタの協同組合の破綻の経緯をとおして、〈もたざる〉者として市場社会へ参加するアエタが遭遇した困難の一端を見た。協同組合は、客のつけ買いと店の使い分け、組合員の組合運営への不参加によって、設立から二年五か月で破綻した。

協同組合の設立には、二つの動機があった。一つ目は、先住民アエタ（Katutubong Aeta）として、ともに生活を豊かにするという動機である。アエタは、自分たちの力で店を運営し、生活用品を販売・購入するかたちで、平地民との市場競争に臨もうとした。組合員は、一年の時間と労力をかけて協同組合の設立準備を行ない、団結して平地民の店に対抗しようとした。二つ目の動機は、組合の「利益」によって困窮する生活をしのぎたいという願いである。しかし実際は、協同組合は、伝統的な相互扶助の慣行と、協同組合の運営の折り合いをつけながら、協同組合を維持しようというものであった。

それでは、協同組合は、どうして破綻したのだろうか。結論は、相互に関係しあう三つの原因に要約される。一つ、アエタは、協同組合の運営に商取引のルールを徹底することができなかった。協同組合では、剰余金を出資金の額に関わりなく、組合員に平等に配分するものとされた。出資金は、つけ買いの担保金とみなされた。また、組合員にとって「利益」とは、即生活を助ける金を意味した。そのため、組合の剰余金は、すぐにも生活に役に立つ「利益」として理解された。日々をようやくしのいでいるアエタにとって、剰余金の一部なりとも、協同組合のつぎの運営に「投資する」という発想も余裕もなかった。二つ、アエタは、協同組合を生活の相互扶助の手段とみなした。本来、協同組合は、平地民にとっても、相互扶助のシステムであった。しかし、ここでの大きな違いは、アエタにとっては、協同組合が、近親でみられるような「愛他主義的な互換活動」〔Sahlins 1972=1984: 232〕であり、可能なかぎり「惜しみなく与える援助」〔Sahlins 1972=1984: 232〕が行なわれる場として捉えられた。それは、サーリンズのいう「一般的互酬性」のシステムとして成立していた。したがって、協同組合の店舗では、組合員がつけの返済が終わっていなくても、つけ買いを繰り返した。つけの限度額を超えても、なんとかなる。組合員にとって、協同組合はそのような存在になっていた。ベルもまた、返済の催促をしないまま、無制限のつけ買いを認めた。従来、親族的な相互扶助のなかでは、物の取引（貸し借り）をするとき、「当事者の誠実さだけが担保であり、将来の保証は、富ではなく、富を所有する人の人格」〔Bourdieu 1977=1993: 32〕であった。そのため、返済期限を定めなくとも、いずれ貸したものに相応するものが戻ってくることは、たしかなことであった。また、そのような人格に基づく信用関係のなかで、利子を設定したり、取引を制限することは恥ずかしいことであった[28]。

他方で、市場社会における商取引における契約関係は、「均衡的互酬性」〔Sahlins 1972=1984: 234〕のシステムでなくてはならない。これは、受け取ったものと同等のものが遅滞することなく返済される、均衡のとれた相互性であり、先の一般的互酬性と比べて、「非人格性」〔Sahlins 1972=1984: 234 ; Bourdieu 1977=1993: 32〕を前提としたものである。したがって、つけが返済できなければ、契約関係が解消される。そのことは、協同組合との価格競争に勝った平地民の店の事例からも分かる。また、サパのアエタも、協同組合と平地民の店の（一般的／均衡的互酬性の）システムの違いを認識していた。実際に、平地民の店におけるアエタのつけの返済率は、協同組合よりはるかに高かった。それは、平地民の経営者が、つけが返金できる客を選んでいたことによる。しかし、それだけではなく、アエタも、つけを返済するなら、つけが増えると買い物ができなくなる平地民の店を優先した。店の使い分けは、経済的な合理性に基づいた行動であり、アエタが生きるための生活戦略であった。すなわち、店の使い分けの事例から、生きるために伝統的な相互扶助と、平地社会の合理的計算を同時に使い分けるアエタをみることができる。アエタは、市場的な価値が使えるようになったからこそ、アエタの一般的互酬性のシステムにより成立させようとした協同組合が破綻した。

三つ、ベルを除いて、組合員は、計算力も読み書き能力も乏しかった。ゆえに、彼ら彼女らは、協同組合の運営に参加することができなかった。このようなアエタの経済的性向と資源（資金と知識・技術）の欠如は、協同組合の破綻を避けられないものにした。

協同組合の破綻の事例では、市場的価値と伝統的価値の折衷こそが、「利益」の平等配分、つけ買い、生活改善の失敗という悪循環[29]を生んだ根本原因であった。そこではまず、相互扶助という伝統的価値が、協同組合を破綻に導いた最大の原因であった。すなわち、アエタは、市場的運営を必要とする協同組合の運営に、伝統的価値を混在させた。というより、伝統的価値を払拭し、市場的運営に徹することができなかった。それはひとえに、アエタが、市場社会の経済的性向〔Bourdieu 1977=1993〕を身体化する間もなく、市場競争へ投げ出されたからである。また、当時のアエタが、不安定な現金収入の機会しかなかったために、その日暮らしを脱することができなかったからでもある。本来、「ともに豊かになる」ためのアエタの相互扶助の考えは、商取引の仕組みと「ラディカルに対立」〔Bourdieu 1977=1993: 33〕し、協同組合を破綻に追いやった。

本書の冒頭で述べたように、圧倒的な市場社会の力の前に、伝統的価値は機能しないどころか、市場社会を生きる人びとの足かせになっていく。協同組合の破綻は、その一例であった。アエタは、生きるために市場的な価値や能力を求められる。それに順応できなければ、いつまでも貧困の位置に留まり続ける。すなわち、収入の機会があっても、それを活かせない。

また、協同組合の事例から、市場社会に参加しようとするアエタ間に、それができる人とできない人の格差をみることができる。運営面では、識字トレーニングを受けたベルと、そのような機会がなかったほかの女性との格差も、確認できる。組合設立の会合では、協議内容がむずかしく、理解できないアエタもいた。彼女らは、ベルや支援者の活動を遠巻きに見守るだけであった。実際に、協同組合に参加した女性は、サパ全体の一部に過ぎない。参加した組合員は、協同組合を援助する団体を信頼して、それまでになかった規則や方法を受け入れる積極的なアエタであった。他方で、アエタを相手に商売することに抵抗を感じる人もいた。長老や年配のアエタは、読み書きの知恵をつけることで、仲間をだますようなアエタが現れるかもしれないと、協同組合の設立に反対であった。またほかのアエタは、生活が苦しいなかで、今さら協同組合もないと、その活動に不信感を抱いて、参加を拒否した。さらに、恐怖心から組合に加わることを拒否する女性もいた。このように、協同組合をめぐってみられたサパのアエタの分化／階層化は、第四期以降、さらに顕著になっている(30)。

5　サパのその後

アエタの協同組合が破綻して一〇年経った。村の商売を独占する平地民とアエタの貧富の格差は、ますます拡大している。組合の閉鎖後、支援団体は、新たな所得向上プログラムの一環として、組合の店舗があった場所で、パパイヤ石鹸を製造して、それを団体へ販売する活動を勧めた。しかし、協同組合のことで人間関係が悪化していたことに加え、パパイヤ石鹸のニーズを感じていなかった女性らは、興味を示さず、これも計画倒れに終わった。その後、団体から協同組合を再開するよう提案があったというが、その後、再開されることはなかった。協同組合の閉鎖後、空きスペースとなった店舗には、現在、家族四人が間借りをしている。そのうち、元組合員でもあったニーニャはつぎのように話す。

ここ（旧店舗）も、むかしは、たくさん商品が並んでたよね。あれ（協同組合）も、はじめはよかったんだけどねえ。いまではこんなになっちゃったわね。ま、おかげで今、私たちは、屋根の下で寝ることができてるんだけど。ははは。［ニーニャ　二〇一三年三月一五日 旧協同組合店舗内にて］

協同組合は失敗した事業であった。ベルを含む組合員のだれも、協同組合をとおして生活の向上を果たすことはできなかった。組合員は、協同組合のことをほとんど忘れかけている。唯一、ニーニャ一家が、その建物に住んでいるだけましだわねと、笑い話になるくらいである。当時を知るアエタから、協同組合の再開を求める声が上がったこともない。

協同組合が破綻した後、サパには、観光客向けのリゾート施設が建てられた。マニラなどの都市部へ出稼ぎに出るアエタが、増加した。さらに海外へ出稼ぎに出るアエタさえ、現われた。著者が調査を開始した二〇〇〇年から比べると、アエタの現金収入の機会は、あきらかに増加している。しかし、アエタの暮らしはどうであろうか。組合員であったリンダは、一〇年前との違いについて、つぎのように語る。

一〇年前との違いねえ。そうねえ……。いまはリゾート施設もできたし、仕事は増えているけど、生活は苦しいままだわ。［リンダ二〇一一年八月一二日 サパの教会横にて］

仕事が増えたところで、サパのアエタの生活は「苦しいまま」である。さらに、いまでは、アエタが得る収入は、ほとんど平地民の店のつけの返済に充てられるという状態である。つぎにみるように、ベルの家でも、給料日に前月分のつけを清算して、その日から、つけ買いを始めている。彼女らの生活は、つけからつけで食いつなぐ、いわば借金地獄である。

仕事をしても、給料はほとんどつけの支払いで飛んでいくから、またつけの繰り返し。弟の家なんて、本当にお金がなくてね。最近では、雑貨屋でつけ買いを渋られるらしいの。この前は子どもが、大声で追い返されてたわ。私も状況を知ってるから、かわいそうだとは思うけど、毎回助けてあげる余裕もないしね。もっとどんどん店と交渉するようにアドバイスするくらいが精いっぱいだわ。

〔ベル 二〇一一年八月一四日 ベルの自宅前にて〕

ベルも、ベルの弟も、収入は、ほぼすべてつけの支払いに充てている。給料日につけを返済できなかったり、つけ買いを断られたアエタは、近親者から必要なものを調達するしかない。しかし、その近親者も同じような状態にある。このように、サパでは、アエタが「ともに助け合う」余裕は、消失しつつある。相互扶助の慣行が解体するのも、時間の問題である。

四 女性の副業と「暇」の概念

1 内職

サパでは、二〇〇〇年に入ると、パッチワークの内職が、平地から依頼されるようになった（写真10）。作業の内容は、約三〇センチ四方の輸出用のクッションカバーにパッチワークを施すもので、慣れれば一日に一・五枚ほど作成できるという。布はあらかじめ、サイズに合わせて裁断されており、布と糸、針が渡されるため、希望さえすれば、仕度金がなくとも始めることができる。受託者は、決められたデザインに沿って布の、のりしろを縫い込んでいく。報酬は一枚につき二五ペソとなり、出来高制で支払われる。これは、もともと、サパで雑貨屋を営む平地民女性のヴィックが、近隣の工場から請けた仕事を内職として始めたのが、はじまりであった。ヴィックは、幼いころからサパで育って、アエタといっしょに大きくなった。そのため、彼女も彼女の子どももアエタの言語や文化、慣習について精通していた。

やっぱり、今のサパの問題は仕事が不安定っていうことかしらね。とくに、今みたいな夏の時期は、収入が少ないのよね。いくら畑をもっていても収穫の時期まで待たないといけないからね。その間、少しでも他の仕事があればね。少しの収入でいいからさ、とくに女性はね。……　パッチワークはね、やっているとすぐ時間が過ぎていくのよ。とくに母親は、山についていって仕事するより、家にいてこういうのをやったほうが、収入になると思うのよね。とくに、子どものためにね。（世話する）人が山にいたら、子どももいっしょに行っちゃうから、結局、学校に行けなくなるじゃない？　しかも、女性が夫についていくのは山での仕事を助けるためでしょう。だって、家にいても退屈だしさ。だから女性のために、副業になるような仕事って大切だと思う。ま、これは私だけの意見だけどね。［ヴィック　二〇〇三年三月一七日、店舗前にて］

ヴィックはアエタのクラスメートが両親の山仕事についていくために学校を休んだり、退学したりする様子をみていた。そのため、自分は、家にいて子どもの通学のサポートをしてやりたいと感じている。また、彼女は、女性が山で仕事をしても、直接収入を得られるわけではなく、夫の「補佐的な仕事しかできない」ことを知っている。

もっとも、当時のサパには、山仕事のほか現金収入の機会がほとんどなかった。だから、パッチワークの仕事は、作れば作るほど収入になる。ヴィックは、このような理由で、女性が少しでも現金収入を得られる内職をしたほうが、山仕事よりはましと考えていた。その意味で、内職は、サパの女性の市場社会への参加、または女性の〈労働〉化のきっかけとなるものであった。

しかし、このパッチワークの仕事は、アエタの間では半年も経たないうちに、途絶えていった。それには、二つの原因があった。一つ目は、アエタが裁縫の技術を持たなかったことである。二つ目は、アエタの内職や「暇な時間」に対する価値観が、平地民とは違っていたことである。まず、一つ目の原因についてみていきたい。

（サパで）内職をしている女性はアエタもたくさんいるわよ。でも年寄りとかは大変みたい。現金がほしいから（内職を）やりたいらしいんだけど、目とか肩が痛くなるから嫌だって。だから彼女たちは、ほかの手段で収入を得たいんだって。目とかに負担がかからない仕事。もっと簡単な仕事ね。［ヴィック 二〇〇三年三月二二日、店舗前にて］

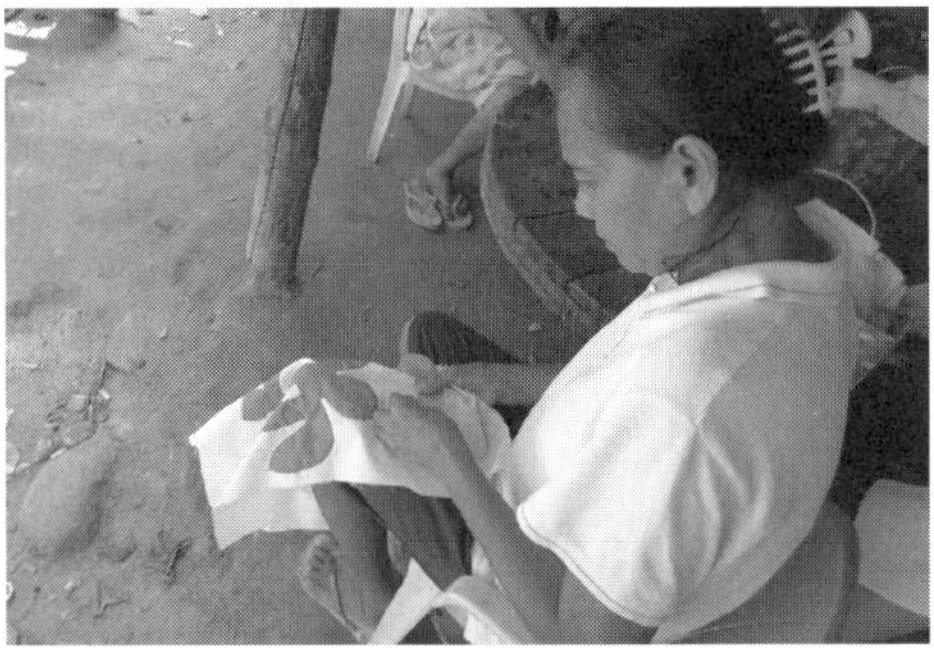
写真10　パッチワークをする平地民女性。細かい裁縫技術が必要とされる。［筆者撮影　2013 年］

アエタの文化には、裁縫や刺繍はない。木の実やビーズをひもに通す程度の作業はあるが、長時間、腰を据えて一点を見つめ続けるような仕事はない。そのため、ヴィックの言うようにアエタ女性は、慣れない裁縫をして、平地民以上に目や肩の疲労を味わった。ベルは、パッチワークについて、つぎのように述べて、それと「アエタの仕事」との違いを説明している。

写真 11　雑談をしながらパッチワークをする女性たち［筆者撮影　2013 年］

> ヴィックからは、パッチワークを勧められるけど、裁縫ができなかったら、どうやって収入を得るの？……そもそも、そういうのは私たちアエタの仕事じゃないのよ。（裁縫をしていると）疲れるのよ。いつも山に行って雑草抜いたり、畑の掃除をしたりしているのだから、いきなりそんなものやろうと思っても、疲れるだけでしょう。まぁ、たぶん山に登れないときにするぐらいだったら、いいのかもしれないけどね。そもそも、山でしっかり仕事ができる人は、あんな仕事はしないわよ。
>
> ［ベル二〇〇三年三月二二日 自宅にて］

ベルも、協同組合の店舗の店番のため、山仕事ができなかったとき、ヴィックに勧められて、パッチワークの仕事をした。一か月に一〇枚作ったとして、二五〇ペソの収入になる[31]。しかし、実際は、重度の目の疲れから、激しい頭痛に見舞われた。また、パッチワークを苦労して作っても、布が突っ張っていたり、デザインが歪んでしまったりすることもあった。完成した商品みせると、仕事を斡旋した人から、こんな仕上がりでは売り物にならないと言われて、一ペソももらえなかったこともあった。しかも、売り物にならないはずの商品ももって行かれた。この体験により、ベルは、平地民から依頼される内職への不信感を大きくしていった。ほかのアエタ女性も、ベルと同じく、はじめは挑戦するつもりでやってみても、品質チェックに合格しなかったり、時間がかかりすぎて、家計を助けるほどの収入にはつながらなかった。こうしてその後、サパのパッチワークは、もっぱら平地民女性の内職として定着していった。このように、パッチワークの内職がアエタの間で広がらなかった背景には、裁縫のスキルという技術的・身体的な原因があった。

アエタの間にパッチワークの仕事が定着しなかった原因は、もうひとつあった。それは、アエタにとっての内職の意味や、内職の時間に対する意味が、平地民と違っていたからである。ヴィックもベルも、日中は、同じように店番をしていたため、時間的な余裕は同じほどにあった。しかし、ヴィックは、毎日、店先でパッチワークをしていた。彼女にとって、内職は、「暇」なときにしゃべりながらでも、手を動かしていれば収入になる仕事であった（写真11）。これに対して、ベルは、一か月の目標は一〇枚程度と決めて、気が向いたときだけパッチワークをしていた。

これは、たんにヴィックとベルの目標が違っていただけではない。そこには、内職の時間に対する考え方の違いがあった。内職は、時間の融通が利く。内職をする時間や作業量は、受託者が決めることができる。したがって、多くの場合、家事などが終わった後、「なにもすることがない時間」＝「暇になった時間」が、内職に充てられる。

2　「無駄な時間」と「暇」

著者：（家事や山での）仕事がないときはなにをしていますか？

マリッサ：暇よ。仕事がないときは暇してるわ。兄の家に行ったり。

リンダ：なんにもしないわ。こんな感じかしら。おしゃべりしたり。

著者：どんなこと話しているの？

リンダ：暮らしのこととか。どこで食べ物を手に入れたらいいかしら、とか。調理するものをどこからもってこようかって。

［マリッサとリンダ　二〇〇三年三月一九日、マリッサの自宅前にて］

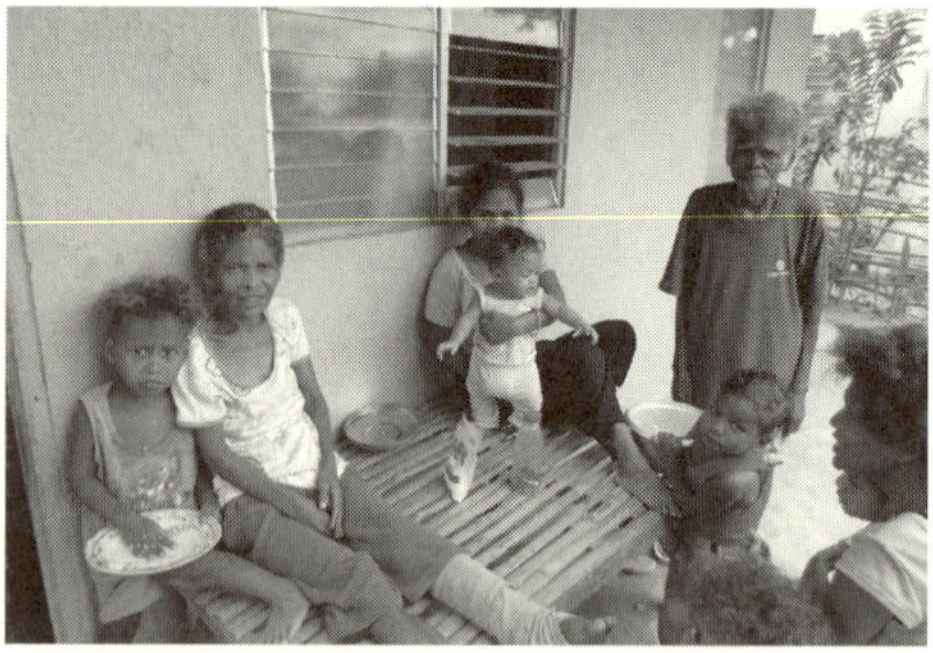
写真 12　軒下で雑談する長老と女性たち［筆者撮影 2013 年］

サパの家にいる女性と話すと、「暇」という言葉をよく耳にする。事実、山での仕事がない時期、サパでは、庭先に腰掛けて井戸端会議をしている女性たちの光景をよく目にする（写真12）。リンダが言うように、食べ物などの情報交換、噂話、健康や悩み相談など話の内容はさまざまである。このように、アエタにとって、「暇をもてあます」というのは「なにもすることがない時間」である。しかし、彼女らにとって、その時間も生活の一部であって、けっして「無駄な時間」ではなかった。これに対して、平地民のヴィックが考える「暇」な時間は、非生産的な時間であり、もったいない時間であり、「退屈」な時間であった。そのため、ヴィックは、暇な時間を惜しんで、少しでも多く仕上げようと、雑貨屋運営のかたわら、内職にいそしんだ。

ここで、この「暇」であることと「内職」との関係について考えてみたい。「内職」について、ヴィックの会話では、「サイドビジネス」という英語で話されていた。彼女は、ほかの女性が山に行って夫の仕事を手伝うことの理由として、子どもと家に残っていても「退屈」であることを挙げている。実際、ヴィック自身が、パッチワークの仕事を始める前に、家に残って雑貨店の店番だけをしていた頃、その「なにもすることがない時間」を「退屈」と感じていた。しかし、近所の女性たちと話をする時間も、パッチワークをしながらすれば収入につながるため、「なにもすることがない時間」や「ただ話をする」だけでは「時間がもったいない」と感じるようになった。その「退屈」な時間を、家計の収入につなげることができる。しかも、ほかの女性に紹介すれば、わずかながら紹介料として自分の収入も増える。このような文脈から考えると、ヴィックにとって、パッチワークの仕事は、まさに「ビジネス」であり、「内職」であった。

最後に、ヴィックと同じように、「余暇の過ごし方」として、雑貨屋の経営を選んだアエタの場合をみてみたい。ジェムは、二〇〇三年に協同組合が閉鎖した後、サパではじめてアエタとして雑貨屋を始めた。つぎは、彼女が雑貨屋の店舗を建てているときに聞いた話である（写真13）。

ジェム：私の夢はお店が大きくなったら、ミネラルウォーターとか、ソフトドリンクを売りたいわ。あとは、（店を完成させるために）お金を借りられたらね……。二〇〇〇ペソくらい。
著者：今はまだお店ができていないけど、仕事はなにをしているの？　家族といっしょに山に行ってるの？
ジェム：たまにね。時どき、行ったり、行かなかったり。
著者：いつもは家にいるの？
ジェム：だって、義理の妹たちがまだ学校に通っているから、家にいっしょにいる人がいないじゃない？だからみんな、私が退屈しないようにって、雑貨屋をすることを思いついたのよ。店があれば、やることも増えるしさ。ただ、座って話してるだけとは違うでしょう。
［ジェム　二〇〇三年三月一七日、自宅にて］

写真13　アエタ女性が経営している雑貨屋。加工品が並んでいる。［筆者撮影　2013年］

ジェムは、夫の家族と同居しているが、義理の両親は、普段は山で暮らしていた。ジェムの夫も、山仕事を手伝うために、サパの自宅に帰ることは少ない。他方で、ジェムは、小学校に通っている夫の弟妹と、幼い自分の子どもニ人の世話をするためにサパに残り、山にはめったに行かなかった。しかし、子どもたちが授業の間、家に残されたジェムは「退屈」であった。そのため、夫らが、雑貨店を経営することを提案した。ジェムの店の資金は、夫の家族が準備したが、開店して間もなく、自分の子どもが病気で入院してしまい、そのまま閉店してしまった。

ジェムが雑貨店を始める動機において、「退屈」の捉え方や、母親として子どもの教育を支援する姿は、平地民のヴィックに似ている。しかし、ジェムは、会話のなかで「店を大きくしたい」とはいうが、その言葉から、経営を始めることで金を「稼ぐ」または「家計の足しにする」というニュアンスは伝わってこない。もっとも、「稼ぐ」や「家計の足しにする」ことは、話の前提であったのかもしれない。「座って話しているだけとは違う」というが、それを無駄な時間と考えるのではなく、雑貨屋の店番をした方が、まだ「間がもてる」程度のようにも感じられた。しかし、末子が退院して半年が経過した時期に、著者がジェムを訪れたところ、雑貨店を再開する予定はまったくない様子であった（ジェムは、二〇一一年まで店を再開しなかった）。

アエタが再定住地からサパへ戻った直後から、村に観光リゾート施設ができるまでの数年間、サパでは、現金収入の機会は限られていた。内職や協同組合の試みが始まった二〇〇三年前後は、サパのアエタにとって、市場への参加の過渡期にあった。そのため、当時のサパでは、新たな生計の方途が紹介されれば、だれもが興味を示し、試そうとした。しかし、新しく紹介された内職も雑貨屋も、そしてアエタの協同組合も、見事に失敗に終わった。アエタは、求められている能力や条件（識字や裁縫スキル、運営のノウハウ、資金力、客の購買力など）をもち合わせていなかった。そして、もっとも重要なことは、当時のサパのアエタは、親族や近隣の間で相互扶助や情報交換のネットワークが強く、ゆえに、山仕事でもなんとか暮らしが成り立っていたことである。そのため、補佐的な仕事をしてきた女性が、それほど積極的に現金収入を求める必要もなかったのである。換言すれば、この時期のアエタは、市場社会に非参加の状態であっても、暮らしが成り立っていた。したがって、サパのアエタは、これらの仕事を、女性が自立してみずからの手で収入を得られる「サイド・ビジネス」としてではなく、「なにもすることがないとき」にすれば「少しは収入になる仕事」程度のものと考えていた。

注

（1）平地社会との接触が限られていた時代、アエタにとって山での作業は「労働」ではなく、生業であった。また産婆も、村落のなかでの社会的役割であり、仕事ではなかった。しかしそれらは副業化や専業化のなかで「労働」とみなされるようになった。

（2）清水展は、アエタの生業複合について、生存のための最低限の保証を取り付けつつ、余力で新たな企てを試みることで、危険を分散させる積極的な戦略であったという［清水　一九九〇：一一一―一一二］。

（3）二〇〇一年の調査では、家の仕事の手伝いで小・中学校を中退する子どもがいたが、二〇一二年には、サパでは山仕事を理由に中退する子どもはいなくなった。

（4）この法案は二〇一三年に「リプロダクティブヘルス法　共和国法一〇三五四」として施行されたが、フィリピンで禁止されていた中絶を許可する項目が含まれており、カトリック教会からの反対により、最高裁より施行停止命令が出された。ただし、価値分娩に関しては、ＤＯＨから、禁止されている。

（5）パンパンガ州では、二〇一二年、社会福祉開発局、公共雇用サービス事務所、協同組合・企業家事務所によって、地域のエコツーリズムの促進と、先住民の生計向上事業のために、アエタを対象とする伝統的マッサージのトレーニングが行われた［Yutuc 2012］。その他、労働雇用省技術 教育技能教育庁（TESDA：The Technical Education and Skills Development Authority）でも、同年、マッサージやTシャツの印刷、ツアーガイドなど二か月間の技術訓練が行われた［TESDA 2015］。

（6）アエタの先行研究の多くが対象としてきた地域では、婚資はサンバル語のバンディ（Bandi）と呼ばれることが多いが、サパのアエタ同士の会話では、パンパンガ語であるドゥロ（Duro）が用いられる。本書では、アエタの語りのデータではそのままドゥロを採用するが、煩雑な表現を避けるため、そのほかの記述は、すべて日本語の「婚資」を用いる。

（7）怒りを覚えるのは親だけではない。好意のない相手に触られたアエタ女性は、周りから「女はいくら嫌いな相手でも我慢していれば好きになる」と言われて腹立たしかったと言う。［二〇〇二年三月二二日 レアリンへのインタビューより］

（8）相手が違う村に住んでいる場合や、親同士が知り合いでない場合は、男性が自分の親に好きな女性がいることを告げ、男性の親が女性の家族に結婚の許可をもらう場合もある。

（9）これが既婚者の場合、男性はドゥロの代わりに女性側に罰金を払わなければならない。［二〇〇〇年八月二日　ベルへのイン

タビューより]

(10)　この点に関して、清水は、婚資の交渉では、女性個人の属性は重要ではないという。スソンの交渉において、これらの属性が強調されたとしても、請求額を上げるためのものではなく、それだけ価値のある娘を手放す際に生じる、喪失感や怒りを説明するための「レトリック」であるという。

(11)　調査では、四〇代の平地民男性が一〇代のアエタ女性の両親と直接結婚の交渉をし、結婚が成立した例もみられた。

(12)　これに関わって、ビクトリア・アプアン（Apuan）は、婚資についてフェミニズム的観点から批判している。アプアンによれば、ドゥロは女性を物品と交換する「女性の商品化」であり、「アエタ女性はアエタ男性に権利を侵害されている」と指摘し、ドゥロ慣行は「家父長的なアエタ社会において、女性が低い社会的地位に置かれていることを意味している」[Apuan 1992: 13]。アプアンの議論については、吉田［二〇一〇］を参照。

(13)　婚資を女性の商品化のようだと指摘する研究者もいるなか、婚資の文化をもたない身近な平地住民からも、婚資の慣行は、女性を物品と交換するというのは、ひとつの下位文化であるというニュアンスで捉えられることもある。このような「動物じゃないんだから」という表現は、同じく、子どもを親戚や知り合いに養子に出して、複数の家庭で、共同で育てるようなアエタの子育て観に対しても向けられる。平地民の結婚式では、女性が食べ物の費用を受け持ち、そのほかの費用は男性が支払うことが多い（表5―1）。

(14)　イスラーム研究者のレイラ・アフメドは、ムスリム女性を取り囲む環境について、ヨーロッパの政治的・文化的な侵略により、「女性を管理し、隔離し、また社会の主要な活動領域から女性を排除する社会的な機構やメカニズムが、徐々にではあるが消滅していった」[Ahmed 1992 = 2000: 182] というものの、「女性の抑圧に対する解決策として、自分たちのもともとの文化を放棄することが課せられたのは、植民地化されたり、支配されたりしていた社会のみであり、西洋社会ではなかった」[Ahmed 1992 = 2000: 183] と指摘する。アエタの場合も、婚資慣行がなくなっていく経済的意味と同時に、平地文化との関係性を政治的観点から考慮する必要がある。

(15)　この団体は、避難先でもサパのアエタの支援を行ない、アエタがサパに帰郷した後は、協同組合事業のほか、平地の学校に通うアエタの就学援助を行なった。

表5-1　結婚における婚資と出費分担

結婚のタイプ	婚資	婚礼の費用
アエタ女性＋アエタ男性	請求できる	男性が払う
アエタ女性＋平地民男性	請求できるが、アエタ男性より金額は少ない	両者が払う
平地民女性＋アエタ男性	なし	両者が払う
平地民女性＋平地民男性	なし	両者が払う（注）

注　平地民の結婚式では、女性が食べ物の費用を受け持ち、その他の費用は男性が支払うこともある。

(16)　パミララムは、マガンチ・アエタ語で組合の意。サパの組合は生活協同組合と同時に、会員が山でつくった炭や農作物も販売できる、生産者協同組合でもあったため、多目的の協同組合とみなされた。

(17)　当時の市場からの運送費は、買出しの量にもよるが、少ないときでトライシクル（乗り合い二輪車）一台が五〇ペソであった。量が多いときは、荷台をつけた水牛の場合、一五〇ペソ、ジプニーを借り切ると、二〇〇ペソはかかった。

(18)　調査を開始した頃、ベルは、サパで唯一人の産婆であった。そのため、当時、サパの女性の出産は、すべて彼女が介助していた。また、ベルは薬草にもくわしく、妊産婦の健康や子育ての相談役のほか、住民のけがや発熱などの治療をしていた。ベルハ、医師のような存在でアリ、サパのアエタから大きな信頼を得ていた。また、夫がサパのアエタの首長であることから、夫の不在時には、サパを訪れる行政関係者や、社会見学で訪れる地元のハイスクール生や大学生のインタビューに応じたり、ホームステイを受け入れたりするなど、外からの客への応対もしていた。さらにベルは、避難生活をしたときには読み書きを覚え、商売など、平地民との交渉に欠かせない人物であった。

(19)　フィリピンの協同組合は、協同組合開発庁（ＣＤＡ）に登録しなければならない。登録には、理事や役員に相応の学歴や実務経験が必要とされ、年次報告書提出の義務も課せられる。そのため、学歴はおろか、非識字者が多いサパでは、ＣＤＡの定款を参考にはするが、登録はできないまま、運営を進めることになった。

(20)　組合員を女性に限った理由は、支援団体が、協同組合を女性の生活向上の事業として援助したことにある。その背景には、男性は、ガイドや植林事業などの仕事に就労できたが、女性には収入機会がなかったことがある。

(21)　最低出資額は一〇〇ペソとしていたが、一〇〇～二〇〇ペソを出資した組合員が多く、なかには五〇〇ペソを出資した人もいた。一方で、出資金が支払えない家庭は、店舗の建設を手伝い、その労力をもって協同組合への加入条件をクリアした。ただし、この場合、この組合員が店舗でつけ買いをするためには、後日、出資金が準備できた時点で協同組合に出資する必要があった。

(22)　著者が把握しているだけでも、開設から二か月の間に四世帯が新規加入した。これら全員が、親戚近所から協同組合ではつけ買いができることや、毎年利益がもらえるという噂を聞いて加入していた。

(23)　サパでは、とくに、ピナトゥボ山に関わる仕事（環境団体の植林事業やガイド）での現金収入は、相互扶助の慣習が遵守されていた。昔から、創造主（Apo Namalyari）が住むと言われる山の土地の使用権は、誰もがもっており、唯一の個人の所有となるものは、その土地に植えた作物だけであった［David 2011: 115; Rusznak 2010: 174］。このような理念から、ピナトゥボ山やコミュニティに関わる仕事（環境団体の植林事業や生計向上事業、ピナトゥボ山のガイド）での現金収入は、相互扶助の慣習が遵守されていた。マルーの言う寄付金とは、ピナトゥボ山を訪れる観光客の入山料兼ガイド料のことである。そこでは、まず個人的にもらったチップも含め、村の寄付箱に収められ、その後、村の予算として分配された。用途内訳は、村内にあった四つの井戸の管理と修理（四〇％）、事故や急病の緊急費（四〇％）、ガイド料（二〇％）である［二〇〇一年八月五日　村会議の決議より］。協同組合の事業もまた、アエタの共同の営利活動と捉えられていた。

（24）返金期間の規程はなかったが、援助団体の関係者は、二年程度以内には返済が完了するだろうと見込んでいた。結局、協同組合は、二万ペソの負債を残して破綻した。

（25）例えば、二〇〇ペソを出資した組合員は、二〇〇ペソまでつけができたが、それを超えた場合、二〇〇ペソを返済するまでつけができないとされていた。

（26）つけ買いについて、ほかの地域で設立されたアエタの協同組合にも、つけのために経営が傾いた例がある［Tima 2005: 24-25］。そこでは、つけを埋め合わせるため、新しい組合員を勧誘する必要にせまられ、アエタの人間関係が悪化した。また、自由競争と伝統的相互扶助の関係から、ミクロネシアの金融事情の研究でも、一般的互酬性にもとづいた伝統的な相互扶助の感覚が支配的なために、銀行の貸し倒れが多いという。［上西・河辺　二〇一二］

（27）一九九七年末に、CDAに登録された協同組合は、四万五七二一組合であったが、そのうち三割は休眠組合であった［野沢二〇〇〇：一八六―一八七］。

（28）峯洋一［一九九九］は、「むら」の「分かち合い」の機能で成り立っている慣習経済において、つけの取り立てを迫ることは、モラルハザード倫理観の喪失として認識されるという［峯　一九九九：二五二］。これらは、市場経済化した現代においても、試行錯誤にともなう混乱から社会を守る安全装置としても機能している。そのため、フォーマルな社会保障制度が確立するまでのあいだ、慣習経済は少なからぬ役割を果たすという。

（29）この悪循環は、従来、貧困の文化論などで「貧困のサイクル（cycle of poverty）」として議論されてきたものである［Lewis 1959］。

（30）清水透は、季節性をもった農業労働から新規産業労働へと移行したチアパス高地のインディオの例を引いて、労働の多様化が階層分化を進めたことについて考察している［清水　二〇〇七：三一二］。

（31）そのうち、五〇ペソは協同組合の出資金に、一〇〇ペソは子どものミルク代、残りの一〇〇ペソは米代に充てる予定であった。この内訳からは、山仕事ができない代わりに、せめて内職の収入で子どもと家族の食費を確保したいという、ベルの期待が分かる。

第六章　解体型の労働と生活

一　ホームレス化する先住民

近年、フィリピンの都市部において、路上で生活する先住民が増加している。本節では、市場社会への参加が適わず、伝統的共同体からも断絶されたアエタについてみていきたい。また、先住民は、マニラのホームレスのどの部分にいるのだろうか。以下では、まずフィリピンにおけるホームレス全体の特徴と定義を行ない、そのうえで、アエタのホームレスを中心に、マニラで先住民が置かれている状況について考察する。

著者は、マニラで先住民の調査と連続させて路上で暮らすホームレスの調査を続けている。ホームレスは、アエタの「解体型」の典型、「解体」の最後の状態であると考えるが、まず、近年のマニラのホームレスの傾向について一瞥しておく。近年のマニラのホームレスには、つぎのような特徴がある。一つ、地方からマニラへ出てきて路上に留まる人が減少傾向にあり、マニラ生まれ、マニラ育ちのホームレス二世・三世が増加している。これには、二つの理由がある。まず、地方都市の工業化が進んで、雇用機会が増加したため、出稼ぎ者の流れが、マニラから地方都市へ移りつつあることである。また、親世代がマニラで路上生活を始めて、子ども世代、孫世代も、路上から退出することができず、路上生活を続けている。すなわち、マニラにおいて、ホームレスが世代を超えて再生産されている。二つ、家族連れのファミリー・ホームレスが、増加している。マニラのホームレス人口は、正確な統計はないが、一〇万人を超えると推定される。そしてそのなかに、ファミリー・ホームレスが多いと思われる。ゆえに、ホームレスの年齢層は幅広く、男性がもっとも多いが、子どもと女性も少なくない。その背景には、マニラの都市再開発や美化政策にともなうジェントリフィケーションがある。マニラで、大型ショッピング・モールやコールセンター、ＩＴ産業関連の企業が進出するなか、大規模な都市開発とそのための公共事業が行われている。資本の土地への投資が進んで、地価が高騰した。そのなかで、地価が上昇した場所に立地するスクオッターが、どんどん撤去されている。二〇一一年には、約一万五、〇〇〇世帯近くが、スクオッターを強制撤去された。そして多くの居住者が、路上に押し出されている。三つ、先住民のホームレスが増加している。地方で困窮する平地民の出稼ぎが少しずつ地方都市へ向かっている。その流れに乗る先住民もいるが、マニラに生活の機会を求めて出てくる人は多い。そこには、人間関係などの事情で、郷里の共同体やエスニック・ネットワークから断絶された（断絶した）人や、地域紛争（内戦）や自然災害のために難民状態になった人などが含まれる。

フィリピンにおいて、ホームレスは、人口の多数を占めるスクオッターの居住者の一部として捉えられるか、都市貧困問題の一部として、一括されて捉えられてきた[1]。そのため、路上で生活する人びとが、固有の「社会的存在」として取り上げられることはなかった。その結果、フィリピンでは、固有のホームレスに関する情報が、ほとんどなかった。行政資料や学術論文もごくわずかなものであった。したがって、ホームレスに対する行政施策も、ほとんどない。ごく近年、ようやくＮＧＯや教会団体による炊き出しがみられるようになった。しかしそれらは、どれも一時的なものであり、本格的で持続的なホームレスの救済までには、至っていない。二〇一五年より、政府や自治体による、路上のホームレスを対象とした具体的な生活支援が試験的に開始された。しかし、そこでの関心は、どのようにホームレスを一掃するかというものであり、ホームレスは、都市の「浄化」「美化」「治安」の対象として捉えるものであった。そこでは、アエタも、バジャウも、平地民も、「貧しい人びと」「犯罪者」というラベルをつけられ、排除の対象となっている。そこには、人びとがどのような事情で路上に押し出されているのか、路上でどのような生活をしているのかという問題のなかへ踏み込む視点は、皆無であった[2]。

フィリピンでは、だれがホームレス（路上生活者）と呼ばれているのだろうか。そこには、発展途上国特有の事情がある。先進産業国においては、人びとがホームレスになる経験や背景について、失業や住居の喪失、低学歴、貧困といった要因が挙げられることが多い。しかし、フィリピンでは、そもそも、スクオッター居住者も、路上生活者と等しくこのような状況に置かれている。そこで、ホームレスとスクオッター居住者の差異についてみていこう。そうはいっても、簡単なことではない。まず、マニラには、スクオッターと路上を行き来する人が多い。本書の第八章で考察する予定であるが、バジャウがその典型的な人びとである。多くのバジャウが路上で物売りや物乞いをしているが、そこには、数か月ごとに郷里を行き来する循環型の人と、マニラに生活基盤を移した定着型の人がいる。平地民の間では、「じつはバジャウは、家を借りていて、物乞いが終わったら、ちゃんと家に戻っていくらしい」というような噂が流れている。実際に、バジャウには、スクオッターに間借りをしている人が多い。そして、彼ら彼女らは、一日の大半を路上で過ごし、スクオッターの部屋に戻って寝る。

このように、路上で物売りや物乞いをしてする人には、スクオッターの居住者もいれば、ホームレスもいる。スクオッターの居住者は、住む土地の居住権が認められないため、つねに強制撤去の危険がある。ゆえに、スクオッター居住者は、居住権獲得の運動において、いつ強制撤去を受けるかもしれないような状況は、ホームレスも同然であると主張する。他方で、ホームレスには、路上で段ボールを敷いた場所が、自分のホームのようなものであるという人もいる。このように、働く場所、生活する場所、寝る場所において、路上とスクオッターの境界は、実質、入り組んでいる。このようなボーダーレスな状況を区別することは容易ではない。そのため、分析の目的によって、区分を工夫する必要がある。たとえば、路上の取り締まりを考慮に入れてホームレスの実態をあきらかにする場合は、定住者であるスクオッター居住者は、外される。また、都市底辺層の空間移動を考慮に入れてホームレスの実態をあきらかにする場合は、スクオッター居住者を考慮に入れなければならない。本章では、解体型と考えられる先住民の生活を分析するために、路上で寝起きするアエタを考察の対象にする。また、これらの人びとを解体型の先住民の事例とみなし、彼ら彼女らが路上に押し出される経緯と路上での生活実態、とくにネットワークについて考察する。

本書において解体型とは、個人化の傾向にあり、市場への参加度が低い人びとのことを指す。仮説でいえば、理想型としての「参入型」の対極にある類型で、もっとも厳しい状態にある人びとの類型である。ここで個人化とは、郷里や家族などとの「強いネットワーク」が断絶されて（断絶して）いることを指す。またこれは、平地の労働市場で雇用されることがなく、市場社会において、積極的に消費活動ができるほどに収入の機会や生活資源をもたない人びとである。彼ら彼女らの多くは、路上において、いつ切れるかわからないような、「弱いネットワーク」を使い分けながら、毎日、綱渡りのような状態で命をつないでいる。マニラでは、長期にわたって路上で寝起きをしているアエタは、少ない。著者も、調査のなかで、一時的にマニラに出て物乞いをしているアエタに遭遇したことはあるが、たいていの場合、生活基盤を地方に置いており、数か月で帰郷していく。また著者は、二〇一一年より、マニラの路上で生活している人びとの聞き取り調査を続けてきたが、そのなかで、長い間、マニラの路上で生活しているホームレスのアエタは、つぎに紹介するイッサだけであった。しかし、このイッサの経験から、アエタの解体型の様子を推測することは十分に可能であると考える。他方で、路上で仕事をしているバジャウは多い。しかし、その多くは、スクオッターに住んで家を借りている。仕事の場所近くのスクオッターで、ミンダナオ出身者が経営する簡易宿泊所に泊まっている人もいる。彼ら彼女らは、厳密には、ホームレスではない。ただし、宿泊場所が見つからなかったり、スクオッターの空き部屋を待っているときに、テントなどを張って路上で生活をすることがある。これは、ホームレスである。バジャウのエスニック・ネットワークについては、郷里の親戚と連絡をとっていることが多いが、連絡をとっていなくても、マニラで出会ったバジャウとネットワークを形成している人もいる。さらに、バジャウのホームレスの多くが、路上で生活することを、宿が見つかるまでの一時的な状態だと考えている。これには、生活基盤が郷里にあると考えて物乞いなどをするバジャウだけでなく、マニラで暮らしたいと思っている人びとも含まれる。すなわち、バジャウの場合、アエタや平地民のホームレスと比べて、いずれは路上から退出するつもりである人が多い。それは、バジャウの間では、都市でのエスニック・ネットワークが、十分に機能しているためだと考えられる。

二　エスニック・ネットワークからの断絶

長年、路上で生活している先住民のなかには、家族や親戚との関係が断絶した単身者がいる。一般に、途上国では、家族や親族と路上で暮らすホームレスが多いが、それでも数のうえでは、単身で暮らすホームレスが多い。つぎは、路上で暮らして三年目になるアエタ女性イッサ（五三歳、女性）の話である。

（イッサの郷里である）サンバレス（Zanbales）においでよ。いい所よ。バカウェ（仮名）の出身なの。あなたなら、いつでも歓迎するわ。（でも、もし私がその集落に行っても、あなたはいないですよね。あなたが村に帰るとき、いっしょに行ってもいいですか。）ああ、まあ、それはそうだわね。まあ、もう村には帰らないけど、あなたが行く機会があれば、

行ったらいいわ。［イッサ 二〇一二年九年三日、S教会の炊き出し会場にて］

イッサのようなホームレスは、住み込み労働者やスクオッター居住者のように、固定電話や携帯電話で郷里の家族や親戚に連絡を取る方法がない。ゆえに、郷里の家族が彼女を探し出すことは容易ではない。彼女が郷里に帰る以外に、家族と連絡をとる方法はない。一般に、先住民と郷里とのつながりは、先住民が都市に出る事情によって異なる。また、マニラでの生活環境や仕事の状態、滞在期間なども、つながりの程度に関わってくる。イッサの場合、「経済的資本の調達にあたって重要な枠割を果たす」［樋口　二〇〇五：七］という意味での、郷里との強いネットワークは、断絶している。それでも、イッサは、郷里への愛着を忘れず、郷里を賛美している。また、郷里の家族や親族との間になにかいさかいがあったわけではなかった。イッサはそのように言うが、多くのホームレスと同じく、本当の理由は別にあると思われる。

兄は私がマニラに来た後も気をかけてくれたわ。兄の家で暮らせばって言ってくれてたわ。それ聞いて、みんなは「優しいお兄さんじゃない」って言ってたけどね。路上で暮らすようになる前は、兄の家で暮らしたこともあったの。大きな家だったわ。でも、昼間は一人きりでやることがない。とにかく暇なのよ。だから、私は、あんな所にいるより、路上へ出て暮らした方がいいって思ったの。

［イッサ 二〇一二年九年三日、S教会の炊き出し会場にて］

イッサは、路上に出てきてからも、兄から小遣いをもらうこともあったが、現在では、兄とも連絡が途切れている。イッサの父親はアフリカ系アメリカ人で、スービック（Subic）海軍基地の兵士であった。その父と母親が別れた後、イッサはバカウェという集落で、母親と暮らしていた。母親が死んだ後も、イッサは結婚をせず、仕事にも就いていなかったので、イッサは、一人になり、兄夫婦の家に居候することになった。しかし、兄の家族が仕事に出かけると、イッサだけが家に残ることになる。兄夫婦が働いているのに、イッサだけが「とにかく暇」な状況が続いて、次第に肩身が狭くなっていった。こうしてイッサは、兄の家を出ることを決めた。しかし、路上の暮らしは、考えるより厳しいものであった。炊き出しの会場でイッサの診察をしている医師によれば、彼女は、白血病を患っており、病状は思わしくない。物売りをしたくても、足腰が弱くなって、体力もない。おまけに、なにかを始めるための資金もない。しかしイッサは、どんなに落ちぶれても、通行人に金銭を乞う行為だけはしたくないという。ゆえに、火曜日から日曜日まで、弱った体を引きずる思いで、炊き出しの会場を回って、命をつないでいる。炊き出しがない月曜日は、食事ができない。このように、イッサは、生死の狭間にいるような日々を送っていても、「村には帰らない」と断言する。著者は、イッサと、ほかの二つの炊き出しでも会って話をしたが、結局、郷里を離れた本当の理由は聞けなかった。しかし、たしかなことは、彼女と郷里との縁は完全に断絶している（されている）ということである。イッサのように、一日一度の食事ができるかどうかという厳しい生活を選んでいるホームレスで、郷里に戻れない事情があったり、郷里の生活が苦しいことを知っていても、「いい所」だと、望郷の念を抱き続ける人は多い。彼ら彼女らは、「両者のつじつまを合わせることなく、併存させることによって、どん底の都市生活と困窮した農村生活をともに生き抜く創造力を生み出してきた」［松田　一九九六：二六六］人びとである。逆に、郷里との心のつながりの深さのなかに、都市で暮らす人びとの境遇の厳しさを窺うことができる。

三　路上のネットワーク

先住民がホームレスとなり、路上で形成するネットワークは、どのようなものであろうか。たとえば、ガードマンと顔見知りになって、閉店後の商店のシャッター前で寝たり、ショッピング・モールの入り口で物乞いをする先住民を、黙認してもらったりする。飲食店では、警備員や店員と顔見知りになって、トイレや洗面所を使わせてもらったり、飲料水や売れ残りの食べ物をもらうこともある。また、先住民ホームレスは、平地民ホームレスとのネットワークを形成している。そして、警察の取り締まりの情報や、安全に寝ることができる場所の情報、炊き出しの情報、飲料水がもらえる飲食店の情報などが、先住民と平地民の間で共有される。それは、双方にとって厳しい路上の生活をしのぐ「生き抜き戦略」である。相手はだれであれ、相互扶助なくして路上で生きることは叶わない。ゆえに、ホームレスにとって、路上のネットワークは重要である。

はじめはなんにも分かんなかったよ。炊き出しのことだって知らなかったし。でも、ほかの人たちが教えてくれたの。ご飯くれるところがあるっていうから、私もついて行ったの。みんな平地民よ。マニラに出てから、ほかのアエタには会ったことがないわ。［イッサ 二〇一二年九月二日、E教会での炊き出し会場にて］

イッサは、三年前に地方から出てきた。しかし現在は、家族や親戚とは完全に絶縁している。マニラで、ほかのアエタと接触する機会はない。このようにイッサは、先住民とのネットワークをもたない一方で、平地民との間に、さまざまなネットワークをもっている。イッサは、日中は、マニラ市内（City of Manila）の炊き出し会場を一人で回っ

表 6-1　マニラ市内のホームレスを対象とした炊き出し事業の比較

会場	活動内容	ボランティア	参加者管理／配給システム
EC 教会	・ミサ（祈りの時間） 3 時間（賛美歌、説教等） ・配給：ミートボールと白飯 ※おかずに必ず肉を入れる ・シャワー無料 ・医療サービス：非公式、個人的に診察、薬・処方箋などの医療サポート	教会関係者、路上生活者（リーダー）	リーダーが参加者をリスト化、関係者による配給用の食べ物に対するガードが厳しい
SF 教会	・ミサ（1 時間半） ・食事：スープ、野菜、白飯 ・散髪 ・シャワー ・医師による医療サービス ・睡眠スペース：6 時に体育館開放 ・洗濯：P1 ／脱水機使用料	教会関係者、路上生活者（リーダー）、医師	食べ物には見張りなし（イエスの写真の前に置いてある） 主催主発行の ID 保有者を優先（事前に路上で面接）
BS	・ワークショップ ・配給：ハンバーガー（850 個） ・韓国人看護士による医療サービス ・散髪 ・路上教育	教会関係者（韓国人教祖、フィリピン人信者によるバンド、路上教育者、韓国人学生ボランティア）	参加者は腕にスタンプ。14 時から踊りや賛美歌、サービスに参加しているものが優先（参加者は小さい椅子を持参）

会場	当日の参加者	政府の関与	日時	宗教／献金※
EC 教会	263 名。高齢者が多い。19 時までは路上生活者と一般向け（元路上生活者もいる。ただし座る席は離れている）その後は、配給まで路上生活者のみ	なし	木曜日 17 ～ 21 時	カトリック 献金 2 回
SF 教会	子ども → 高齢者 → 女性 → 男性の順番で配給される。	マニラ市、DSWD	日曜日 6 時に開門 ミサは 10 時過ぎから 12 時まで。	カトリック 献金 1 回
BS	300 人以下。子どもが多い	マニラ市	日曜日 14 時～ 17 時	プロテスタント 寄付箱が常設

※宗教とは、主催教会の宗教。寄付とはミサや祈りの時間の献金のこと。回数は 1 回の炊き出しで参加者から献金を集めた数。

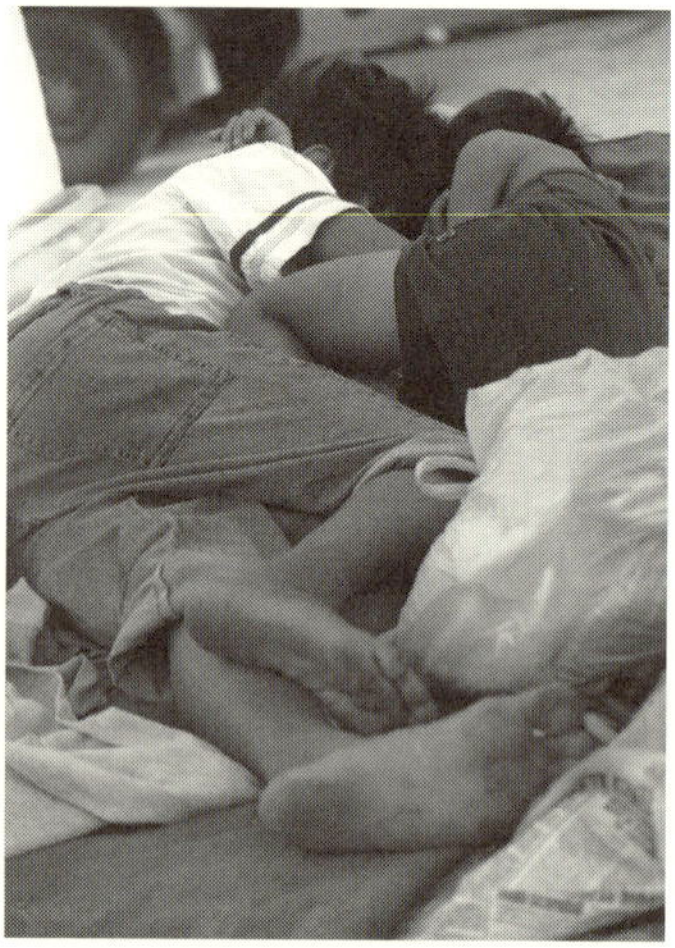

写真14　身を寄せ合って路上で仮眠をとる子どもたち［John Lagman 撮影 2012 年］

ているが、夜に寝るときは、身の安全のために、同年代の平地民の女性、三〇代のシングルマザーとその二人の子どもと、五人で一か所に集まって寝る。ほかのホームレス女性も、イッサと同じように、日中は炊き出しや物乞いなど、それぞれが別々に行動している。また、日中に知り合った人びとと食べ物や現金を分け合うことは、ほとんどないという(3)。女性のホームレスは、ホームレスのなかでも弱い立場にある。彼女らは、夜間に、通行人や男性ホームレスによって嫌がらせを受けたり、レイプされたりする危険にある。それらの暴力から身を守るために、夜間だけでも何人かで集まっていっしょに過ごしている（写真14）。

イッサは、炊き出し会場で、時どき「リーダー」という役割を任される。これは、ボランティアになって、炊き出しを主催する団体の補助をする係である。ミサや説教に定期的に参加し、主催者の信用を得ることができれば、その会場でのリーダーの役を任される（表6―1）。炊き出しの会場では、このようなリーダーが、毎回数人おり、配給前のミサや説教の時間に喧嘩をしていないか、教会にふさわしくない行動をしていないかなどを監視する。このように、主催者は、ホームレス同士で監視させたり、出欠を把握するために参加者リストを作らせたりする。また、ミサのなかで献金を集める役割もリーダーに任される（表6―1の参加者管理・配給システムの欄を参照）。さらに主催者は、炊き出しの二重配布を避けるため、配給が終わったホームレスの手にスタンプを押したり、簡単なIDを作ったり、再入場ができないように、入り口をふさいで出口だけに通路を作ったりする。ホームレスのボランティアは、これら一連の流れのなかで、主催者を補助し、その対価として食べ物を優先してもらったり、余った食べ物をもらったりする。

ホームレスへの炊き出しは、多くが宗教団体によって行われている（写真15）。大きな教会では、日と時間を決めて炊き出しを行なっている（韓国人やインド人の宗教者による炊き出しもある）。そのため主催者は、たんにホームレスに食事を提供するだけではなく、手を合わせて神に祈ることを求める。食べ物が配られる前に、カトリックの神父やプロテスタントの牧師による説教が、一時間から三時間ほど行われる（表6―1）。そのため、イスラム教徒など、ほかの宗教を信仰するホームレスには、自分の信仰とは異なる神への祈りを強制する炊き出しに抵抗を覚える人もいる。また、炊き出しのおかずに、豚肉を使う料理が多いため、バジャウなど、ムスリムのホームレスは、炊き出しに参加できない。このように、行政や民間によるホームレスへの支援事業には、ホームレスの事情を顧慮しないなどの問題が多い。

写真15　カトリック教会での炊き出し前にミサに参加するホームレス［John Lagman 撮影　2014年］

イッサは、朝はカトリック教会の炊き出しに参加し、昼はそのままプロテスタントの集会に参加し、夜はインド人が夜食を提供する寺へ移動する。それぞれの会場でそれぞれの賛美歌を歌う。ときには、牧師と話をして泣き崩れたり、トランス状態になったり、気を失ったりすることもある。いずれも多くの場合、ホームレスが生き抜くための戦略である。

ミサや集会なんかで、神父や牧師からいろんなことを教えてもらえるよ。でもね、そこで教えてもらったことは、右の耳から入って、全部左の耳から出ていってる。（笑）だって、食べるためには必要なことだもの。歌えと言われれば歌うし、踊れと言われれば踊る。説教の間、座ってるだけで食べ物がもらえるなら、いくらでも座ってるわよ。
［イッサ 二〇一二年九月二日、E教会での炊き出し会場にて］

このように、食べ物や医療サービス、衣服などの援助を受け取るために、信じていない神に祈りを捧げ、主催者に忠実で、学生ボランティアや、事業の支援者に対してフレンドリーな態度を装わなければならない。このような空間で演出される人との接触は、もとより、家族や親族の紐帯のように強く、持続的なものではなく、すぐに切断される一時的なものである。(4) しかしそこには、「弱い紐帯の強み」［Granovetter 1973］がある。ネットワークがすぐに切断されるはかないものであるからこそ、つぎのネットワークを「難なく」つくる必要がある。このように、路上では、人びとの結合と解体、再結合が繰り返されている。このテクニックを習得すること。それは、ホームレスが路上で生きるための必須の条件となる。

他方で、このようなネットワークをもたないホームレスもいる。炊き出しの会場に入らず、会場の外で物乞いをする人、空腹感を麻痺させるために、ラグビー（覚醒効果のある接着剤）を常用する人、精神を患ってほかのホームレスから疎外されている人などが、それである。これが、ホームレスのなかの下層の、市場社会の最下層の人びとである。彼ら彼女らは、街路において、だれからも孤立し、エスニック集団のメンバーとしての共同性さえ喪失して、金銭を稼ぐことも、物乞いすることも、炊き出しの列に並ぶこともできない（諦めた）人びとである。市場社会は、このような、社会から「廃棄された人びと」［Bauman 2004=2007］を生み出す。そして、その危険がより大きいのは、市場社会に参加できた先住民ではなく参加できない先住民、イッサのように生き抜くための資源をもつホームレスではなく、もたないホームレスである。これが、市場社会に参加できない解体型の先住民の最後の姿である。

注

（1）新聞やメディアなどで homeless の語が使われているときは、地域紛争や自然災害や火災などで家を失った人のことを指すことが多く、路上で暮らす人には street dweller（路上の住人）、Street people（路上の人びと）などの語が使われる。ホームレスの呼称については、Roque［2012］が詳しい。

（2）フィリピンでは、児童福祉の観点から、ストリート・チルドレンに関する行政資料は豊富で、支援する団体も多い。しかし、大人を含むホームレスについての行政資料や学術論文は少なく、施策は貧弱で、支援団体の数も少ない。

（3）路上で物乞いをするバジャウの女性への聞き取りでも、同じような話が出た。「一度もらったものは、ほかの人には分けないわ。いくらお腹がいっぱいでも、もらっておくの。ほしいなら自分でもらえばいいのよ。自分がもらったものは自分のもの。私たちはこうなのよ」［Ismah　二〇一一年八月一七日、モールの入り口にて］。

（4）ただし、これは炊き出しに参加するホームレスだけではなく、主催者についても同じである。R教会の主催者は、教会の近くで飲食店を経営しているが、炊き出しと仕事をはっきり区別している。「たまに炊き出しの参加者が、私の職場に『食べるものがないんです』ってくることがあるの。そういうのが嫌なの。私は、個人的なコミットメントとして炊き出しの活動に関わってるの。だから、仕事のときは仕事。炊き出しのある日はちゃんと参加者に耳を傾けるようにしてる。だから、そういうときは、職場には来てはだめだって伝えて、帰ってもらってるわ。」［Jasmin 二〇一二年九月二日、R教会内にて］

第七章　先住民の相対的底辺化

一　カテゴリー化される〈差異〉

本書は、アエタが先住民であることによって、市場社会において労働するときに課せられるさまざまな困難について考察してきた。彼ら彼女らが平地民の雇用主に雇用されることもあれば、平地民を顧客とすることもある。また、先住民という周縁性を逆手にとって、すなわち、先住民性を商品化して、平地民に売り出すこともある。労働における先住民という差異の機能は、政治的・社会的な文脈によって変わる。本章では、「アエタ族」であるがゆえに就労機会が与えられた一九五四年以降の米軍基地時代の労働にみる差異と、一九九七年以降に避難先から帰郷した後の労働にみる〈差異〉について考察したい。

1　米軍基地時代のアエタ優遇にみる差異

まず、市場社会に参加する前にアエタが携わっていた米軍基地における「労働」と、そこで動員された差異についてみていきたい。それは、サパの経済史（二章二節）に沿えば、第二期にあたる時期の労働である。一九五四年より、米軍基地において、アエタの男性が、軍施設の守衛や雑用係として雇われるようになった。それに合わせて、家族や親族も、米軍の保留地に移住させられた。当時、マニラ郊外の農場の労働者や、家事労働者として出稼ぎに行く人もわずかにいたが、たいていのアエタは、基地関係の労働と山仕事を両立させて、生計を立てていた。基地関係の労働において、アエタと米軍関係者は、雇用関係にあり、報奨金や給料が支払われていた。当時のアエタは、基地の仕事で優遇されており、また雇用条件が、当時のフィリピンのなかでも恵まれていたため、平地の市場社会と積極的に関わる必要がなかった。サパには、米軍がいかにアエタを優遇してくれたかを、誇らしく回顧する人は、今も多い。著者も、「アメリカの時代は良かった」というアエタの言葉を、聞くことがある。アエタは、市場社会に参加することなく、基地の仕事と山の仕事で生計をまかない、共同性を維持していた。すなわち、商品経済にかく乱されることなく、共同性が維持できたのも、ひとえに、条件がいい基地の仕事があったためと思われる。

基地時代、米軍は、アエタの先祖伝来の土地を使用するかわりに、仕事や生活保障の面で、アエタを「優遇」する方針を取っていた。まずは、一九五四年に、アエタの男性が基地関連の施設の守衛として雇われ、続いて、飛行技士の雑用係として、女性は洗濯婦としてとして雇用された。米軍は、労働者が必要になると、アエタの集住地へ来て、直接に労働者を募った。

ある日、村にアメリカ人がやってきて、子どもたちを集めてなにやら話してたんだ。僕が英語が理解できるって分かったら、「英語が話せるのか？　よし、気に入った。お前を信じよう。基地での手伝いが必要だから、明日までにあと五人ほど集めてくれ」って言われたんだ。当時は学校に通っていたけど、親は許してくれたよ。授業が終わったら基地に行って飛行技士のアシスタントの仕事をしたんだ。［ミロ 二〇一二年三月二二日］

ミロは、午後五時から九時まで四時間働いて、月に一四〇ドル（当時のレートで約八四〇ペソ≒一六八〇円）の賃金であった。その仕事の魅力は、賃金だけではなかった。家事手伝いや農場労働者として出稼ぎ先で、非人道的な扱いを受けたり、屈辱的な思いを抱くような仕事に比べれば、条件のいい仕事であった。また、基地では、賞味期限が切れる少し前のパンや缶詰、少し傷んだリンゴやブドウなどの輸入果実を、無償でもらうことができた。アエタは、それを市場で売って換金したが、基地の物資は品質が高く、希少性があるので、市場では高値がついた。それは、アエタにとってありがたい臨時収入であった。

このような状況にあって、アエタも、米軍に対して、仕事やサービスを受けるために「アエタ族」であることを積極的に押し出した。平地民が、基地に立ち入ることは禁止されていた。身長が低く、肌の色が黒く、頭髪が縮毛という、あきらかにアエタの外見であるか、もしくはその配偶者であれば、基地への出入りが自由にできた。また、基地内の病院や学校教育のサービスを受けられることは、まさにアエタの特権的優遇であった。そのため、平地民に頼まれて、軍人に口をきいてやり、基地の医療サービスを受けさせたり、基地内の家庭で出た不用品を回収するために、アエタが、平地民を自分の配偶者であると偽ることもあった(3)。

このように、米軍がアエタを優先的に雇用し、労働者が必要なときは「アエタ族」の人集めをし、アエタの方も、そのことを戦略的に利用していた。もとより、基地での労働は、守衛や洗濯、清掃、ごみ拾いなど、アエタの民族性を必要とするものではなかった。それらは、平地民でもこなせる仕事であったが、米軍は、アエタだけを雇用した。アエタは、その理由を、米軍が彼ら彼女らの先祖伝来の土地を使用する代償であったと話す。他方、当時、現役だった米軍兵士のエッセイなど、残された資料などには、フィリピン政府に見放された、可哀そうなアエタを「救済してあげている」というような、米軍のまなざしがみて取れる。しかし、本当の米軍の意図が、はたしてそうであったのかどうかには、疑念が残る。たとえば、米軍関係の記録によると、米軍がアエタに医療を提供したのは、じつは亜熱帯病の研究のためであったといわれる［Truesdell 1974］。また、米軍がアエタを優遇した背景には、フィリピン国民としてのアイデンティティが強く、反米感情を抱いているかもしれない平地民を雇用するより、フィリピン国民から外されてきたアエタを雇用する方が安全と考えたとも思われる。アエタと平地民の関係の歴史的な経緯から、アエタは、かつては平地民に恐怖心や敵対心を抱いていた。またアエタは、第二次世界大戦のときには、山岳地帯で米軍を助けて日本軍と闘ったという歴史の体験もある。当時のことを知るアエタは、「アメリカ人は平地民を嫌っていた。それは、基地に入ったりすると、すぐモノを盗んでいくからだ」「平地民と混じり合うアエタは、住まいを別の場所に移動させられた」などと、米軍が平地民に嫌悪感を抱いていたことを、「もっともなこと」と話す。換言すれば、米軍にとって、従順な先住民のアエタは、使いやすかっただけでなく、アエタと平地民の疎遠な関係を巧みに利用していたとも思われる。

2　一九九〇年代以降の労働にみる〈差異〉

ピナトゥボ山の噴火後、「アエタ族」だからこそ得られる収入の機会は、さらに多様化した。近年、アエタが就労している仕事には、基地時代とは異なる〈差異〉がみられるようになった。それは、「アエタ族」という先住民性自体が、市場社会において価値をもち、商品化されるようになったことである。

家事労働者や店番のように、とくに労働内容と民族性に関わりがない仕事であっても、あえてアエタを好んで雇用する平地民が現れるようになった。

この子たちは、物乞いしてるようなほかの先住民[4]とは違うわ。ただ、機械の使い方とか、教えないといけないけどね。とても心がピュアなのよね。だからお金も安心して任せられるの。［チン　二〇一一年八月二九日］

チンは、知り合いから、アエタが「純朴で従順」であると聞いて、サパのアエタを紹介してもらった。雇用主がアエタを雇用する動機に、安い労働力というだけではなく、「民族性」の要因が介在するようになった[5]。このほか、観光ガイドやフィリピン軍の訓練アシスタント（ジャングルで草木を切り、兵士を歩きやすくする作業）、産婆のマッサージなど、アエタがこれまで培ってきた知識や技術を活かす仕事も現れるようになった。

アエタであること自体が価値をもつ労働が現われるようになったのは、火山の噴火やその後の生活のなかで、アエタが外国人や平地民と接する機会が増加し、民族的な差異が、あらためて注目され、市場価値をもつようになったためである。火山の噴火の後、アエタは、災害被害者として国の内外から関心を寄せられていった。山仕事だけではなく、基地の仕事も失ったアエタは、支援団体の現地アシスタントをしたり、テレビに出たり、映画のエキストラをしたり、アエタの歌や踊りを披露したりして、食料や収入を得ていた。それまでの山仕事に関しても、狩猟・採取した収穫物は、市場で販売するだけではなく、「ネイティブ」なものとして、観光客やＮＧＯ関係者に販売するようになった。また、今やサパは観光地であり、火山灰や自然を見世物にするだけではなく、「アエタ族」の村や人と触れ合うことが売りとなった。そのときアエタは、平地民とは異なる「伝統」文化や生活スタイルなどの珍しさを演出する必要がある[6]。たとえばアクセサリー作りでは、ブレスレットにマニラで買ってきた十字架をつけたり、サイズ調整ができるように、自然素材の紐ではなく、市場で市販されているゴムを使用したものがアエタの「伝統的な」民芸品として販売される。このように、アエタは、現金収入を得るために、差異を強調するようになった。そして、そのようなサパの観光を支えたのは、「アエタ族」の文化を尊重しつつ「アエタ族」とともに観光開発と地域振興をめざすという呼びかけの、開発関係者のプロモーションや、国の観光政策であった。このように、「アエタ族」であることが、国家、雇用主、顧客、アエタ本人の、それぞれの利害に則って、強調され、利用されている。

表 7-1　サパ・アエタの雇用に関わる民族性

職種	内容	民族性
国内出稼ぎ	洗濯、食事、子守などの家事手伝い	インフォーマル
観光業	セラピスト、スパ施設でのマッサージ	インフォーマル
集落外（通い）	洗濯業	インフォーマル
ヘルスワーカー	出産介助、健康相談	フォーマル
NGO・町役員	NGO 事業、バランガイ事業の手伝い	フォーマル
幼稚園教諭	就学前教育	フォーマル
産婆	治療、指圧マッサージ	インフォーマル
内職	アクセサリ作り・販売 工芸品作り・販売	インフォーマル
国内出稼ぎ	雑貨屋、ネットカフェの店番、犬の世話	インフォーマル
観光業	施設や道の整備（土木建設作業）	インフォーマル
観光業	観光ガイド、写真係	フォーマル
軍隊関連	ジャングル訓練のアシスタント・通路整備	インフォーマル
集落外（通い）	国際空港の整備・清掃業務	インフォーマル
観光業	写真モデル、民族衣装での写真撮影	インフォーマル
観光業	ガードマン、リゾート施設の守衛	インフォーマル
観光業	雇い主とアエタ・スタッフの調整役	インフォーマル
観光業	リゾートでのウェイトレス、ウェイター	インフォーマル
山仕事	焼畑：イモ類、豆類 狩猟：イノシシ、野鳥、カエル、ヘビ、オオトカゲ 採集：バナナ、パパイヤ、ショウガ	インフォーマル
集落外（通い）	土木作業	不問
家畜	水牛の飼育とレンタル（荷物運び用）	不問

（2012 年筆者調査データ）

3　〈差異〉による相対的底辺化

市場社会において、近年、アエタはどのように〈差異化〉され、その境遇が底辺化しているのだろうか。つぎに、それを就労条件の面からみていきたい。市場社会においてアエタが就労する仕事には、アエタであることが、暗黙に条件とされている仕事と、雇用の条件として制度化されている仕事がある。表7―1は、アエタという民族性と、雇用内容や労働条件の関係を示したものである。みられるように、民族性がまったく求められない仕事は、土木作業と家畜の飼育くらいである（民族性欄の「不問」の部分）。他方で、観光業や家事労働には、雇用規約にアエタでなければならないというきまりはない。しかし、それらの仕事には、雇用主と雇用者の間に「アエタが望ましい」という暗黙の了解がある。そのため、アエタが優先的に雇用される（表7―1、民族性欄「インフォーマル」）。

これに対して、近年、アエタであることを明確に制度化した仕事が、現われている。観光地のサパが、海外の旅行者を誘致(7)し、アエタが、地域経済の振興に大きく貢献するようになった。それにともなって、アエタの観光ガイド、サパのアエタを支援するNGO職員や役人、アエタ語を教える幼稚園教諭など、制度的に差異を組み込んだ仕事が、増加している（表7―1、民族性欄「フォーマル」）。

こうして、バランガイの活動から除外され、援助されるだけの存在であったアエタが、地域活動の表舞台に出るようになった（写真16）。しかし、差異が暗黙に了解されている仕事も、差異が明確に制度化されている仕事も、いずれも労働条件は、安定した雇用といえるものではない。サパで安定職とされているリゾートスタッフも、台風による土砂崩れのため、過去三年で二回、最長で六か月間、営業ができない状態であった（写真17）。そのとき、アエタのスタッフは、無給のまま自宅待機させられたり、出勤時間が半減したりした。さらに、観光業には、自然災害や事故によって、突然、失職するという不安がある。また、差異が制度化された仕事の場合は、定期的に賃金や手当がもらえるという点で安定しているが、賃金は安く、それだけで生計を立てることができないことが多い。このようにアエタの雇用労働は、全体として、同じ仕事のより高い地位（リゾート

写真16　市長と記念撮影をするバランガイ長とアエタ役員［筆者撮影　2012年］

写真17　トレッキングコースの途中、土砂崩れで火山灰がむき出しになっている。［筆者撮影　2012年］

施設の事務員、NGOの運営役員、バランガイの重役など）に比べて、労働条件は劣り、賃金は低位な水準にある。

アエタの労働における差異／〈差異〉の意味付与は、過去六〇年の、異なる社会的文脈のなかで変容してきた。サパのアエタがはじめて賃労働に就労したのは、第二次世界大戦後の米軍基地における労働であった。当時のアエタは、平地の労働市場に依存することはなく、基地労働と伝統的仕事を両立させて生計を立てていた。

一九九〇年代以降、クラーク経済特別区を中心に、地域経済開発が進められるなか、アエタは民族的特性に基づく差異をもって労働市場に参加していった。しかし、地域の労働市場において、アエタという民族的特性は、「関係的・序列的特性に転位」［藤田　一九九一：一二二］されて、階層化を促すカテゴリーとしての〈差異〉となった。こうして、アエタは、平地社会の階層構造のなかで、「アエタ族」という〈差異〉によって、まるごと最底辺に組み込まれていった。

二　貧困の共有から貧困の分有へ

先にみたように、仮説類型の「適応型」においては、市場社会への参加度が高くなるが、伝統型にみられる強いエスニック・ネットワークは、弛緩していく。つぎに、ネットワークの観点から、伝統型、適応型、解体型の特徴について考察したい。本節では、フィールドワークの事例に基づき、四章、五章、六章の記述に加え、八章で考察する予定のバジャウも含めて、先住民の共同体のつながり、先住民ネットワーク、先住民と平地民のネットワーク、さらに、一時的に形成されては解消される「弱い」ネットワークについて考察する。(8) これらの関係は、図のように示される。

「伝統型」において、先住民は、緊密なネットワークを形成し、生活のなかで相互扶助を行なってきた。「適応型」においても、先住民は、過酷な生活を乗り超えるため、「貧困を共有」するネットワークを形成する（図7―1、①）。

アエタは、協同組合において相互扶助を実践しようとした。観光事業では、ガイドの仕事で得られた寄付金を一度すべて集めて、村の運営のために、平等に分配した。また、七章でみるように、都市のバジャウは、頼母子講を形成した。これらはすべて、「適応型」における共同性の追及である。

なにごとも、自分が可能なだけ分け合うのが（アエタの）文化だよ。もし分け合うものがあればな。でも、分けるものがなにもなければ助けてあげられない。食べ物だったら、せめて自分が食べているものをいっしょに食べようと誘ったりしてな。だからもし、だれかが自分の家にそう言って来たら、自分だったら、そうやって食べさせるだろうよ。［ランシン　二〇一二年三月二六日、ベルの自宅前にて］

これは、山で自給自足に近い生活を営んでいた、当時八〇歳の長老ランシンの言葉である。彼は、この「できるだけ分け合う」アエタの文化を誇らしく語った。しかし、これは「分け合うものがもしあれば」の話である。なにもなければ助けることはできない。そのような状況は、すでにサパにおいて蔓延している。つぎは、病気で亡くなったアエタの通夜に来ていた五〇代の女性ルビリンの言葉である。

近頃は、だれも儲けを分けてはくれやしないわよ。さっきも、息子と話してたんだよ。死んだらみんな、こうやってお金を分けに来るけど、死んでから金を分けても意味がないってね。むかしは分けてくれてたんだよ。今はもう自分が精一杯でね、コツコツ頑張らないと生きていけないよ。そうじゃないと食べる物がない。唯一、きょうだいだけが助けてくれる。あぁ、話してたら泣けてきたわ……。

［ルビリン　二〇一二年三月二六日、サパの通夜にて］

図 7-1　市場社会における先住民のネットワーク

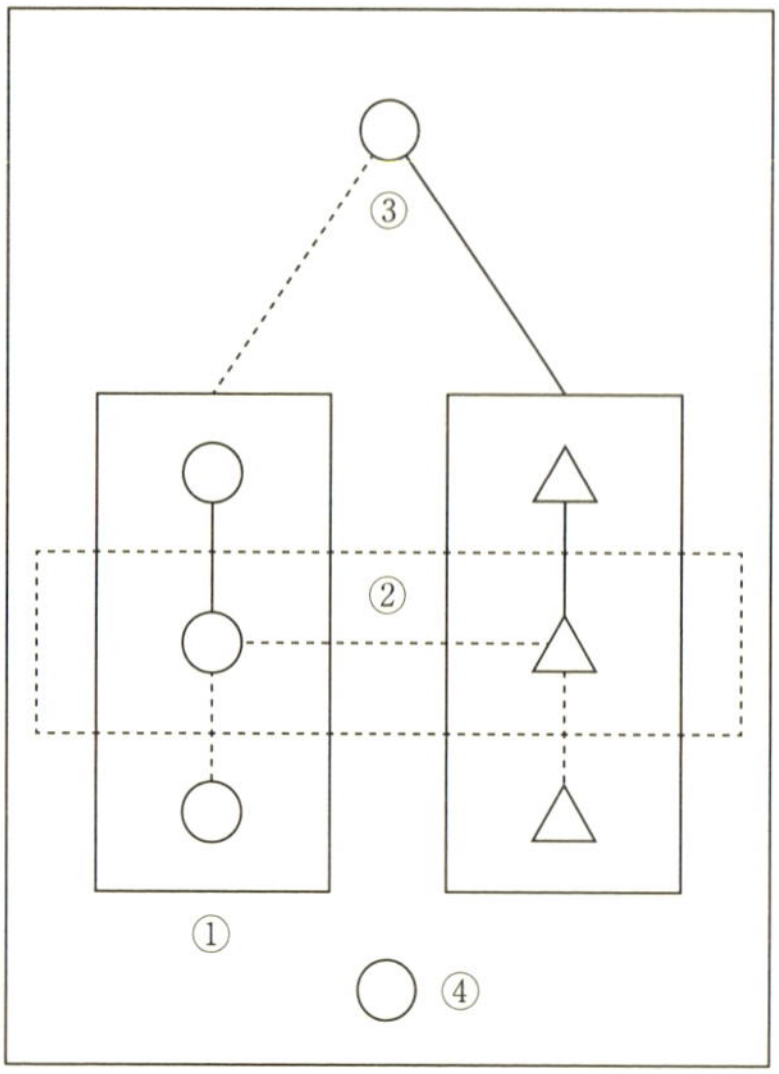

○先住民　　△平地民
実線：強いつながり
点線：弱いつながり

① 先住民 ネットワーク
② 先住民―平地民ネットワーク
③ 先住民ネットワークから離れ、平地民ネットワークをもつ先住民
④ すべてのネットワークから距離を置く先住民

フィリピンでは、葬式や埋葬費の費用を集めるため、葬儀の日まで、弔問客が博打を打つ。この日も、近隣のアエタが、埋葬費を工面するため、亡くなった人の家の前で博打を打っていた。「死んで金を分ける」というのは、この博打のことである。日常のサパでは、ランシンが言ったように、「もしあれば」の状況など、滅多にない。ゆえに、もやは「自分が一生懸命、コツコツ頑張る」以外に、選択肢はない。すなわち、今や貧困を解消するのは、自己責任となった。

貧しい生活のもとで、人びとは、互いに助け合って生きる。しかし、本当に貧しい生活のもとでは、村レベルで相互扶助のシステムをつくったり、親族同士など、個人レベルで食べ物を分け合ったりすることができなくなる（このため、①の先住民同士のつながりにさえ、点線が混在している）。その結果、「解体型」へ転落するアエタが現われる。それは、アエタとも平地民とも、持続的なネットワークをもたず、作っては、壊れる人間関係のなかで暮らす人びとであり（図7―1、②）、あらゆる人間関係から距離を置く（阻害された）人びとである（図7―1、④）。先に挙げたイッサは、郷里でもマニラでも、先住民とのつながりはもたないが、炊き出しの会場や路上の生活で、平地民との間に多様なネットワークを形成している（図7―1、③）。彼女は、身を守るために、夜は平地民といっしょに眠り、昼は、炊き出しの会場を回って、炊き出しの主催者やボランティアとの間に、ここでも多様で融通無碍のネットワークを形成している。そして、一時の信頼関係を築いて、ボランティアになって、わずかな報酬をもらっている。イッサは、病気を抱えた年配のホームレスである。そして、郷里の家族とのネットワークが切れている。彼女が都市で生き抜くためには、平地民とのネットワークを選択せざるをえない。そこに、都市で懸命に生きる最下層の先住民の過酷で孤独な暮らしがある。

先住民は、市場社会において（再）共同化している。他方で、先住民としての共同性さえ解体されて、個人化の道をたどっている。したがって、いまや、市場社会において、先住民が、厳しい境遇を緊密な相互扶助によって乗り超えていく側面をみるだけでは、もはや彼ら彼女らの生活の全体をみることはできない。彼ら彼女らの（再）共同化と個人化が葛藤し合い、人びとが次第に個人化していく過程をみてはじめて、市場社会における先住民の実像を捉えることができる。

三　類型移行のメカニズム

本節では、三章二節で提示した仮説に戻って、四章から六章のデータをもとに、アエタの類型移動について整理する。そのために、以下では、①アエタがこれら四つの類型をどのように移行しているのかという、移行パターン（図7―2）と、②なぜそのように移行しているのかという、移行のメカニズムについて考察する。これにより、参入型に移行できないまま、適応型、伝統型、解体型に留まり続ける先住民の底辺化のメカニズムをあきらかにする。

図 7-2　アエタの類型移行パターン

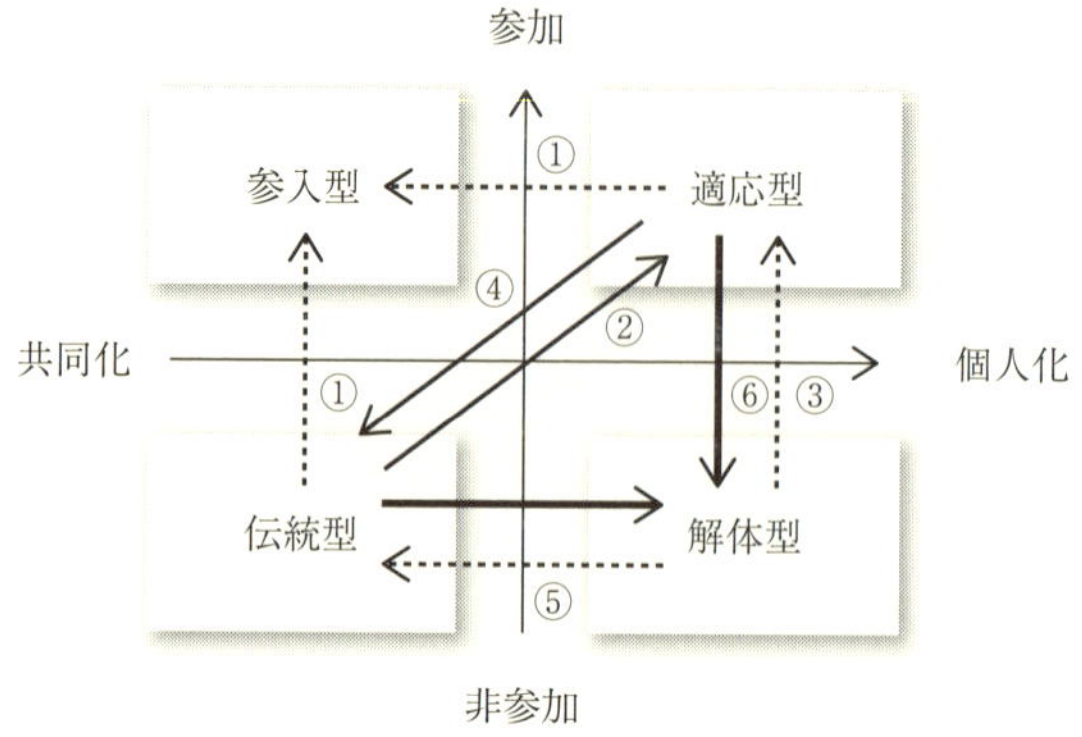

1　「参入型」への移行

まず、参入型への移行についてみていきたい（図7—3）。これは論理的には可能であるが、本書では、実証が叶わない移行であったため、図は点線になっている（①）。今一度、参入型について確認すると、これは、アエタにとって、伝統型と適応型の特徴が、同時に揃った状態である。すなわち、市場社会に適応しながら、アエタの共同性を保持するという状態である。さらにそれは、アエタであるという差異を保持しながら、フィリピンの国家社会に制度的に包摂されて、政治的・社会的に「国民」の権利を享受するという状態である。参入型に移行するためには、まず、カテゴリー化された〈差異〉ではなく、（だれもがもつ）差異一般を活かすことで生活の向上を図ることができなければならない。またアエタが、市場社会を生きるために必要な資源を獲得し、十分に活用できるようになるためには、センのいう潜在能力が拡大され、機会が均等化されなければならない。五章三節でみた協同組合では、失敗したとはいえ、アエタは、共同性のもと団結して、市場への参加を行なった。それは、参入型への移行をめざしていたともいえる。しかし、市場社会の経済環境のなかで成功するためには、一人ひとりが、共同性がもつ経済的な非合理性を切り捨てて、個人化に向かわなければならない。すると、セーフティ

図 7-3 「参入型」への移行

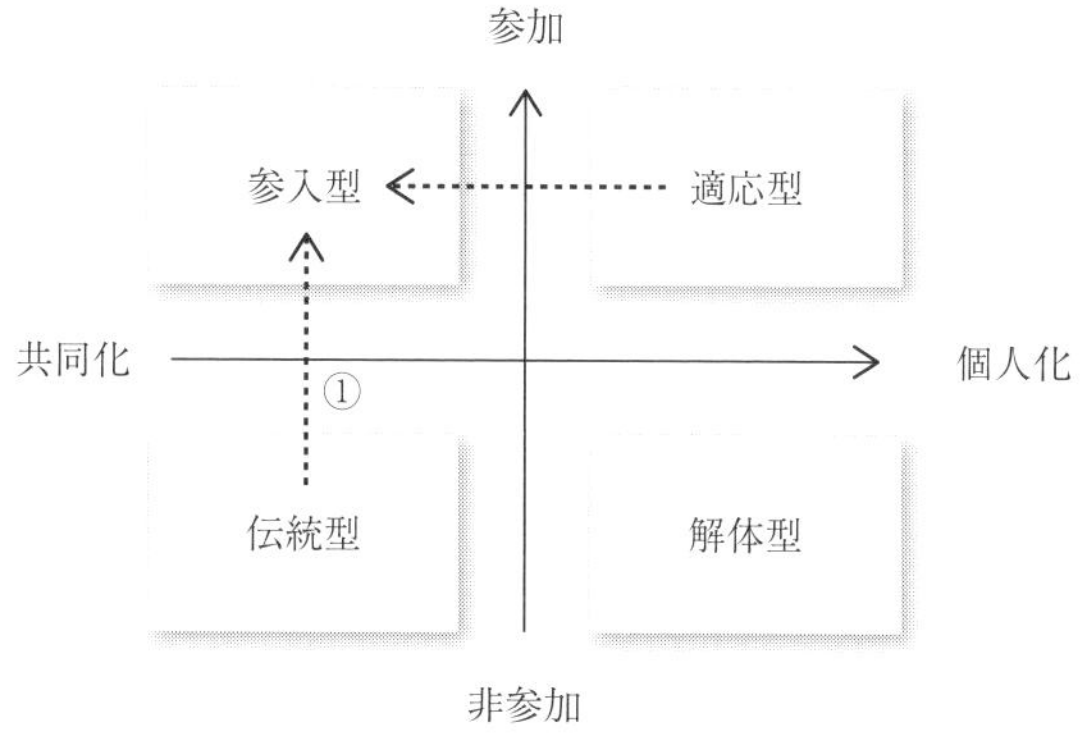

ネットとなっていた共同性なくなり、アエタは、市場社会において、だれの助けもなく、自分の力で生きなければならなくなる。[9] 協同組合の事例において、つけ買いをするアエタは、結局、生計が向上するどころか、つけ買いと返済の悪循環に嵌まっていった。また、慣習的な相互扶助の延長として期待された協同組合は、たちまち経営が傾いて、閉鎖に追い込まれていった。これは、組合員が、共同性の非合理性を払しょくできず、伝統型に留まったからである。他方で、協同組合と店を効率的に使い分けたアエタや、返済の見込みのない客のつけ買いを断ったベルの行為は、共同性を中断して、適応型への移行する一歩であったと捉えることができる。

2　「適応型」への移行

つぎに、適応型への移行について考察したい（図7―4）。これには、伝統型から移行する場合②と、解体型から移行する場合③がある。まず、伝統型からの移行（②）については、協同組合の事例のほか、五章二節でみた婚資の省略の事例も、これに該当する。また、人の移動という側面から考えると、都市へ出稼ぎに出るアエタや、サパの労働者になるアエタが、これに該当する。伝統型から適応型への移行は、今日、アエタのなかでもっとも多くみられるコースである。市場社会との接触が増加す

図 7-4 「適応型」への移行

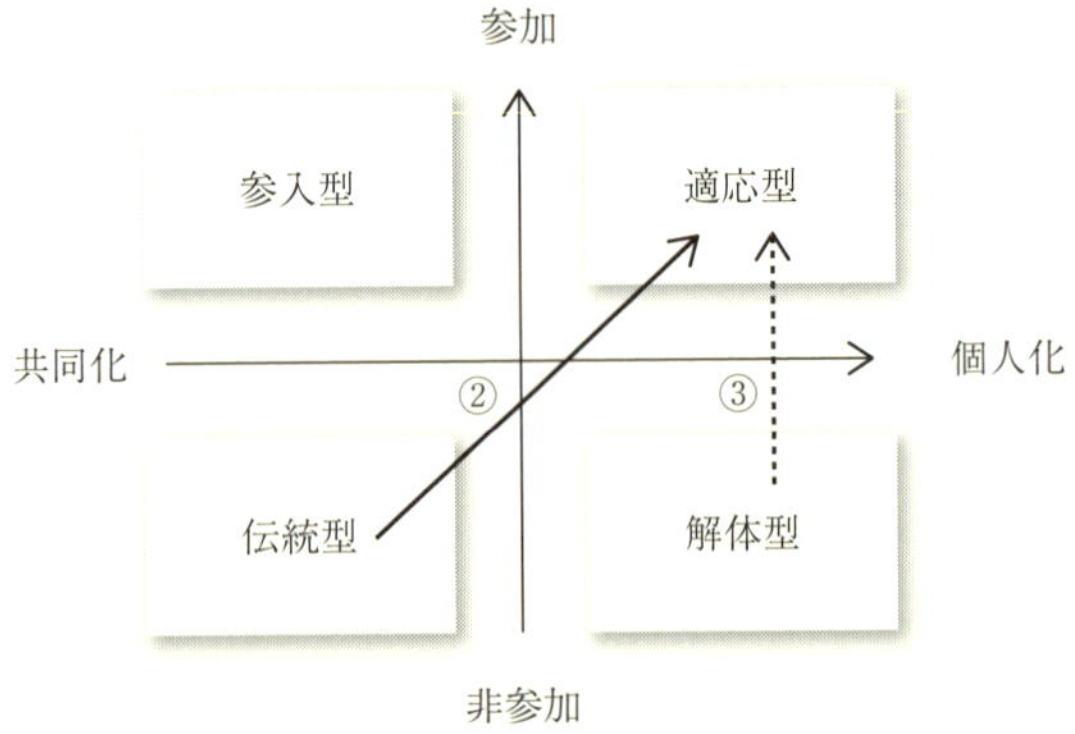

るほど、アエタは、市場社会への適応が迫られていく。

アエタの協同組合が成功するためには、伝統的な互助機能（つけ買いと利益）ではなく、合理的な運営方法を取らなければならなかった。また、組合運営の責任がひとりに集中しないようにするには、組合員のだれもが、識字の能力や買い出しの交渉能力を身に着けなければならなかった。それなくして、市場社会で適応型の道を歩むことは叶わなかった。

都市に出たアエタは、郷里の共同体から遠ざかり、また、都市において恒常的なネットワークを容易に形成できない条件にある。都市で適応型に進むアエタは、集落で適合型に進むアエタよりも、個人化が強い傾向にある。マニラに出るアエタには、サパや周辺の地域において仕事に就けなかったアエタが多い。たとえば、アエタの若者についてみてみよう。福利厚生が保障されている「条件の良い」職場では、雇用主と雇用者の契約において労働法が遵守されており、一八歳以下の未成年者では、成人のような雇用契約を結ぶことは少ない。しかしフィリピンでは、小中等教育が六・四年制度であるため、順調にハイスクールまで行ったとすると、一七歳で働くことが可能になる。さらにサパでは、ハイスクールが村の外にあることや、経済的な余裕がないため、ハイスクールに進学できない若者が多い。そのため、一〇代の若者には、四章二節でみたジョッシュやアンジーのように[10]、マニラなどの都市部へ出稼ぎに出る。しかし、マニラでは酷使され、人間関係においても孤立する傾向にある。

つぎに、解体型から適応型への移行である③。これも、フィリピンの経済的・政策的な環境のもとではむずかしい移行であるため、点線になっている。これは、適応型から参入型への移行よりも可能性は大きい。とはいえ、解体型の末端にある路上から市場社会の脱出は、ほとんど不可能である。アエタに限ったことではないが、フィリピンにおいて、ホームレスを路上から救済する生活支援は、皆無に近いといえる。また、NGOによる炊き出しや医療サービスなども、ホームレスが路上から脱出する援助としては、ほど遠い。路上からの脱出は、当事者の自己責任とされて、最後は、多くのホームレスが、路上で野垂れ死にする運命に置かれる。先に挙げたイッサのような年配の単身女性が、適応型に移行するためには、タバコ売りや家事労働のような仕事であっても、健康な身体や、商品を仕入れる資金、仕事についてのノウハウ、情報へのアクセスなど、過重な条件が課せられる。現在、イッサが、これらの条件を満たすことはむずかしい。そもそも、そこまでして適応型に移行したいと思うだろうか。要するに、いったん解体型に「脱落」した人びとに、適応型へ回帰する道は、ほとんど断たれている。それが、都市に出たアエタに重圧する市場社会の抗いがたい力である。

3　「伝統型」への移行

つぎに、伝統型への移行である（図7—5）。これには、適応型から移行する場合④と、解体型から移行する場合がある⑤。まず、適応型から伝統型への移行④である、先の図7—2でみたように、これには、一度は労働市場に参加したものの②、そこから脱落した人びとが該当する。いい仕事に就くことができれば、ふたたび、適応型に移動するが、失業すると。伝統型に戻る。このような適応型と伝統型の往復は、図7—5のなかもっとも多い経路である。他方で、適応型から解体型に移行するアエタがいるが、それと伝統型との違いは、ネットワーク

図 7-5 「伝統型」への移行

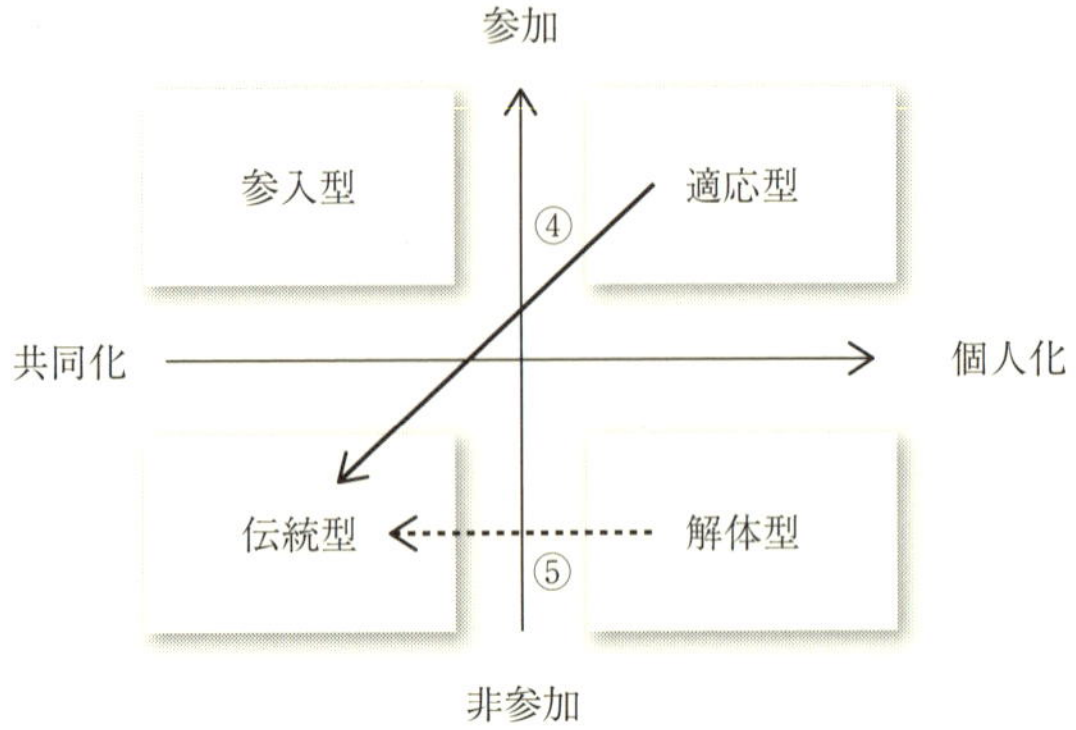

が断絶されていることである。伝統型へ移行するアエタにとっては、郷里の村共同体が「帰る場所」となり、都市にいても、郷里とのネットワークが、セーフティネットとして機能する。先にみたように、サパでは、リゾートを辞めて、ふたたび山仕事の手伝いに戻ったアエタがいる。高齢や精神疾患や障害などで、労働者として市場社会に参加できない人もいる。これらの人びとは、伝統型に留まって、山仕事で細々と命をつないでいく。

つぎに、⑤は、解体型から伝統型に回帰する道として点線で表してある。しかし、解体型のアエタでは、郷里とのネットワークやアエタ同士のネットワークが断絶していることが多い。とくにホームレスの場合、アエタにも平地民にも、郷里には帰れない（帰らない）人や、都市にいて家族と絶縁している人がいる。[11] このように、伝統型への回帰には、ネットワークの有無や強さが、決定的な条件となる。

4 「解体型」への移行

最後に、「解体型」への移行である（図7―6）。これは、本書の鍵となる移行過程である。一般に、市場社会では、家族や近隣などの共同的な集団帰属が解体されて、人間関係が個人化しつつある。アエタにおいても、市場社会との接触が増加するなか、「先住民」という同質的な共同性

図 7-6 「解体型」への移行

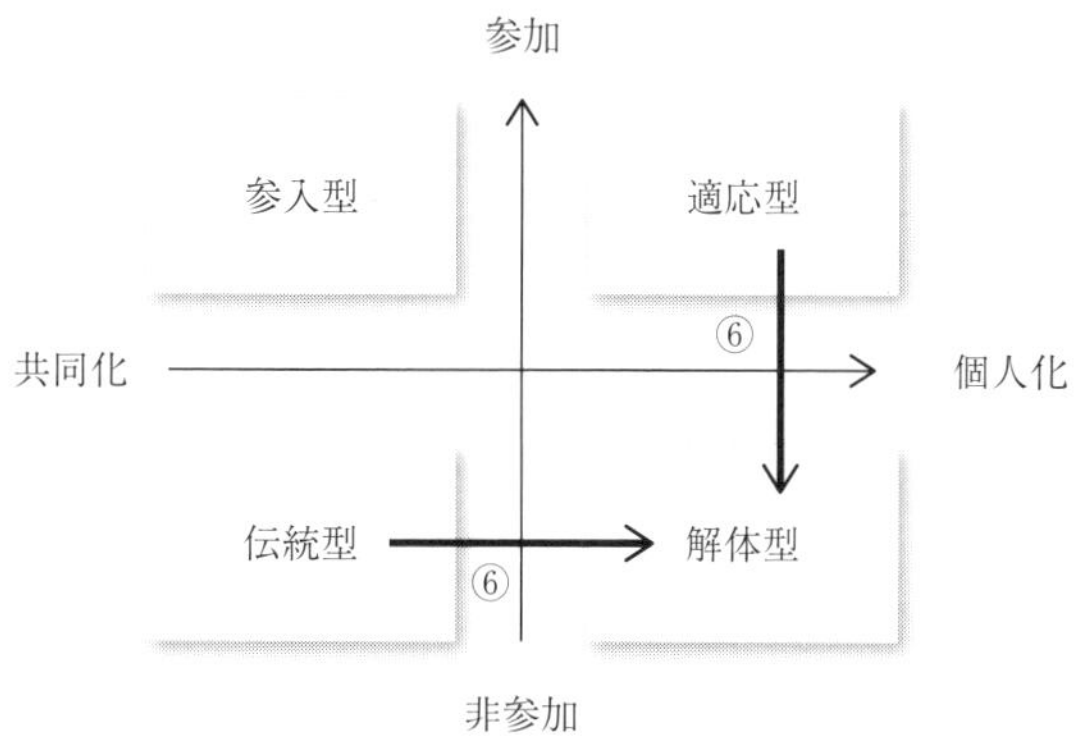

からの離脱が進んでいる。都市先住民にとってはもとより、郷里の集落においても、「貧困を共有」する余裕がなくなりつつある。都市においても、郷里においても、解体型のアエタは、徹底した個人化のもとで孤立し、あらゆる共同体が解体すれば、もはや生存のための防波堤を失う。解体型は、市場社会への参加が果たせず、適応も果たせず、伝統へ回顧もできず、ほとんど行方を閉ざされた者の、終着点である。

四　相対的底辺化再考

本書では、共同化と個人化のあいだを揺らぎながら、市場社会に参加していく（もしくは参加できない）アエタの姿を、労働と生活に着目して考察してきた。本章でみたように、アエタは、市場社会において、実質三つの類型の間を移動している。適応型や伝統型であっても、解体型とのすれすれのところで生きるアエタもいる。

ここでは、そのようなアエタの類型間の移動を踏まえて、市場社会におけるアエタの相対的底辺化について再考する。図7―7は、四つの類型を労働階層と社会的位置の側面から示したものである。アエタの労働や生活が多様化するとともに、平地民とアエタの間の地位格差だけではなく、アエタの間の地位格差が拡大することも、不可避である。サパの

図 7-7　アエタの相対的底辺化

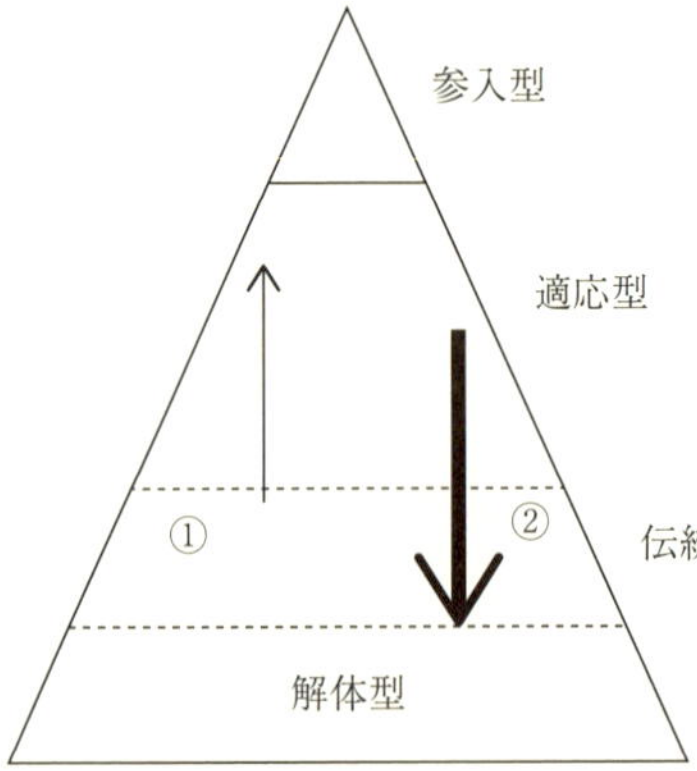

アエタが、本格的に平地の労働市場に参加するようになって、二〇年が経った。彼ら彼女らの間では、まだ階層分化といえるほどの地位格差は見えない。しかし、サパでは、海外に出稼ぎに出ているアエタも現れている。また、山仕事で生計を立ててきた親世代と、学校教育を受けて、平地社会に馴染んで育った子や孫の世代の間で、労働と生活の世代交代が始まっている。

このような時代の趨勢のなかで、市場社会においてアエタが向かう階層分化に、二つの傾向をみることができる（次章の図8―1参照）。すなわち、階層分化を進める力と、階層分化を留める力である。

まず、現金収入や雇用の機会が増加するとともに、アエタの生活を向上させる方向の力がある（①）。それは、地域労働市場の膨張による、雇用機会の増加と職種の多様化である。現在、サパのアエタが関わっている市場的労働には、ＮＧＯのスタッフやバランガイの役員など、学歴や識字能力、コミュニケーション能力、指導力などの要因の大きく関わる仕事がある。すなわち、アエタであっても、それらの能力をもっていれば、生活を向上させるチャンスは大きくなる。能力をもたない人は、それらの仕事に就労することはできない。まだ希少な事例であるが、サパの近隣の村では、外国の出稼ぎから戻った成功者が、現われているという。

他方で、アエタという〈差異〉に基づく低位な労働評価によって、集団をまるごと労働市場の底辺に止め置く力がある(②)。アエタの就労状況や労働環境は、平地民と比べると、あきらかに周縁的である。本書において調査の対象としたアエタの世代は、噴火前に山仕事を経験した三〇代から八〇代の人びとである。しかし、一〇代や二〇代の子や孫の世代のアエタは、親世代よりもはるかに市場的価値に適応しているにもかかわらず、仕事は、親世代とほぼ同じく、非正規でインフォーマルな仕事に留まっている。そこに、アエタという〈差異〉のもと、彼ら彼女らを、世代を超えて市場社会の底辺に留める仕組みがある。本書は、その一端をみてきた。

今後、市場社会において、生計を向上させるアエタが現われる可能性は、十分にある。しかし、たとえば海外出稼ぎ[12]で成功したアエタは、「出稼ぎ大国」であるフィリピンの、平地民の出稼ぎ労働の成功者からすれば、その割合は、圧倒的に小さいと思われる。現在、そのような成功者は、アエタのなかでも、階層とはとてもいえない少数の人びとに留まっている。他方で、大半のアエタは、市場社会においていろいろな仕事を組み合わせ、日々をしのいでいる。このように、労働の地位格差を留める力は、労働の地位格差を広げる力より、圧倒的に強い。グローバリゼーションのもと、平地民の地位格差は、ますます拡大して、労働階層が二極化しつつある。これに対して、アエタは、労働の地位格差の力は弱く、集団丸ごと、階層的底辺化への圧力を強く受けている(②)。これが、本書でいう、市場社会におけるアエタの相対的底辺化である。

以上、本書では、共同化・個人化／参加・非参加を軸に、市場社会におけるアエタの四類型を構成して、検証に努め、解釈を行なってきた。七章三節において、現在のアエタが置かれている状況として、三つの類型(適応型、伝統型、解体型)の相互の境界が明確に区分されるものではなく、それらの間を行ったり来たりしながら市場社会を生きている姿について記述してきた。アエタが協同組合という新たな試みに期待を寄せたこと、会員のつけ買いや、運営への不参加により、人間関係がバラバラになったこと、アエタが金銭的な事柄に敏感になったこと、都市では、一方でネットワークが切断され、他方ではネットワークが形成されていることなど。これらの事実の一つひとつのなかに、個人化と共同化の間で揺らぐアエタの姿があった。また、市場社会への参加のために設立した協同組合が破綻したこと、組合の組合員によるつけ買いと店を使い分けたこと、山仕事と市場的労働を組み合わせながら命をつないでいること。ここには、市場社会への参加と非参加の境界を行き来しているアエタの姿があった。本書ではそれらを、〈共同化〉と〈個人化〉、参加（国民）と非参加（棄民）の間の揺らぎと呼んだ。しかし、懸命に生活をしのぐアエタが、市場社会に翻弄されて、右往左往しているといった方が、より正確かもしれない。

いま、アエタは、全体として適応型に向かっている。しかし、市場社会に適応できるアエタと適応できないアエタがいる。適応できないアエタの多くは、伝統型に戻り、ひっそりと生きている。他方で、市場社会において、アエタの共同性は解体されつつある。その究極の姿が、路上で生きるホームレスである。今後、適応型からこぼれ落ちて、ネットワークの受け皿がなくなるとき、人びとは、解体型に「脱落」するしかない。搾取される国民か、放置される棄民か。アエタは、総体的底辺化という強制にあって、フィリピン国民の全体が置かれたはざまに、先行して置かれている。市場社会は、アエタを放棄するのか、希望を与えるのか。その答えは、平地民が握っている。そしてそれは、平地民自身の行方を問う問いでもある。アエタの問題は、平地民に開かれている。

注

（1）ある男性は、トウモロコシ農場に働きに行ったが、不眠不休の労働を強いられて、命からがら逃げてきた［サギへのインタビュー二〇一二年三月二一日］。このように、出稼ぎに行ったアエタには、雇用主から非人道的な扱いを受けた者が多い。そのことが噂になって、その後、サパでは、出稼ぎに行くアエタは少なくなった。

（2）ただし、当時、米軍とアエタの間に正式な雇用契約が結ばれていたかどうかは、あきらかではない。

（3）米軍の守衛が、女性と夫婦関係にあるかどうか疑念をもたれ、キスをして夫婦であることを証明させられたことがあった［ギルバート二〇一二年三月二三日、自宅前にて」。

（4）チンの居住区界隈に、物乞いで暮らしを立てるバジャウ（Badjao）の人びとが多い。そのため、アエタのように「労働」する先住民に対しても、「怠惰（tamad）」な先住民という烙印が貼られる。このような、アエタと「物乞いするバジャウ」に対する平地民のイメージは、他地域における調査でも確認されている［青山 二〇〇六：四一、玉置 二〇〇〇：一二七］。

（5）家事手伝いや洗濯業を募集するときの賃金では、平地民とアエタの間に差はない。リゾートスタッフも、地域の賃金水準において平均的な賃金をもらっている。同業の平地民の賃金より高くなることはあまりない。とくに口約束で契約した場合、賃金不払いなどがあることから、コスト的要因も否定することはできない。

（6）ビクター・アザリャ（Victor Azarya）は、このような「珍らしさ」を、「『異なる』現地性」［Azarya 2004: 960］と呼んでいる。

（7）繁盛期には、一日に二〇〇人以上の旅行客が訪れる。これらの大半はリゾートの客で、一人三、〇〇〇ペソからの半日パッケージが用意されている。

（8）ネットワークの定義および強弱の基準についての説明は、第四章二節を参照。

（9）生活の不安定や貧しさは、伝統社会が提供してきたさまざまな保障が消滅することで、倍加される［Bourdieu 1977=1993: 122］。

（10）この二人も、もともと、実家に近いサパの観光リゾートで働くことを希望していたが、未成年であたため、書類審査で落とされた。

（11）平地民が路上へ押し出される原因として、もっとも多いのが、家出など人間関係のもつれによるものであった。さらに近年では、都市開発によるスクオッターの強制撤去によって、家族連れや子ども、高齢者のホームレスが増加した（二〇一三年、著者の聞き取り調査より）。他方で、先住民のホームレスでもっとも多いのは、地方での誌自然災害の被災者であるが、解体型の非参加・個人化の傾向にある先住民には、イッサのような人間関係の問題を抱えた人が多いと思われる。

（12）二〇〇七年に、はじめてアエタ男性三人が、溶接工として出稼ぎでサウジアラビアへ行った［Orejas 2007］。また、二〇一三年三月にも、著者の滞在中にカナダのリンゴ農園の二年契約の説明会が、アエタ女性に行なわれたほか、実際にドゥバイに家事労働者として出稼ぎに行っているアエタ女性もいる。著者が調査を始めた二〇〇〇年には、サパのアエタにとって、海外どころかマニラへの出稼ぎすることさえ考えられないことであった。玉置泰明［一九九九］が、ほかの地域のアエタの事例で指摘するように、「地方都市周辺の先住民」アエタにとっては、マニラでさえ「別世界」であり、好んで出かけるところではなかった。

●Ⅲ部　都市底辺を生きる

第八章　マニラの路上から

一　先住民バジャウ

本章では、都市に出てきた先住民の多くが従事している都市の底辺労働市場に着目する。七章までは、おもに地方労働市場に組み込まれていくアエタの労働者について考察した。四章二節でみたように、マニラに出稼ぎに出るアエタはいるが、ピナトゥボ山周辺では、地方の都市化や観光事業の発展による雇用創出が増加し、わざわざマニラまで出稼ぎに出たり、マニラに定着するアエタは、（まだ）少ない。これに対して、近年では、ミンダナオ島からマニラに出てくる先住民バジャウが増えている。そこには、地方のアエタとは異なる「大都市」の文脈で生きるバジャウの姿がある。グローバルな資本と国家の都市政策によって進められている排他的な都市開発は、都市で生計を立てる先住民の労働と生活を直撃している。アエタとバジャウでは、同じ先住民とはいえ、歴史的背景も、市場社会への適応の程度も異なる。しかし、都市のバジャウもまた、つねに〈他者〉としてのまなざしにさらされている。また、平地では〈差異化〉され、労働階層の最底辺に据え置かれている。もちろん、これらのまなざしや、〈差異化〉の程度は同じではない。本書がバジャウに注目する理由はここにある。都市のバジャウの実態を知ることで、アエタとの類似と差異が見えてくる。また、今後、地方の労働市場に組み込まれず、都市に出てくるアエタは、確実に増加する。とすれば、マニラのアエタはどこに向かうのだろうか。現在のバジャウが営んでいる生活に、アエタの将来の姿をみることができるだろうか。以下では、そのような問題関心から、都市部の先住民の労働と生活をみるため、バジャウを含む都市底辺労働の変容について考察する。

1　マニラのバジャウ

マニラで暮らす先住民の人口や労働に関する資料は皆無に等しい。ゆえに、彼ら彼女らの人口や生活実態を把握することは、容易ではない。しかし、マニラで暮らす先住民を大きく分けると、一定期間だけマニラに出稼ぎに来る短期滞在者と、生活基盤を完全にマニラに移す長期滞在者の二つのタイプがある。前者には、四章二節でみたような住み込みで働くアエタが該当する。本章で取り上げるバジャウは、その双方に該当する。

マニラで生計を立てるバジャウは、年々増加しているが、そのもっとも大きな原因として、ミンダナオで続いている政府軍とムスリム武装勢力の衝突により、住居や生計手段を失って、やむなく郷里を出ざるをえなくなったことが挙げられる。また、近年では、漁業で生計を立てるバジャウで、多国籍資本の大型漁船に入漁権を侵され、生活に困窮した結果、マニラをはじめ、地方都市に移住する人が増加している。ミンダナオの武力衝突によるバジャウのマニラへの移住は、一九七〇年代に始まり、現在ではマニラで生まれた二世・三世のバジャウが増加している地域もある。また、ルセナ（Lucena）州やパンパンガ（Pampanga）州など、ルソン島の地方都市にすでに移住し、そこから短期的にマニラへ出稼ぎに来るバジャウもいる。このタイプの循環型出稼ぎ者の多くは、三か月〜半年程度、マニラに滞在し、物乞いや物売りによって一定額、収入を得た後に、地方都市やミンダナオの郷里へ戻っていく。バジャウの多くは、物売り（vendor）や物乞い（beggar）、廃品回収（scavenger）などのインフォーマルな仕事で生計を立てている。また、建設労働やサービス業の契約雇用などで、不安定な収入を得ている人が多い。マニラへ出て間もない人びとの多くは、知人の伝手で仕事に就労する。そのようなネットワークや、仕事に必要な支度の資金[1]がない人は、路上で物乞いをする。

このほか、マニラには、ルソン島北部のコルディリエラ（Cordillera）地方から来る先住民や、ミンダナオ島の、先住民ではないムスリムの人びと（タウスグ Tausug、ヤカン Yakan など）など、アエタやバジャウよりマニラで長く暮らしているエスニック・グループの人びとがいる［Goda 2009; 渡邉 二〇〇八、Nimfa 2012 など］。彼ら彼女らも、平地民とは異なる文化や生活習慣をもち、エスニック・コミュニティを形成している。また、彼ら彼女らは、都市において差異化され、〈他者〉として平地民による差別も経験している。しかし、これらの人びとと、マニラで暮らすバジャウやアエタには、その政治的な「声」の大きさに大きな違いがある。エスニック・グループの人びとは、種々の権利を主張して、政治的なアクションを起こしている。彼ら彼女らは、マニラで土地の権利をめぐる裁判や、マーケットで正規の営業許可（Business permit）を獲得するベンダーの運動を行なってきた。若者や女性も、種々の権利を求めて、定期的に集会を開き、メディアに訴えたりしている［渡邉　二〇一一］。これに対して、都市部で生活する先住民のアエタやバジャウは、厳しい生活条件にありながらも、声を上げることなく、「しずかに[2]（Tahimik）」暮らしてきた。

このような都市のバジャウについて、青山和佳は、「先住民としての主張も要求もしない、あるいはできない、二重に周縁化された人びとである」［青山　二〇〇六：一二］と述べている。アエタの場合、地方では、先祖伝来の土地を取り戻す運動や、先住民権の確立をめざして政府や外部者と交渉を行なってきた。パンパンガ州では、各村落のアエタの首長と、国の関係者や外資系企業の間で、土地の利用権にはじまり、アエタを含む地域開発の在り方について議論されている。他方で、都市部で働くアエタやバジャウは、雇用主の命令に従うしかないうえ、先住民として団結する条件や機会をもたない。彼ら彼女らは、都市の底辺で「ひっそり」と暮らしている。彼ら彼女らの存在が、住民として、労働者として可視化されることはほとんどない。さらに、NGOや運動団体からは、先住民の文化や価値観の違いを「尊重」するという理由で、長い間、「腫れ物」に触るかのように、文化的にセンシティブな問題として横に置かれてきた[3]。以下では、そのように都市底辺で生きるバジャウの労働と生活についてみていく。まず、マニラにおけるバジャウの生活の概要について説明し、近年のグローバリゼーションが、バジャウを含む都市の路上のベンダーに与える影響について考察する。

2　バジャウ・コミュニティ

マニラに出ている先住民のホームレスには、短期の出稼ぎ者が多い。彼ら彼女らは、たいてい、路上に集まって暮らしているため、住み込みで働くアエタよりも、マニラでは強いエスニック・ネットワークを形成している。他方で、マニラに定着している先住民では、居住コミュニティが形成されており、そこには、安定したネットワークがみられる。現在、マニラに三つの大きなバジャウの集住地がある。もっとも大きな集住地はA地区で、そこに三〇〇～四〇〇世帯のバジャウが住んでいる(5)。場所はマニラの観光地に隣接するスクオッターであることもあり、バジャウの多くが、観光客相手のベンダーや、店舗の店番や客引き、物乞いなどで生計を立てている。そのため、片言の日本語や韓国語を話すバジャウのベンダーも多い。二〇〇七年に、マニラのスクオッターで大きな強制立ち退きが行なわれた頃に、多くのバジャウが、立ち退きを免れたA地区に移ってきた。現在、その地区に空き家はなく、また、大家がバジャウに部屋を貸すのを嫌っているため、バジャウは、部屋を借りることができず、郷里から親族や知人などが出てきても、近隣の路上で寝るしかない。同地区には、バジャウのほか、タウスグ（Tausug）、マラナオ（Maranao）、ヤカン（Yakan）など、そのほかのミンダナオ出身のムスリムや、地方出身の平地民が住んでいる。また、バジャウが集住する区画から少し離れた場所に、バラック仕様のモスクがある。厳密ではないが、路上ごとに、バジャウとそのほかのムスリム、そして平地民の棲み分けが行なわれている。バジャウが同地区に最初に移住してきた年代は、定かではない。しかしインタビューによれば、一〇代にマニラに出てきて現在は五〇代の男性や、二〇年以上前に出てきた三〇代の女性、小さい頃に親に連れられてマニラへ出た人、マニラで生まれた二世・三世（一〇代や二〇代）、さらにそのつぎの世代に誕生したバジャウと、地区の人口は、世代を超えて多様である。それからすると、A地区でのバジャウの居住歴は、相当に長いと思われる。

バジャウ集住地であるB地区は、マニラ首都圏のはずれにあり、二〇一六年に六五世帯のバジャウが暮らしていた。居住者の多くが、最近にマニラに出てきたバジャウであり、多くの人が、フィリピンの公用語であるタガログ語を話すことができなかった。居住者はほぼ全員、物乞いで生計を立てている。同じミンダナオ出身のマラナオ（Maralao）の家主が、住居スペースの部屋を仕切っている。宿泊代は、ひとりにつき一泊一〇ペソである。口コミで格安の部屋のことが広がり、五年位前よりバジャウの数が増加している。

バジャウの集住地であるC地区は、港の船着き場のすぐ外にあるスクオッターである。二〇一六年に、一六世帯のバジャウが路上沿いのスペースで暮らしていた。この地区は、マニラに一時的に滞在するための仮宿となっており、一畳程度の居住スペースが多く、貸料は一日一〇〇ペソと割高である。居住者のマニラ歴は、いずれも二年未満で、この人びとの仕事も、物乞いである。

最後のD地区は、マニラ首都圏の南部に位置する。これは集住地区というよりも、一軒家のビルの二階を増築した建物であった。そこには、五八世帯のバジャウの人びとが暮らしていた。一泊一〇ペソで、扇風機を使うと追加で一晩五〇ペソ、トイレの使用が一回五ペソ、夜間の電気代は一五ペソ×人数分と、次つぎと追加料金が加算されている。それでも、路上で寝て強盗に稼ぎを巻き上げられたり、警察に検挙されて強制的に帰郷させられる危険を思えば、多少高くついても、屋根の下で寝ることが優先される。

これらのバジャウの居住地の共通の特徴として、移住歴が長いA地区の人びと以外は、すべて、マニラの居住期間が短く、郷里とのつながりが強い。彼ら彼女らは、平均して年に三回、数か月単位で、マニラと郷里を行き来している。多くの場合、伝統的な民族宗教であるオンボ（ombo）の儀式に参加するために郷里へ帰る。マニラで稼いだ金で、渡航費と、儀式で使う供物や準備に充てられる。郷里では現金収入の機会がなく、二〜三か月後に持ち金が尽きると、ふたたびマニラに戻るというサイクルである。

3　物乞い

マニラに出たバジャウは、どのような労働と生活によって日々をしのいでいるのだろうか。つぎは、著者が聞き取りをした何人かのバジャウの話である。

エミリー（二二歳、女性）は、マニラ首都圏の南側にあるパラニャーケ市の、ショッピング・モールの入り口に座っていた。頭にTシャツを上下逆さまにして被って、髪を隠し、上半身は長袖のTシャツを着て、ロングスカートを履いている。その隣りには、同じような服装の女性二人と、小さい女の子が母親の横に寝転がっていた。

1　マニラに来た経緯

エミリーは、二か月前に夫の姉と、それぞれの子どもと四人でミンダナオ島のダバオ市（Davao City）からマニラに出てきた。マニラの滞在は六か月の予定で、クリスマスが終わったらミンダナオに帰郷する予定である。生誕地は、ミンダナオ島のザンボアンガ州で、学校は、小学三年生まで通ったが、家庭が貧しくて中途退学した。最初の夫は、漁師をしていたが、政府軍とイスラム原理主義組織アブサヤフ（Abu Sayyaf）の戦闘で、流れ弾に当たって死んだ。怖くてそこにおれば命が危ないと思って、家具と家畜を売り、土地はそのままにしてダバオへ出た。エミリーは、それ以来ザンボアンガには帰っていない。つぎの夫とは、ダバオで会った。夫は、真珠や貴金属を売っていたが、借金が大きくなった。そのため、エミリーも、ダバオで家事労働の仕事を探した。

たいてい、バジャウだからって断られることが多いわ。みんな、バジャウは、掃除することを知らないって思ってるから。なかなか雇ってもらえなかったわ。バジャウっていうことだけで差別されて、仕事がないのよ。［エミリー 二〇一二年八月二五日、モール横の通路にて］

ミンダナオにおいて、平地民はもとより、ほかのエスニックの人びとの間でも、バジャウへの偏見は厳しく、仕事を探すのに苦労した。三ヶ所でメイドをしたが、賃金が安く、夫の借金返済のめどが立たないため、マニラに出ることを決めた。

2 マニラでの生活

エミリーのような、マニラに来て間もない先住民のホームレスは、路上でのネットワークをもたない。マニラの路上では、鉄道警察やマニラ首都圏開発庁（MMDA：Metro Manila Development Authority）、社会福祉開発省（DSWD）などの取り締まりが厳しい。彼彼女らは、取り締まり情報をもたないので、夜間や早朝に検挙されて、郷里に強制送還される危険にある。マニラの中心部から車で一時間のパラニャーケ市（Parañaque City）で物乞いをするバジャウの女性も、取り締まりが怖くてマニラには行きたくないという。

マニラでは、警察やなんかの取り締まりがあるから怖いわ。捕まったら遠くに連れて行かれるらしいの。そ

写真18　年始年末に物乞いの目的でマニラに短期の出稼ぎに来たバジャウのテント。マニラに滞在中は、ここで共同生活を送っている。［Melona Daclan 撮影 2011年］

の日の売り上げはみんな没収されるし、なにも渡す物がなかったら、どこか遠くに連れて行かれて、車から降ろされるらしいの。あとは勝手にしろってね。そうなったら自力でマニラへ帰ってこないといけなくなるわね。そんなの、本当に怖い。

［アミーナ 二〇一一年八月一七日、パラニャーケ市の路上にて］

この取り締まりとは、MMDAやDSWDと、バランガイの役員が行なう「救出・保護（rescue）」や「一斉検挙（clearance）」のことをいう。検挙されると、典型的には、まず一時保護施設に送られ、およそ一週間後に、郷里へ強制送還される。取り締まりは、先住民をターゲットにして行なわれるわけではないが、取り締まる役人によると、バジャウは、服装や言葉などですぐ見分けられる。

新しくマニラに来たバジャウは、すぐにマニラの中心部に入るのではなく、港の船着き場の出口や空港近くの路上で、宿を探す人が多い。写真18は、バジャウが暮らす空き地の風景である。彼ら彼女らは、クリスマスの季節など、期間限定で物乞いをする目的でマニラに来た（写真19）。スクオッターに住む知り合いがいないとき、いても部屋が狭くて同居できないときは、路上や空き地で暮らす。空き地は、公園やビルの合間、線路沿いなど、さまざまである。エミリーは、マニラで物乞いをしているが、ホームレスではない。彼女は、同郷のバジャウと共同でスクオッターの部屋を借りており、毎朝、スクオッターから路上に通っている。スクオッターの部屋の家賃（月平均一五〇〇ペソ）を払う余裕がないときは、貸しスペースを一日単位で借りたりする。貸しスペースのオーナーの多くは、同じくミンダナオ出身で、マニラの滞在歴が長く、スクオッターに居住権をもつマラナオ族やタウスグ族の人が多い。六畳ほどの部屋を二〜三家族で間借りして、部屋を時間で区切って使っている。エミリーの部屋は、物乞いをするデパートの近くにあった。柱や床が半ば朽ちた建物の二階のスペースに、居住者が部屋着などに使うバティック調のサロン（腰巻）や、Tシャツが、天井から吊りさげられていた。そこには新来者から長期滞在者まで、六〇世帯ほどのバジャウが間借りをして、共同生活を送っていた。エミリーの一日の稼ぎは、二〇〇ペソほどである（通行人が物乞いに施す金は、ひとり当たり五ペソほどという）。部屋の家賃は、大人ひとりが一日一〇ペソである。エミリーは、すでに夫の借金を完済したため、郷里へ帰る交通費（なんと三〇〇〇ペソという）ができたら、ミンダナオに帰る予定である。マニラで物乞いをすると、ミンダナオより稼ぎの額は大きいが、他方で、警察の検挙や、通行人やガードマンからのハラスメントのリスクも大きい。

写真19　物乞いの際に使用する手作りのドラム。［Melona Daclan 撮影　2011年］

ガードマンも、モールに入れてくれないの。子どもがちょっと入っただけで、シッシッて追い払われる。一度、ジープに乗ろうとしたら、突然スピードをあげられて、振り落とされそうになったことがあるの。べつに無賃乗車しようとしたわけでもないのよ。私たちも同じ人間なのよ。そんなことされたら、死んじゃうじゃない。ガードも運転手も、私たちのことをなんとも思っていないの。でも、私たちは人間なのよ。せめて人間らしい扱いをしてほしいわよ。通行人には優しい人もいるけど、嫌な人もいる。物乞いなんてしないで、クラブで働けって言われたことがあるの。裸になって踊った方がもうかるぞって。そんなふうにいわれた

のよ。失礼でしょう。［エミリー　二〇一二年八月二五日、モール横の通路にて］

エミリーはムスリムではないが、[4]長袖とロングスカートで全身を覆って、肌を露出していない。マニラでも、バジャウはムスリムだ、バジャウは貧乏人だという、バジャウへの偏見が強い。ゆえに、そのような服装で物乞いをするだけで、バジャウの貧乏人というイメージに結びつく。[5]同時にそれは、エミリーの物乞いの作戦でもある。他方で、通行人の側では、ムスリムであるかもしれない女性に裸になれというのは、あきらかに差別である。このように、バジャウは、郷里を追われ、地方都市でもマニラでも、蔑視のまなざしにさらされている。

4　ネットワーク

1　郷里とのつながり

A地区のバジャウの多くは、マニラに来た後は、ミンダナオに帰ることがない。郷里にいる親族と連絡を取り合ったことがないバジャウもいる。ミンダナオへ帰らないのは、郷里が内戦に巻き込まれていたり、郷里の家族がすでにマニラに出ていたりで、郷里と疎遠になっている事情がある。

ミンダナオで干し魚を作ってたの。でも、戦争が激しくなって、漁船を失くしてしまってね。二〇年以上も前にマニラに来て、家族みんなで物乞いを始めたの。でも、親は年取って、体も辛そうだったから、村に帰るように言ったの。私は物乞いで働いていけそうだったから、残ったわ。私は物乞いをして、旦那は働いて、お金が貯まったら仕送りするからって。本当は私も帰りたかったんだけどね。毎日食べるのが精いっぱいで、ミンダナオまでの旅費も貯まりっこないし。それで、また親がマニラに出てきたんだけど、そのときは、渡すお金さえなかった。こんな具合だから、村に帰りたくても帰れないの。

［ジャミーラ　二〇一二年八年二九日、A地区の路上にて］

ジャミーラ（三〇歳、女性）のように、郷里に親や親族がいる場合、仕送りしていなくても、連絡を取ろうと思えば連絡できる条件にある。彼女の両親も、ミンダナオに帰った後、何度かマニラに出てきていた。スクオッターに長期に住む人でも、住み込み労働者や、短期の出稼ぎ者と比べると、郷里と連絡を取り合う頻度は少ないが、人間関係は断絶していない人が多い。

A地区のバジャウは、さまざまな仕事に就労しているが、「ちゃんとした務め」(6)であっても、長くて一年程度の契約雇用が多い。建設・土木業であれば、工事が納期より早く終われば、契約期間内であっても、解雇を言い渡される。ファーストフード店のアルバイトも、働けるのは、日に長くて六時間である。時給が割増しになる夜間は、希望者が多くて働けない。彼ら彼女らは、いつでも雇えて、いつでも解雇できる、安価な労働力として雇用されている。

A地区の周辺には、観光スポットや繁華街があり、両替商の呼び込みや受付、観光客相手の物売り、物乞いなどのインフォーマルな仕事がある。A地区で活動するNGOのアシスタントをして生活費を稼ぐバジャウもいる。この仕事も、一日の収入は八〇～二〇〇ペソ程度であり、物売りや物乞いの一日の収入と大差がない。このような厳しい生計をしのぐため、人びとは、さまざまな相互扶助を実践している。

2　スクオッター内のつながり

マニラのバジャウのネットワークは、どうであろうか。人びとは、どのように生活をやりくりしているのだろうか。その様子は、つぎのとおりである。バジャウの間で、頼母子講(7)のような組織化や、食べ物の持ち寄りが行なわれている。頼母子講で集まった金は、病気や引越し、転職など、緊急時の出費に使われる。また、食事ができないとき、近所の人が食べ物をもち寄り、路上で炭火を使って、調理をしたりする。それで十分ではなくとも、空腹をしのぐことができる。しかしこれは、一時の乗り切り方であり、大家族が、このような共同調理の相伴にたびたび預かることはむずかしい。つぎは、六人家族のジャミーラの話である。ジャミーラの夫は求職中で、すでに一か月収入がなく、その間、近所で食べ物を分けてもらってしのいでいた。

上の子には可哀想なことをしたと思ってるわ。あの日は、おなか空いてるから、学校に行きたくないって言ったの。それでも、無理やり行かせたの。学校へ行ったら、おなかが空いてることなんか気にならなくなるわって。そしたら、勉強するどころか、バランガイの役員が、「お母さん、あんたの娘が死にかけてるよ」って呼びにきたの。学校で倒れたって。すぐにその原因が分かったわ。あのときは、一か月も食事を作ってなくて、ろくに食べてなかったから。［ジャミーラ　二〇一一年八月二九日、路上にて］

ジャミーラには、四人の子どもがいた。週に二〜三度、路上で物乞いをして、なんとか末っ子のミルク代（一五〇ペソ）を稼いでいた。生活は苦しく、それまではあれこれ食べ物を持ち寄って、バジャウ同士が調理をしていたが、次第にもち寄る食べ物がなくなってきた。その状態が続くと、近所に頼りづらくなってしまった。近所とのネットワークが機能する間は、わずかでも食べ物を分けてもらうことができる。しかし、食べ物を分けてくれる人がいなければ、空腹を満たすことはできない。

食べ物を分けてくれる人なんていなかったよ。（そんなときは、どうするんですか）そんなときは寝るんだよ。寝

るしかないさ。起きてたら腹が減るからね。［ボン　二〇一二年八月二八日、A地区の自宅にて］

四人の子どもがいるボン（三一歳、男性）は、これまで建設労働に従事してきたが、ある日突然、解雇された。彼には、食べ物を分け合うつながりがなかったので、寝て空腹をごまかした。郷里では、現金収入がなくても、畑の作物や山の果物、海では海藻や小魚などの、直に入手できる食べ物や、親戚のネットワークがあって、空腹をしのぐことはできた。しかしマニラでは、そのようなセーフティネットがない。

サンラ（Sangla: 担保）という、平地民とバジャウの間の相互扶助の制度がある。この制度は、平地民の家主がまとまった金が必要になったとき、所有する家や部屋を担保にして、(8)バジャウから金を借りるというものである。たとえば、バジャウが平地民の家主に三年の契約で三万ペソを貸すと、家主がそれを分割して返済し、バジャウは、家主が完済するまでその家に住むことができる。A地区のバジャウは、頼母子講などの相互扶助を利用することで、大金を準備することができる。ゆえに、家主に大金を貸すこともできる。

マニラに長期滞在するバジャウは、平地民との間にさまざまな人間関係を形成している。たとえば、行政の一斉取り締まりのとき、バランガイの役員（非バジャウ）が応援要員として駆り出されることがある。そのようなとき、コミュニティで顔見知りのバジャウを、見逃したりする。

一昨日も夜に警察の取り締まりが入るって聞いたから、僕も取り締まりに出たんだ。路上で寝てたバジャウの夫婦を捕まえたんだけど、まだ生まれたばかりの子どもを抱えてて、可哀想になってさ。母親も助けてくださいってすごく言うし。一時保護施設に入れられたら数週間は出てこれないからね。子どももずっと泣いていて、仕方ないから今回だけ見逃すから、逃げろって言ったの。でも、ここでは定期的に取り締まりがあるから、それでまた捕まったり、逃げられなかったり、また路上に戻ってきて捕まったら、もう知らないよって言っておいた。しばらくしてトイレから戻ると、もう逃げていた。役員の相方に、お前が捕まえたバジャウはどこに行ったんだって聞かれて、「あー、ごめん、トイレに行ってたから、監視できなかった」って言っておいたよ。〔モレノ　二〇一二年八月二五日、A地区の自宅にて〕

このように、地区にはバジャウと平地民のネットワークがあり、たがいに助け合っている。しかし他面で、「共生」しているように見えながら、平地民のバジャウに対する差別は厳しい。

バジャウが、この地区のイメージを悪くしてるんだよ。あいつら、外でひったくりをしてこの地区へ逃げ込んでくるのよ。ここの路地をよく知ってるからね、ここへ入ると、追っ手から逃げることできるの。だれもかれもとは言わないけど、ひったくりの八割方は、バジャウの子どもよね。親も親よね。子どもにそんなことさせて、いくら儲けてるんだって話よ。そのおかげで、ここのバランガイのイメージが悪くなってるのよ。テレビ番組の取材も来ないし、チャリティー番組も来ない。ここのイメージはすごく悪いからね。

〔エドナ　二〇一二年八月二五日、自宅にて〕

A地区で、バジャウと長く暮らしている平地民でも、このような「バジャウは犯罪者」というイメージが、広がっている。NGO関係者の話によれば、たしかに、バジャウの若者による犯罪は問題になっている。しかし、路地に逃げ込むひったくりの多くは、A地区のバジャウではなく、よそ者だという。また、バジャウの頼母子講のシステムも、平地民には知られておらず、「バジャウは大金をもっている」、「バジャウはすぐに金が準備できる」、「物乞いのバックにはシンジケートがついていて、売り上げを管理している」などという噂が広がっている。このような平地民の言葉にもあるように、A地区では、一九七〇年代からバジャウがいるにもかかわらず、現在も、バジャウと平地民の心理的な棲み分けが根強くあると思われる。

このように、マニラで働き、暮らす先住民でも、住み込み労働者であるアエタと、バジャウには大きな違いがある。バジャウは、マニラに生活の基盤を移しているので、本書の仮説では「適応型」と思われる。しかし物乞いが多く、その人びとは、労働市場への参加度は低いことになる。また、物乞いでも、バジャウでは共同化の度合いが強いので、「解体型」とはいえない。

二　都市底辺労働の階層化

近年、グローバリゼーションのなか、世界の都市で、労働市場が変容し、都市空間への投資が進み、それにともない、労働階層が再編されている。都市開発は、都市空間の美化計画や治安対策の名のもとに進んで、公共空間を使用する規制は厳しくなり、困窮する人びとが、空間から締め出されている。マニラ首都圏においても、治安対策や美化計画を理由に、国立公園や教会周辺の公園などのインフォーマルな空間を一掃する動きが出ている。本節では、それらの動きが都市底辺層に与える影響を、ストリート・ベンダー（公共空間での物売り）を事例として考察する。ベンダーは、バジャウや、短期出稼ぎのアエタが従事する職種のひとつである。二〇一六年に発足したフィリピン政権は、それまでの政権よりも厳しく、路上での販売行為を取り締まっている。新たな大統領の着任後一か月あまりで、市場の周辺や主要道路沿いなどのベンダーが、激減した。公共空間の管理と統制は、路上で働くベンダーを直撃している。つぎに、平地民へのインタビューも含めて、都市開発とベンダーについて、さらに考察していきたい。

1　都市開発とジェントリフィケーション

フィリピンでは、近年、開発計画の主要戦略として、官民連携(9)（PPP: Public Private Partnership）の施策が取られている。それは、公共インフラ事業の再開発の技術・資金投資を、政府と民間企業が連携して進めるというものであり、二〇一六年五月時点で、全国で六二事業が実施・計画されている。とくにマニラ首都圏におけるＰＰＰ事業数は、最多の二五事業である［Public-Private Partnership Center 2016］。貧困層の支援組織によれば、これらの計画のもと、今後、スクオッターの推定一四〇万世帯が立ち退きの対象とされる。このほか、マニラ市において、市条例の第八三四六号（別名・ジョイントベンチャー条例）に基づいて、公設市場の美化・改修事業として、一七の公設市場の民営化が計画されている。これは、提携企業がマニラ市と二五年間のリース契約を結ぶもので、その結果、ベンダーの店舗の賃貸料は、現行より五～一〇パーセント値上げされる。さらに、民営化が施行されると、現在、市場の敷地に沿って並ぶ荷台車や、ビニールシートに商品を並べて販売しているベンダーも、排除の対象になる。この計画によって、マニラで、五万人のベンダーが、生活手段を失うといわれる（二〇一六年三月二一日、ベンダー組織関係者へのインタビューより）。本節は、リサール公園で商いをするベンダーを取り上げるが、これまで、そこで販売をしていた三五〇人の個人運営のベンダーが、「不法ベンダー illegal vendors」［DOT 2013］として、排除された［Defendjob 2013］。二〇〇四年に、ベンダー組織が市当局と交渉して、公園での営業許可を取得したが、その後も、営業への嫌がらせが続き、店舗の撤去を迫られており、行政とベンダーの衝突が続いている。さらに、都市空間の再開発が及ぼす影響は、ベンダーの強制立ち退きに留まらない。公園や市場の改修事業にともなって、ベンダーが商売をしてきた場所に、有名店のチェーン屋台や、企業が管理・運営する店舗（資本系店舗）が新規に参加している。また、ホームレス対策の一環として、路上生活を脱出した元ホームレスを対象とするベンダー支援事業（福祉系ベンダー）が現われている。

こうして、国を挙げて進められる都市開発は、マニラに「都市中心部の景観の階級的改造」［Smith 1996=2014: 70］を生じている。このような状況にあって、マニラの都市空間の再編が都市底辺層に与える影響について、ジェントリフィケーション［Smith 1996=2014］の視点から論じる研究が、蓄積されている［Ortega 2016, Choi 2016,Roderos 2013, Shatkin 2004, 石岡 二〇一四］。そこでは、スクオッターに暮らす人びとが、再定住地やホームレス状態に追いやられる過程や、その背景にある資本競争などの社会経済構造、都市底辺層を含む都市開発のあり方、福祉・経済政策などの主題について、研究されている。本節では、公共空間の再編が都市底辺労働に与える影響について考察するため、公園などの公共空間で生計を立てるベンダーに焦点を当てる。公共空間で生計を立てるベンダーは、再開発事業の影響を直に受けている。具体的には、つぎの二点について考察する。まず、マニラにおける公共空間のジェントリフィケーションと美化（beautification）計画の現状を、ベンダーの事例をとおして考察する。つぎに、それらの空間再編が、都市底辺労働にどのような影響を与えているかについて考察する。

以下では、まず、インフォーマル・セクターと都市雑業に関する先行研究を参照して、都市底辺労働の定義について検討する。そのうえで、マニラ市内のベンダーの特徴について説明する。つぎに、二つの地区のベンダーを取り巻く環境の変容について記述して、ベンダーの階層構成を分析する。最後に、空間再編によるベンダーの公共空間からの排除と、そのなかでのベンダーの階層化について考察する。

2　マニラの都市底辺労働

1　インフォーマル・セクターと都市雑業

ベンダーには、都市底辺労働の特徴が顕著にみられる。これまで、途上国都市の路上の仕事は、すべて、インフォーマルな職種とみなされてきた［池野・武内 一九九八、不二牧 二〇〇一、木曽 二〇〇三］。インフォーマル・セクター論は、一九七〇年代の都市工業化における雇用労働を前提とし、そこから外れる仕事群を捉えるものであった。その際、過剰都市化論の枠組みが援用され、インフォーマル・セクターは、雇用労働（フォーマル・セクター）に就労できなかった過剰人口が、スクオッターに滞留しながら、生活をしのぐために参加する労働部門とみなされてきた［新津　一九八九、中西　一九九一］。しかし近年、フィリピンでは、地方都市が工業化したことや、海外就労の機会が増えたことにより、地方からマニラへの移住者は、減少傾向にある。そして、インフォーマル職種への外からの参加も、減少傾向にある。しかし、インフォーマル職種に従事する都市移住者の子や孫で、親や祖父母と同様に、路上の仕事に従事する人は、少なくない。また、産業構造と労働市場の変容により、フォーマル・セクターとインフォーマル・セクターの境界は、ボーダレスになりつつある。(10)

他方で、日本の都市経済・労働の研究において、都市において近代的な雇用関係にない仕事群が「都市雑業」と呼ばれてきた。たとえば山口恵子［二〇〇一］は、都市雑業を「日雇いなどの雇われた仕事をすること以外で、賃金や労働条件などに関して国家による規制がなく、都市において現金を得るためになされる生業」［山口　二〇〇一：一三三］と定義している。本節でみるベンダーも、「賃金や労働条件などに関して国家による規制」はない。さらに、わずかな自己資金をもとに仕事を始める自営（self-employed）の人びとである。(11)ただしベンダーには、屋台の店番として雇用されるなど、賃金は一日せいぜい一〇〇ペソ（二〇〇円）程度であるが、屋台のオーナーと雇用関係にある者もいる。そのほか、自分の車やバイクをもたず、オーナーに稼ぎの一部を払うジプニー（小型の乗り合いバス）の運転手やトライシクル（三輪タクシー）の運転手、皿洗い、洗濯請負、家事手伝い、道路清掃など、雇用されて仕事をする人びともいる。隅谷三喜男は、都市雑業層について、「本来的な賃労働関係の周辺で前期的諸関係と雑多な就業条件の下にあるもの」［隅谷　一九六七：六四］とした。隅谷は、雇用契約を経た近代的雇用関係による賃金収入と、「家父長制や擬制的親分子分関係」［隅谷　一九六七：六六］に支配された賃金収入を区別して、後者の仕事群を都市雑業と呼んでいる。

ここに、本節で考察するマニラにおける下層職種と、インフォーマル・セクター職種や都市雑業との概念上の差異が、三つある。まず、二一世紀の都市における下層職種は、グローバル経済のもとで増加し続けており、これらの職種の従事者が、将来、雇用労働者になるとは想定しにくい。これに対して、隅谷は、都市雑業層の子弟を、大企業労働者の（追加賃労働）の供給源のひとつ」［隅谷　一九六七：五〇、括弧内は著者］として捉えて、その人びとがいずれ雇用労働者になることを想定していた。「世代的にみると日本の労働者階級は上昇の可能性をもっている」［隅谷　一九六七：五〇］。このような想定は、フォーマル・セクター論の場合においても同様である。そこでも、経済の発展とともに、インフォーマル職種は、安定したフォーマル職種へ移行していくことが期待されてきた。しかし、グローバル経済のもとでは、大量の労働者を必要とする工場は、郊外（もしくは国外）に移され、都市においては、専門的な知識や技術を要するサービス業が増加した。そのなかで、下層職種もまた、増加し、多様化しつつある。それらの職種に就労する人びとが、将来、正規雇用に吸収されていくとは、想定しがたい。

この指摘は、つぎの議論にも関わってくる。都市雑業論においては、雑業層は、近代都市に残存する前期的（前資本主義的）な職種と捉えられている。これに対して、現代都市の下層職種は、フォーマル経済を支える不可欠な職種としてある。たとえば、インフォーマル・セクターについて、構造主義アプローチをとるアレハンドロ・ポルテス［二〇一〇］らは、資本主義システムにおいて、フォーマル・セクターを下支えするインフォーマル・セクターの機能について説明している［Portes 2010］。そして、インフォーマル職種の従事者が、将来、フォーマル・セクターの雇用労働に吸収されるという想定は、成立しないとしている。本節もこれと同じ見解に立つ。ベンダーは、今日の経済環境のなかで、路上の仕事に押し出された人びとである。

最後に、都市雑業もインフォーマル職種も、国家行政の規制と統制の外にあるものと理解されている。それらは、

「賃金や労働条件などに関して国家による規制」がなく、その意味においても「インフォーマルな」領域に置かれてきた。すなわち、行政権力が関与しない／関与できないことが、雑業やインフォーマル職種の特徴とされてきた。しかし、現代都市の下層職種は、国家行政によって厳しく規制され、統制されて存在する。すなわち、下層職種と行政権力は、密接な関係のもとにある。すなわち、マニラの下層職種は、国家行政による労働と空間の規制の産物である。

このように、今日、マニラの下層職種が置かれている状況は、都市雑業やインフォーマル職種など、従来の概念では捉えきれないものである。それゆえ、本節においては、これらの下層職種を、グローバル経済のもと、都市経済の下層にあって、国家行政に厳しく管理され、統制された職種という意味で、「都市底辺労働」と呼ぶ。

2　ストリート・ベンダー

つぎに、マニラのベンダーの概要について説明する。マニラ市のリサール公園のベンダーについて、四本幸夫の研究〔二〇〇九、二〇一三〕がある。四本は、二〇〇五年～〇八年に、リサール公園のベンダーの運動に着目して、詳細なフィールド調査を行なっている。本節では、彼の研究を参照しつつ、その後のベンダーが置かれた環境の変化について、考察していきたい。

表8―1は、マニラのリサール公園および教会周辺で商売をするベンダーの種類と特徴について整理したものである。このほか、モールや市場（マーケット）の敷地や歩道や通路において、固定式や折り畳み式の店舗を構えて商売をするベンダーも、同じである。

①　資本系店舗――ビジネス・オーナーによって運営される店舗である。これらは、公園やショッピング・モー

表8-1　マニラ市内のストリート・ベンダーの種類

	種類	販売責任者	雇用形態	主な販売場所	販売許可	店舗の特徴	販売商品	仕入れ先
①	資本系店舗	企業個人	雇用自営	公園／市場／モール敷地内	有	固定	菓子、ジュース、軽食、携帯用プリペイドカード	契約業者
②	福祉系店舗	行政個人	自営	公園敷地内、街路	有	折り畳み式	菓子、ジュース、軽食、新聞、雑貨、携帯用プリペイド・チャージ	市場スーパー
③	固定店舗	個人	自営請負	公園／市場敷地内	有	固定	菓子、ジュース、新聞、タバコ、食事･弁当（白飯・おかず）	市場スーパー
④	簡易店舗	個人	自営請負	公園／市場周辺、街路	無	折り畳み式 移動型	キャンディ、新聞、タバコ、総菜、野菜、フルーツ、アクセサリ、薬草など	市場スーパー自作
⑤	歩き売り	個人	自営請負	公園／市場内外、街路	無	移動型	キャンディ、新聞、タバコ、おもちゃ、アクセサリー、工芸品、海賊版DVD､時計､ビニール袋、ピクニックシートなど	市場自作

ルなどで、土地や施設の管理者や税務署から販売許可を取って店を運営している。販売商品は、菓子、ジュース、軽食、携帯用のプリペイド・カードなどであり、それらの商品は、契約業者から仕入れているものが多い。近年は、先に挙げた官民連帯事業（PPP）のもと、公園などの国有地や、民営化された旧公設市場のフードコート（食事コーナー）などにも出店している。その多くは、ファストフードやミネラルウォーターなどの大手企業の販売店舗であるか、そのフランチャイズ店である。このほか、高額な場所代の支払いなど、管理者が定めた条件を満たした個人事業主もこのタイプに含まれる。店舗は、基本的に販売場所は固定しているが、必要なときに移動できるように、全体にコンパクトな作りであり、店舗の足元には移動式のキャスターが付いている。近年は、路上の取り締まりが厳しくなる一方で、ショッピングモールのなかの簡易店舗の出店が増加している。しかし、新規に参加するためには、販売スペースの賃貸料に加え、モールのなかで開業するための準備資金も必要になる。大手モールのなかの通路スペースでブランドのコピー品の店を出店するために、開業資金として二万五〇〇〇ペソを準備したベンダーもいる。彼

写真20　ショッピングモール内の通路に並ぶ店舗［筆者撮影　2017年］

は、そのうえ、一畳分のスペースの賃貸料としてモール側に毎日六五〇ペソを支払っている。一日の売り上げは二五〇ペソから二〇〇〇ペソとかなりの幅があるが、ほかの形式の店舗に比べると、もっとも高い売り上げが見込まれている（写真20）。

②　福祉系店舗——社会開発福祉省（Department of Social Welfare and Development、ＤＳＷＤ）が、二〇一五年から始めた、これは、ホームレス支援のプロジェクトであるＫＦＣ事業（Kabuhayan Folded Cart　生計のための折り畳み式店舗）による店舗である。この事業は、路上生活をしていた元ホームレスを対象とする救済事業であり[12]、現金収入を増やすために折り畳み式の店舗が、貸与されている。元ホームレスに開業資金を与え、ＤＳＷＤが自治体と連携して、特定のエリアでの販売を許可している。そのため、違法店舗として取り締まりの対象となる心配も、高い場所代を要求される心配もなく、商売ができる。商品は、菓子やジュース、軽食、新聞のほか、携帯のプリペイド料金をチャージするサービスを扱うオーナーもいる。商品の仕入れ先は、市場やスーパーである。ＤＳＷＤによれば、二〇一六年三月、同プロジェクトの対象店舗は、マニラ市とケソン市（Quezon City）で五〇〇店舗に達し、さらに二、五〇〇店舗まで増やすことを目標としている［DSWD 2015］。しかし、新政権の施策の転換によって、路上の使用に対する規制が厳しくなり、二〇一六年七月以降、ＫＦＣ事業は保留されている。

③　固定店舗（販売許可有）——長期間、特定の場所で商売をしてきたことを実績として、土地の所有者や管理者

と交渉して、販売の許可を獲得したベンダーである。しかし、それへの新規参加はむずかしく、土地の管理者から撤去の通告を受けることもあり、通告に従わないときは、強制撤去されることもある。本節の調査地であるリサール公園のベンダーが、これに該当する（写真21）。店舗に移動用のキャスターは付いているが、店舗の設置が許可されている場所が、白線で仕切られており、それを出てキャスターを動かすことは、ほとんどない。また、近くのベンダー仲間やその家族、自分の親戚などに日当を一〇〇ペソほど払って、店番を頼むベンダーもいる。表8―1では、これらのベンダーの雇用形態を請負と呼んでいる。販売商品は、ほかのベンダーとほとんど変わらないが、このタイプのベンダーでは、軽食ではなく、白米とおかずの食事や弁当を販売することもあるので、①や②とは異なる。

写真21　公園内の固定店舗［筆者撮影2016年］

④　簡易店舗（販売許可無）――公園や市場の周辺の路上で商売をする店舗である。これには、土地管理者の正式な販売許可はもたないが、自治体の部局や警備員、警察へ場所代（賄賂）を毎日払っている店舗が多い。それらは、実質的に商売を許可（黙認）されている。[13]しかし、行政や警察の取り締まりがあれば、退去を強いられる。このベンダーは、通行人が多い場所にいるため、③のように、公園の敷地で商売をするベンダーより客の目に触れることが多く、売り上げも大きい（写真22）。

⑤　歩き売り――これは、タバコやおもちゃなどを歩き売りするベンダーである。彼彼女らは、店舗は構えず、商品を手でもったり、頭に載せたり、荷台を押しながら移動する。販売許可をもたないベンダーが多いが、客を求めて場

写真 22　台に商品を載せるだけの簡素な作りになっている簡易店舗［筆者撮影　2016 年］

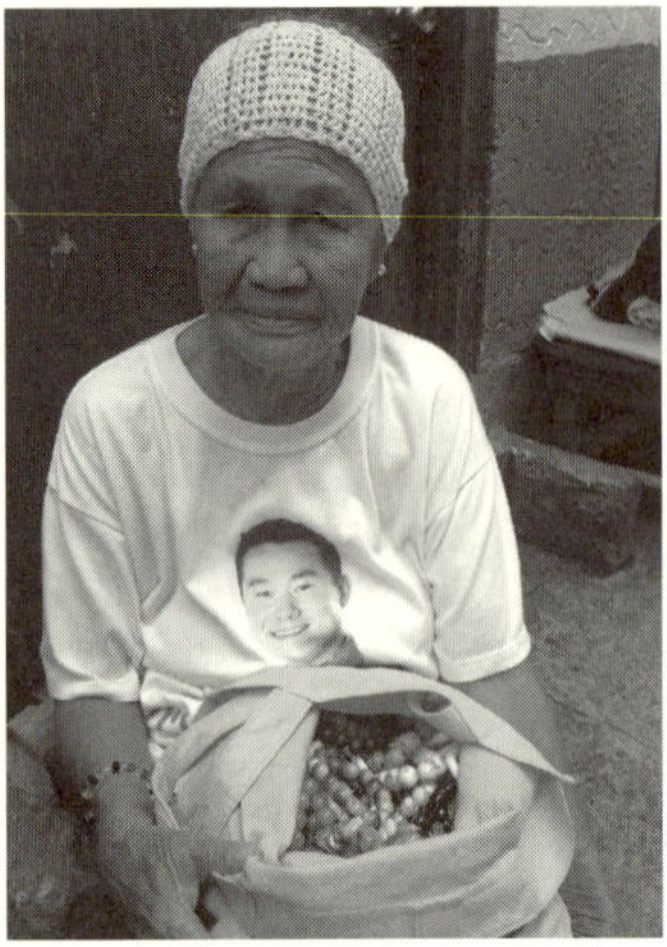

写真 23　手作りアクセサリーを売るバジャウの女性［筆者撮影 2016 年］

所を移動するため、売り上げは、③の固定店舗より多い。リサール公園は禁煙となっているため、タバコの歩き売りはいない。公園では、ガードマンによる販売の監視を免れるため、公園に寛ぎに来た市民を装って、ポロシャツとスニーカーの恰好で、ショルダーバックやリュックにピクニック用のビニールの敷物や、海賊版のDVDを詰め込んで販売する。なかには、客に、たしかにベンダーであることを装うため、身分証明書を首からぶら下げているベンダーもいるが、それは販売許可証ではない。路上や公園における販売行為の取り締まりが厳しくなるなか、このように変装するベンダーが増加している。

②〜⑤のベンダーは、ほぼ同じ商品を販売するが、商品の在庫は異なる。①〜③のベンダーは、販売場所が固定しているため、販売する商品の数が多い。他方で④のベンダーは、すぐに撤去できる折り畳み式の荷台に商品を並べているため、商品の数が限られる。商品をもち歩いて移動する⑤も、商品の量は少ない。また、④と⑤では、市場の販売価格が変わったり、歩き売りのエリアによって商品を変えたりするので、商品の種類にはバラエティがある。②〜⑤のベンダーは、長期間、特定の場所で商売してきた親戚や知り合いがいることが多い[14]。

歩き売りベンダーにも、さまざまなタイプがある。彼ら彼女らは、仕入資金の余裕度や、身体的条件（長時間歩けるかどうか）、ネットワークの有無により、つぎのように分類される。

歩き売りは、五つのベンダーの種類のなかでは、参加がもっとも容易であると思われがちであるが、そうではない。まず、いつも歩いて移動しなければならないため、体力を消耗する。高齢者や障害者、子どもは、歩き売りをする移動範囲が狭い（A）。マニラに定住しているバジャウに、このタイプのベンダーが多い（写真23）。多くは、長い間、同一のエリアでベンダーをしているため、店舗のガードマンやほかのベンダーと人間関係をつくっている。そして、「あそこのレストランの前の路上はAさん」というように、テリトリーが決まっていることが多い。そのため、新しく物売りを始める人は、テリトリーをもたないため、販売ができないことがある。ゆえに、彼ら彼女らは、同業者が少ないエリアに客を求めて移動する（B）。なかには、ほかの州へ一週間ほど「出張する」ベンダーもいる。これには、ベンダーを始めて間もない人や、循環型出稼ぎ者で、マニラに来たときにベンダーをする人もいる。これには先住民が多い。最後に、商品を仕入れる資金があるときだけ商売をするタイプである。元もとAやBのタイプでベンダーをしていた人や、自分が住む地区の路上で、週に一―二回、キャンティやたばこを販売する人が、それである。

つぎに、これらのベンダーの仕事が、行政の施策の影響を受けて、変容していく様子についてみる。ここでは、街路の美化や犯罪の取締りのため路上の販売が禁止された教会周辺のベンダーと、ジェントリフィケーションにより撤去を予告されているリサール公園のベンダーを取り上げる。

3　教会周辺のベンダー

1　路上使用の規制とベンダー

M教会は、マニラ市中心部で、マニラ湾沿岸のベイ・ウォーク（Bay Walk）の近くにある。この教会を含む地区は、

写真24　自転車を改造して作った移動式店舗

観光エリアであるため、ホテルやバー、両替商が多く、外国人観光客が多い。また、国内外の出稼ぎ斡旋業者も多い。そのため昼間は、斡旋業者の事務所に仕事を探しに来るフィリピン人が多く、夜間は、外国人観光客や若者が集う場所となる。ミサが行なわれる日曜は、一日中参拝者が出入りする。

この地区は、一九八〇年代は、売買春の歓楽街として風俗店が多かった。一九九二年にアルフレド・リム（Alfred Lim）が市長になって、犯罪撲滅作戦が行なわれ、風俗店は一掃された。同時に、路上のベンダーや物乞い、ホームレスに対する規制が、厳しくなった。その後、市長が交代して、現在のエストラーダ市長のもとで、路上使用の規制が緩和されたが、近年は、国際会議の開催や国賓のフィリピン訪問のたびに、街路の美化や犯罪の撲滅の掛け声のもと、街路の取り締まりが厳しくなり、その後、規制が緩められるという繰り返しが続いている。

教会の周辺には、二種類のベンダーがいる。[15] 販売許可をもたない個人の店舗（表8—1の④）と、歩き売り（表8—1の⑤）である。個人の店舗には、簡易な板などを組み合わせて、そのうえにパンや、スナック菓子、ソフトドリンクを並べるものと、その場で調理した食事を提供するものがある。店舗の販売場所（テリトリー）は決められており、休業日も、店舗の材料（パラソルや天板など）は、そのまま固定されている。二〇一三年に調査をしたときは、このタイプの店舗は、教会周辺の三か所にあった。椅子が一、二個並べられ、同じく路上で商売するベンダーや建設労働者が、慌ただしく食事をとっていた。そのほか、小型の荷車にインスタントコーヒーやキャンディ、タバコなどを乗せて移動するベンダー、木箱を担いでタバコを歩き売りするベンダー、教会の前で花や風船、おもちゃを販売

表 8-2　歩き売りの種類

	移動範囲	ベンダーの属性
A	狭い：一定空間にほぼ固定	ベテランベンダー、高齢者、障がい者、子ども
B	広い：マニラ首都圏、郊外	新規参入者、先住民、単身者、男性
C	狭い：一定空間にほぼ固定	断続的ベンダー（仕入れ資金がある場合のみ販売）

するベンダーがいた。しかし、二〇一六年に調査をしたときは、平日の昼間は、固定式の店舗はなく、取り締まりがあればいつでも移動できる荷車のベンダーと、折り畳み式の簡易な台の上でたばことキャンディを販売するベンダーがいるだけであった（写真24）。つぎに、同地区で物売りをしていた二世帯の事例についてみる。

2　パーキング業へのシフト

かつて花束の歩き売りをしていたルース（Luth）は、現在は「パーキング（Parking）」の仕事をしている。それは、駐車エリアへ車を誘導して、駐車中の車を監視する仕事である。近年は、都市開発により、レストランやコンビニの新規開店が増加して、車で来る客も増加している。そのため、パーキングの仕事が増加している。パーキングは、仕事を始める資金が要らないため、体ひとつで始めることができる。ルース夫妻の持ち場は、車の出入りが多いため、平日は二〇〇ペソ（約五〇〇円）ほどの稼ぎになる。教会のミサがある日曜日は、参拝後に周りのレストランで食事をする客が多く、さらに稼ぎが増える。[16]しかし、ルースには三人の子がいて、また月三、〇〇〇ペソ（約七五〇〇円）の家賃を払わなければならない。そのためには、毎日一〇〇ペソ（約二五〇円）を貯えなければならない。そのため、ルース一家は、五人家族の生活費を一日一〇〇ペソでやりくりしている。

近頃は規制が厳しくなったので、店を構えての商売はできなくなったけど、バスケットにおやつなんかを入れて売り歩くのだったら、まだ大丈夫だと思うのよね。あれだったら（取り締まりがあっても）ごまかせるじゃない。歩き売りの資金があったら、ぜったいやりたいわ。

小さい商売でいいの。チャンスがあるなら、ぜったいにベンダーがいいわ。［ルース、三八歳、女性、二〇一六年三月二六日、教会の前で］（丸括弧は著者、以下同じ）

ルースは、現在はベンダーの仕事を中断しているが、ベンダーに戻りたいと思っている。しかし、逼迫した家計から、新しく商売を始める資金を工面することはできない。

3　不安定な収入機会

ジョアン（Joan、三八歳、女性）は、かつて教会の前で折り畳み型店舗のベンダーをしていた。夫のウィルマー（Wilmer、四〇歳）は、教会周辺で荷台つき自転車の運転手をしていた。しかし、子が病気になって、治療費に充てるため自転車を売った。その後しばらく、ジョアンが、路上でたばこや菓子を売っていたが、二〇一五年一〇月頃より、教会周辺の路上の規制が厳しくなって、物売りができなくなった。現在は、ミサの参拝者が増える日曜日だけ、子どもたちといっしょに路肩に座って、車のパーキングの仕事をしている。駐車場が、車の出入りが少ない場所にあるため、一日の稼ぎは、多いときで二五〇ペソ（約六二五円）程度である。平日は仕事にならないため、ウィルマーは、スラムの間借りの部屋（一畳半）で、電気部品の修理をしたり、ペンキ塗りに出かけたりしている。ここ数か月、仕事の依頼はない。ジョアンも、路上に出ずに、部屋で七人の子の世話をしながら、収入の機会を待っている。しかし、部屋の家賃は月二〇〇〇ペソ（約五、〇〇〇円）である。パーキングの仕事だけでは、子どもを養えない。そのため、一七歳の長女夫婦と、一〇歳の次女が、夜間だけ、教会周辺や歓楽街で、タバコとバラの花の歩き売りをしている。長女夫婦は、毎日、たばこ二箱を完売している（タバコ一本売りで一本五ペソ（約一二・五円）×二〇本×二箱＝二〇〇ペソ、一箱売りで八〇ペソ）。タバコは、一箱を五〇ペソ（約一二五円）で仕入れるため、一晩の収入は、タバコ二箱で一〇〇ペソ（約二五〇円）になる。次女は、歓楽街でバラの花を売っている。一五〇ペソ（約三七五円）で花を仕入れて、リボンなどのラッピングをする。それを一本三〇ペソで売って、毎晩二四本売る（三〇ペソ×二四本＝七二〇ペソ）。花を完売すれば、一晩の売り上げは五七〇ペソ（約一四二五円）になる。しかし、花売りの日は、帰宅が午前一時くらいになるため、週に数回しかできない。路上で物売りができなくなったジョアンは、このような長女夫婦と次女の単発的な収入と、ときたま入る夫や自分の単発的な収入を合算して、家計をやりくりしている。このように、ルースとジョアンは、かつてのようにベンダーができなくなったが、なんとか収入を得て、生計を立てている。しかし、ベンダーをしていた頃のように、日々、一定の収入を当てにできる状態ではない。彼ら彼女らは、その日が終わるまで、いくら稼げるか分からないという、不安定な生活を送っている。

4　国立公園のベンダー

リサール公園は、マニラ湾岸にあり、スペインによる植民地支配からの独立革命の国民的英雄ホセ・リサール（Jose Rizal）が、一八九六年に処刑された場所である。公園には記念碑があり、兵士が二四時間体制で警備している。公園には、子ども向けの遊び場や日本庭園があり、公園に隣接して大型水族館がある。日曜や祝日には、地方からの観光客やピクニックを楽しむ家族連れが多い。平日の午後には、学生や仕事帰りの人びとが集って、ダンスや国技のアーニス（Arnis）を練習する風景がみられる。リサール公園は、政治的にも重要な公園であり、海外から国賓などを迎えると、しばしば、公園で歓迎式典が行なわれる。公園周辺には、国際会議場や高級ホテルが多い。大きなイベントがあるとき、その数日前には、公園で販売許可をもつ店舗も含めて、ベンダーの店舗の撤去作業があり、許可をもたないベンダーやホームレスの一斉検挙が行なわれる。二〇一五年一月、ローマ教皇が公園に来たときは、行政がベンダー・ゼロ計画を打ち出し、二週間前に、すべてのベンダーに対して、五日以内に立ち退くように通告された[17]。

1　公共空間からの排除

公園は、観光省の国立公園開発委員会（NPDC：National Parks and Development Committee）によって管理されている。現在の公園の敷地には、NPDCの許可を得た三グループのベンダーがいる。まず、外資系の企業や個人事業主が運営する店舗（表8―1の①、以下同じ）がある。つぎに、行政のKFC事業による店舗（②）がある。最後に、個人経営の店舗（③）がある。このほか、公園の内外に、NPDCの販売許可を持たない歩き売りのベンダー（⑤）がいる。さらに、公園の周辺に、販売許可をもたないベンダー（④）が、移動式の簡易店舗を構えている。このうち、公園で長い間商売をしてきたのが、個人経営の店舗（写真21）と歩き売りのベンダーである。本項では、土地の管理者とベンダーの関係に着目する。そのため、販売許可を得ているベンダーのなかの個人経営の店舗（③）に着目する。

個人経営の店舗の多くは、一九七〇年代から商売をしてきた。ベンダーの規制が厳しくなった一九九九年に、露天商・行商人人民民主連合（PEDHVA：People's Democratic Vendors and Hawker's Alliance）を組織して、NPDCと販売許可を求める交渉を行なってきた[18]。その結果、二〇〇四年に、公園の清掃や草木の剪定などを行なうという条件で、公園での販売が、正式に認可された。しかしその後、政権交代やNPDCの公園管理の方針の変更により、公園の整備が外注化されて、ベンダーによる公園清掃はなくなった。同時に、個人経営のベンダーに対する管理が、厳しくなっていった。そして現在、ベンダー・ゼロ区画[19]（Zero Vending Zone）の掛け声のもと、公園からのベンダーの排除が進んでいる。二〇一三年に、すべての個人経営のベンダーの強制立ち退きが行なわれた[20]。他方で、企業や個人事業主が運営する店舗が、新規に参加した。その登録手続きには、少なくとも一万六、〇〇〇ペソ（約四万円）の金が要る。また、正規の個人事業主として営業をするときは、NPDCに、一日一五〇ペソ（約三七五円）の場所代を払わなければならない。さらに、企業の場合は、販売場所や店舗規模にもよるが、最大で一日八〇〇ペソ（約一、七五〇円）の場所代を払わなければならない。これに対して、組合のベンダーがNPDCに収める場所代は、三分の一の五〇ペソ（約一二五円）である。固定店舗の一日の売り上げは、二五〇ペソから三〇〇ペソ（約六二五円～七五〇円）である。ベンダーの多くは、高利貸し(21)から借金をしており、毎日少額ずつ返済している。そのため、多額の場所代を払うことはむずかしい。そのため、固定店舗は、新規参加の店舗に押されて、数店舗ごとにまとめて、人通りの少ない公園の隅に移動させられている（写真25）。さらに、NPDCによって、店舗の面積が一メートル四方に指定されており、それは、移動の度に縮小されている。販売する商品も、NPDCへの報告が義務づけられており、販売に関わる通告をたびたび受けている。

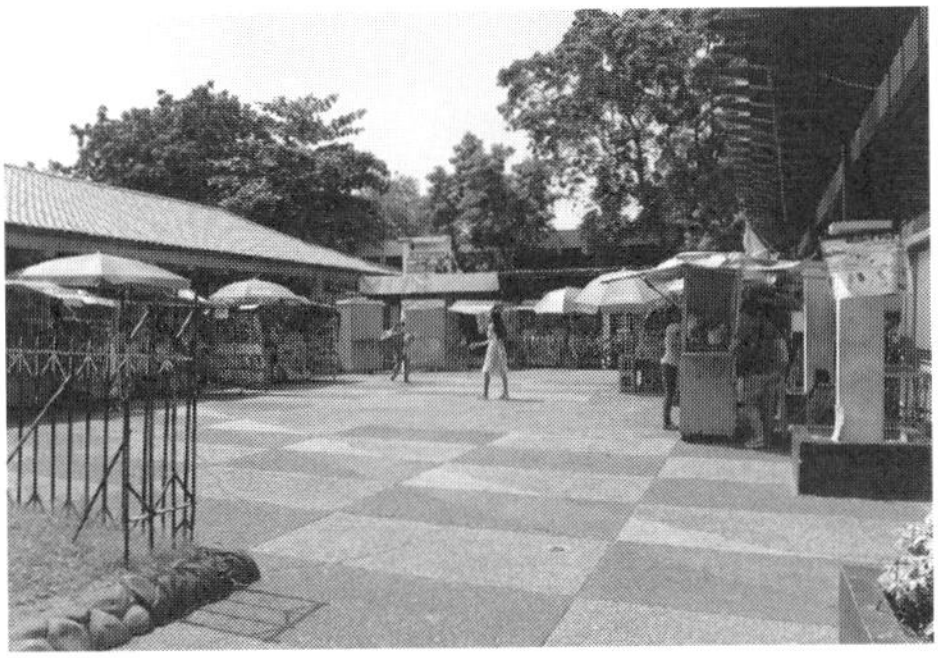

写真 25　公園内の人通りの少ない場所に集められた店舗［筆者撮影　2016 年］

> 近頃は、店舗に置く物まで規制されてるのよ。ジュースを冷やすクーラーボックスはだめ、日よけのパラソルもだめ、私らが休息で横になる長机もだめ。だめ、だめ、だめ、だめ。いつか息をするのもだめっていわれるんじゃないかしらと。だってあなた、こんなに暑いのに、生ぬるいジュースなんか飲みたいって思うかしら。そんな勧告に従っていたら、商売あがったりだわよ。［Myrene、六〇歳、女性、二〇一六年三月二六日、店舗の前で］

年々に厳しくなるベンダーの規制は、マイリーンが「息をするのもだめ」と皮肉るように、ベンダーの商売と生活に深刻な影響を及ぼしている。公園の一部の区画では、隣接する国立博物館の駐車場を公園に増設するという理

写真26　歩道の片隅で炊飯をするホームレス男性
［John Lagman 撮影　2014 年］

由で、一〇店舗に対して、二〇一六年六月までに完全に退去するよう勧告されている（二〇一六年三月の調査時）。このように、組合を組織し、交渉を重ねて販売許可を得たベンダーであったが、そのような権利も、いま、次第に無効化しつつある。

2　疑似公共空間

公園って、本来、仕事で疲れた人、悩みを抱えている人なんかが日常から離れて、考え事をしたり、リラックスしに来る場所だと思うんですよね。どんな人でも来れる場所であるはずなんです。でも、たとえばここのトイレ、いまは、使うのにお金払わないといけないんですよ。維持費とかいって。でも、ここは国立公園なんだから、トイレは有料化するもんじゃないって思うんですよね。これは僕たちベンダーだけでなくて、公園の利用者にとってもですよ。公園の入り口には、門が付いたでしょう。いつか、民営化されて入場料取るようになるんじゃないかと思う。そんなことになったら、マニラには憩いの場がなくなりますよ。こういう場所を利用する人を制限していくと、市民のためにも良くないと思いますよ。［Bing、四〇代、男性、二〇一六年三月二六日、店舗の前で］

リサール公園の利用は、有料になっている。ベンダーであれ、公園の利用客であれ、トイレを使用すれば、「メンテナンスのための寄付」として五ペソを払わなければならない。園内のおもな通路に新規参加している資本系の店舗は、個人運営の店舗と同じミネラルウォーターやソフトドリンク、スナック菓子を販売しているが、価格は、固定店舗より一・五倍ほど高い。固定店舗では、二五ペソあれば、白飯とおかず一品の食事ができるが、資本系の店舗は、サンドイッチやホットドッグ、シューマイなどの軽食しか販売していない。その代わり、公園の周辺には、一人前五〇〇ペソもする高級レストランやファーストフード店が並んでいる。すなわち、公園は、食事をする場所ではないとされ、きちんと食事をするには、公園の外のレストランへ行かなければならない。かつては、公園で簡便で安価に食事を取ることができたが、それができなくなった。

このような公園の変化から、二つのことが指摘される。一つ目は、公共空間の質が変容していることである。リサ・ドラムンド（Liza Drummond）は、ベトナムのハノイ（Hanoi）を事例に、路上が慣習的に私的占有（洗濯、炊飯、水浴びなど）されていることに注目して、公共空間の意味と機能が、アジアと欧米では異なると主張した［Drummond 2000］。リサール公園でも、これまでは、園内の道端で食事を取ることが慣習的に容認されていた。しかし、人通りが多い主要道路では、きちんと食事を取ることができなくなった。これは、ひとつの事例に過ぎないが、一般にも、マニラにおいて公共空間の私的占有が、容認されなくなっている（写真26）。二つ目は、公共空間を利用するには、料金を払わなければならなくなったことである。金がなければ、トイレが利用できない。ビンが言うように、本来、公園は、富める者も貧しい者も隔てなく利用できる場所のはずである。しかし実際は、公園は、金のある人しか入れない。すなわち、公園は、金のある人に「私的に占有された」「疑似公共空間」（pseudo-public space）［Mitchell 1995］になりつつある。

5　ストリート・ベンダーの階層化

こうして、公園や路上の一部が、疑似公共空間になりつつある。そして、ベンダーは、公園や路上での販売が許可される者と、されない者に分かれてくる。これまで、インフォーマル・セクターの仕事のひとつとして、労働市

表8-3　マニラ市内のストリート・ベンダーのリスクと利益

	種類	販売責任者	主な販売場所	販売許可	リスク	利益
①	資本系店舗	企業・個人	公園／市場／モール敷地内	有	低	高
②	福祉系店舗	行政・個人	公園敷地内／街路	有	低	中
③	固定店舗	個人	公園／市場敷地内	有	中	低
④	簡易店舗	個人	公園／市場周辺／街路	無	高	中
⑤	歩き売り	個人	公園／市場内外／街路	無	高	中

場の周縁に置かれてきたベンダーのビジネスに、資本や行政の参加が始まっている。表7―3は、ベンダーが商売をするときに生じるリスクと利益について整理したものである。まず、資本系ベンダーと福祉事業系ベンダーは、新規に参加したベンダーであり、その店舗は、特定場所に確定した販売許可をもっている（網掛け部分）。

表8―3に示されるような、商売をするときのリスクおよび利益の大小と、販売許可の有無は、つねに照応するわけではない。たとえば、リサール公園の固定店舗のベンダー（表の③、以下同じ）は、販売許可はもっているが、公園の施設が増築されて、その土地が必要となるときは、いつ販売許可を撤回されるか分からない。これをリスク度が中であるとする。

先行研究において、四本は、取り締まりと収益の関係に着目して、公園のベンダーを「ローリスク・ローリターン」、公園外のベンダーを「ハイリスク・ハイリターン」と、特徴づけた［四本　二〇〇九］。すなわち、公園のベンダー③は、販売許可をもつので検挙のリスクは小さいが、通行人が少ないので一日の売り上げが小さい。これに対して、公園外のベンダー（④と⑤）は、いつ取り締まりに遭うか分からないのでハイリスクであるが、客を探して場所を移動することができるので、収入のリターンは多い。著者の調査では、これに加えて、「ローリスク・ハイリターン」である①と②が現われた。①は、公園で人通りが多い場所で商売をして、販売する商品も高い。また②の店舗は、公園の入り口付近の路上に集まり、これも人通りが多い場所にある。販売する品の種類や価格も、③や④とほとんど変わらない。そして、ＤＳＷＤや関係省庁、自治体との間で覚書が交わされているので、公園や路上から追い払われるリスクは小さい。

四本は、リサール公園においてベンダーが販売許可を得ることを、ベンダーの「フォーマル化」と捉えている。また、貧しいベンダーが、行楽客の観光案内をして収入を得ていることに言及している。他方で、それでもベンダーの生活は、楽ではないとしている［Yotsumoto 2013］。すなわち、ベンダーの「フォーマル化」と生活階層は、つねには照応しない。そのことは、公園外の販売許可をもたないベンダーの方が、販売許可をもつ公園内の固定店舗より、収入が大きいことから分かる。さらに、ベンダーが「フォーマル化」されても、彼ら彼女らが販売許可を得た二〇〇四年以降、商売を厳しく規制されて、立ち退きの勧告を受けている店舗もある。③の固定店舗は、販売許可を得て「フォーマル化」したベンダーであるが、①②と比べると不安定な状態にあることが分かる。その意味で、新規参加したローリスク・ハイリターンの店舗（①と②）こそ、真の意味で「フォーマル化」されたベンダーとみなすことができる。

6　都市開発と都市底辺労働

本章では、近年におけるマニラの都市空間の再編が、底辺労働（層）に与える影響について検討した。そのため、公共空間である公園で働くベンダーの事例を取り上げた。ここから、路上の人びとの生活をとおして、経済のグローバル化における、都市底辺労働の変容と公共空間の再編が確認できた。都市開発が都市底辺労働へ及ぼす影響は、二つある。一つ目は、公共空間の再編にともなうベンダーの規制と、フォーマルなベンダーの参加により、比較的に安定していたベンダーの収入稼得の機会が、不安定になったことである。A教会付近の路上には、販売許可はないが、物売りにより長い間生計を立ててきた人びとがいた。それらの人びとには、比較的安定した収入機会があった。しかし、街路の美化や犯罪の監視のため、路上使用の規制が厳しくなり、その結果、ベンダーの収入稼得の機会が、予測不能で、不安定なものになった。長い間公園で商売をしてきた人びとは、組合をつくり、政府と交渉して、公認されたベンダーの位置を獲得した。しかし、資本と行政による公園の再開発のため、ベンダーの既得権が掘り崩され、次第に公園から排除されている。二〇一二年と一三年には、PEDHVAに参加している店舗に対して、立ち退き命令が出され、強制執行を行なうNPDCや警察とベンダーが衝突した。立ち退きの勧告を受けている店舗には、一九七五年からリサール公園で物売りをしてきたベンダーもいる。

これまでずっとベンダーをやって生きてきたの。小さいときから親といっしょにここで働いているの。だから、これしか生きる方法がないわ。つぎの立ち退きで、公園の外へ追い出されたら、正直、どうなるか分からないわ。とにかく、いまはそうならないように、立退きに抵抗するしかないわ。［ジャニス、六二歳、二〇一六年三月二五日、店舗の前で］

立ち退きでは、対象店舗に代替の場所は提供されない。そのとき、ジャニスは、公園の外でハイリスクな折り畳み式のベンダーをするしかない。ただし、公園外の販売区域に新規参加するのも容易ではなく、ベンダーの仕事自体を続けられる保証はない。ここにも、安定的な収入機会から、断続的にしか収入を得られない状況へと下降移動していくベンダーの姿がある。

二つ目の影響は、資本と行政が、ベンダーの仕事に介入・参加することにより、ベンダーの階層化が進んだことである。リサール公園のベンダーの多くは、販売許可はもつが、公園の隅に追いやられている。これらのベンダーが、新規に参加する資本系ベンダーと競争しても、太刀打ちできない。他方で、公園を利用する人びとの好みや懐具合も変わって、資本系店舗が売る、清潔感があって高価な商品を好む客が増えている。このような事情により、資本系店舗と固定店舗の売り上げの差は、拡大するばかりである。また、社会開発福祉省のKFC事業は、元ホームレスを対象としており、同事業の対象者には、支援を受ける前には、公園周辺の路上で暮らして、ベンダーをしてい

図 8-1　ストリート・ベンダーの階層化

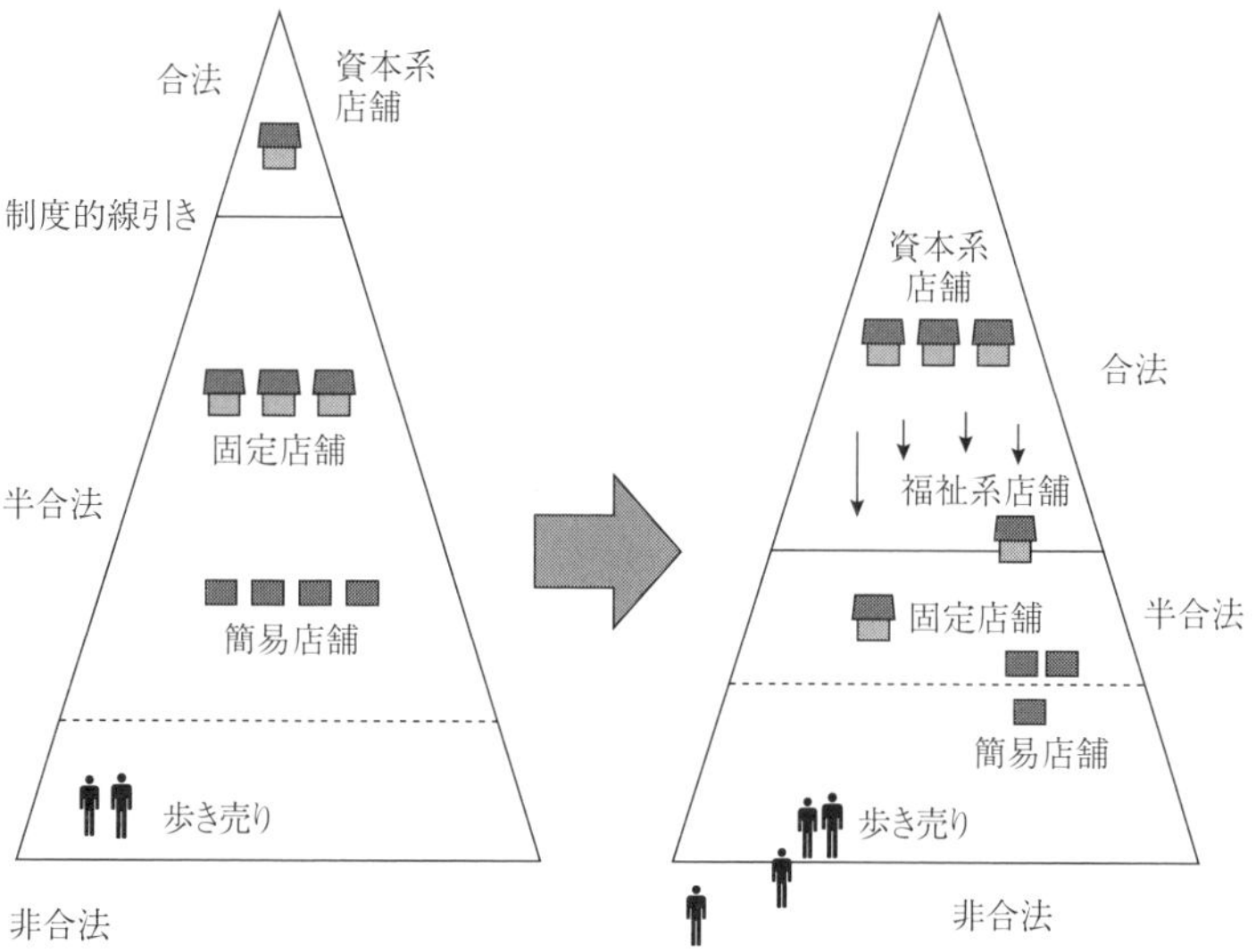

た人もいる。ＫＦＣ事業は、販売を無期限に認めているため、これまで行政が行なってきた貧困者への一時的な資金援助と比べて、画期的なものであった。

しかし、二〇一六年七月に誕生した政権のもとで、方針が変わって、このＫＦＣ事業は、打ち切られた。その理由は、ベンダーという、「雑多」な路上の景観を一掃するためである。ＫＦＣ事業の打ち切りは、路上の「私的占有」に対する規制が、さらに厳罰化されることを意味する。[22]また、福祉系ベンダーが撤退しても、資本系ベンダーは残る。それ以外のベンダーは、「不法ベンダー」として、さらなる危険と向き合いながら、生きていかなければならない。マニラのベンダーの階層は、完全に二極化した。

図８―１は、本節で論じたベンダーが階層化している過程を、図式化したものである。横の線は、正式な販売許可をもつかもたないかという、ベンダーとしての制度的立場の差異を示す。この線引きは、合法／非合法の境界を示すため、検挙のリスクと深く関わってくる。図の真ん中にあたる半合法とは、警察やガードマンに賄賂やみかじめ料を支払うことで目をつむってもらう場合や、

地主との交渉で特別に許してもらう場合である。どちらも、合法ではないため、立ち退き勧告を受けたり、検挙されたときの補償はない。そして最後が、歩き売りの人びとである。ここに、アエタやバジャウなどの先住民ベンダーが、多く含まれる。

ベンダーが階層化する過程をみると、資本系店舗が事業を拡大し、ほかのベンダーが商売していた公共空間を占有しつつある。同時に、美化を謳う都市政策によって、ベンダーの取り締まりは厳しくなる一方である。かつてのように、固定店舗や簡易店舗で商売ができなくなったベンダーは、歩き売りに参加するか、リスクを背負って変装をしたり、いざというときには移動が可能な簡易店舗を構えて商売をするしかなくなる。もしくは、先にみたように、時どきベンダーになるか、ベンダー業をあきらめて、パーキングなどの収入獲得の手段を考えるしかなくなる。そのため、「合法ベンダー」の勢いに押されながら、「非合法ベンダー」が増加している。このように、都市計画は、都市底辺労働を階層分化させている。そして、ジェントリフィケーションにより、私的に公共空間を占有してきた下層の人びとが、その既得権益を失い、「不法」の烙印を貼られて、公共空間から排除されている。他方で、資本が下層職種に進出して、行政の庇護のもとで、公共空間を「私的に」占有している。すなわち、公共空間の私的占有が、下層の人びとから資本へ移行している。ベンダーの事例をとおして、このような、マニラにおける都市底辺労働と空間の再編、都市権力の動的過程をみることができる。

7　都市のインフォーマリティ

このような公共空間の規制強化のもと、ベンダーたちは、どのような交渉や戦略によって、「非合法」になることを回避し、路上の生業を続けているのだろうか。また、資先にみたように、ベンダーのようなインフォーマルな職種は、過剰都市化という人口変動の自然の結果として説明されてきた。本章では、このようなインフォーマル・

セクター論と一線を画して、「インフォーマリティ」は、国家（と資本）によってつくられ、維持され、規制のために利用されている［Roy 2005］という観点から、政治的な構築物であると捉えている。つぎに、そのようなインフォーマリティに着目して、ベンダーの実践をみていきたい。

ベンダーによる政治的な交渉は、二つの側面から考察される。まず、国家や資本と、地主や自治体の間の交渉である。具体的には、どのベンダーに、どのように特権が与えられるかである。福祉系ベンダーは、元ホームレスの生活向上事業としてあるが、選挙の支持者に恣意的に店舗が与えられたりする。フランチャイズ店やビジネスオーナーが出店すると本や国家は、どのように「インフォーマルなもの」を管理しつつ、下層の人びとを排除しているのだろうか。

フランチャイズ店やビジネスオーナーが出店するとき、き、販売行為が禁止されているようなエリアで、特別に販売が許可されることもある。このように、店舗を出したり、販売の認可を得たりすることが、行政との交渉をとおして決められていく。すなわち、インフォーマルなものが、暗黙にフォーマル化されていく。

LUNGSOD NG MAYNILA
CITY TREASURER'S OFFICE
Fees in the concept of DAMAGES for the use and occupancy of city properties, pursuant to Ordinance No. 8331, as amended, by the City Council, Manila: ₱20.00
PER SQ. METER
Name
Control No.
Date 8/23/2016
Serial No. № 0621776
BY: CTO-Collector
NORMAN DAVID F. DELOS REYES
IN-CHARGE OF OFFICE
CITY TREASURER'S OFFICE

写真27　公共空間の使用に対する罰金として毎日支払っている「場所代」の領収書［筆者撮影　2016年］

資金や縁故がないベンダーも、路上で物売りをする認可を求めて、行政や地主と交渉をする。ある自治体では、簡易式から固定型の店舗まで、すべての店舗が、「地代」と称する罰金二〇ペソ（約五〇円）を、毎日、徴収されている（写真27）。また、自治体とは管轄が異なる警察署へ、毎日、三〇〜一〇〇ペソの地代（賄賂）を払うことで、一日、検挙される危険なくして販売ができる。ただし、地代を払っても、緊急の取り締まりや、地主や行政がその場所を使用するときは、代わりの場所の補償もなく、排除されたりする。警察は、「店舗が通行の邪魔になっている」「販売許可がない」「収益分の税金を払っていない」などの理由で、ベンダーを検挙する。また、リサール公園の周辺に簡易店舗を出すベンダーは、公園でイベントがあるたびに、警察の検挙の脅しを受けてきた。

他方で、ベンダーは、手押し車式のベンダーでさえ、「あっちが非合法なベンダーだといって、あれこれ法律をもち出してくるなら、こっちも法をもち出して闘うまでだ」と、証券取引委員会（SEC：Securities Exchange Commission）へ登録したり、法人税を払うことで対抗している。

二〇一六年に発足した新政権のもと、ストリートの規制は厳罰化されている。権利のないベンダーは、容赦なく一掃されるだろう。資本系ベンダーは、権利のないベンダーが排除された場所を占有していく。また、公園などが排他的な空間になっていく。資本系ベンダーは、そのなかで商売をする。排除は、ベンダーの階層分化の強力な牽引車である。行政は、公営市場の立て替えを行ない、路上のベンダーをひとまずそこへ収容しようとしている。それについて、一七年間、公園の外で固定式店舗を経営してきたベンダーは、つぎのように言う。

そもそも俺らみたいなベンダーに営業許可なんか出すわけがない。だって、自治体だって、ベンダーから毎日何千ペソもの地代を取っているし、警察だって毎日賄賂（Lagay）で稼いでるわけだし。俺たちはただ、自分たちの仕事を違法行為ではなく生業として認めてほしいだけだ。生きていくために必要な営みであることを認めてほしい。それだけだ。俺たちはそのために闘ってるんだ。［ジュン　二〇一七年八月二一日］

ベンダーが今日を生きるためには、今手にある仕事を続けなければならない。そのためには、規制があり、抵抗があり、交渉があり、駆け引きがある。[23] ベンターが置かれた状況は、合法／違法、正規雇用／非正規雇用の二項分類では捉えきれない。今一度、都市の底辺労働のインフォーマリティの意味について、再考する必要がある。

注

（1）たとえば、あるマニラのファーストフード店では、学歴（大学卒業もしくは大学二年生程度）、英語のコミュニケーション能力、年齢一八〜二五歳、身長制限（女性の場合、一五七・五センチメーター以上）、健康な人という条件がついている。それに加えて、履歴書、大学の成績証明書および推薦状、無犯罪証明書、社会保険（Social Security System）、健康保険（Phil-health）、住居ローンのための基金（Pag-ibig fund）、健康診断書（薬物検査、レントゲン、検尿、検便）、行政が行なっている二日間の食品衛生のセミナーの修了証明書などの書類の提出が求められる。

（2）「私もマニラで生まれたから、長いんだけどね、私たちバジャウは、マニラでひっそりと生きてきたわ。いろいろ問題にされたり、問題に巻き込まれたりするのが嫌なのよ。」［ララ　二〇一二年八月二三日、A地区の自宅にて］

（3）都市貧民を支援するNGOには、先住民を平地民と同じ活動に加えると、先住民の文化や価値観が失われる危険があるという文化相対主義的な理由で、先住民を組織化から外すものがある。

（4）バジャウはイスラム教徒だというイメージが強いが、非ムスリムのバジャウも多い。反対に、エミリーといっしょに物乞いをしていたほかの女性は、「バジャウ」を名乗っていたが、ムスリムであった（インタビューをしているときに、ほかの仲間が屋台で豚肉入りのおかずをもらってきた。そのとき、彼女が「豚肉は食べない」とエミリーに渡したことから、ムスリムであることが分かった）。

（5）マニラで、先住民の物乞いは、「貧者のなかの貧者」というイメージが強い。そのため、物乞いをするときに先住民性を押し出すことで、稼ぎを得ることができる。これは、アエタにも同じ事例がある。［清水　二〇〇三：二〇四―二一二］

（6）「娘は大学を続けられなかったけど、それでもちゃんとした仕事につけて、ラッキーだったわ」［エリーナ　二〇一二年八月二六日、自宅にて］。学費が払えず、大学二年で退学したエレナ（五〇代、女性）の娘は、契約社員としてファーストフード店で働いている。一か月の収入は三〇〇〇ペソほどである。

（7）このシステムは、参加メンバーが、毎月一定額を支払い、自分の担当月には、積立金を受け取ることができる。A地区のNGOスタッフの話によると、一人当たり月々三〇ペソを払い、担当月には、一人当たり三〇〇〇ペソほど受け取る。ただし、参加人数など、システムの詳細は不明である。

（8）A地区は、一九三〇年代に、公有地に平地民が住み始め、その後、居住権をめぐって住民組織とマニラ市との間で訴訟裁判が行なわれている。裁判は現在も続いているが、フォーマルな居住権や地権とは別に、住民の間で家屋・土地の売買や賃貸が行なわれている。

（9）ＰＰＰが進んだものとして、一九九〇年代初めにラモス（Ramos）政権下で成立したＢＯＴ法（BOT-Build-Operate-Transfer）法がある。フィリピンは、アジアで最初に交通の社会資本の整備に民間資本を活用するというＢＯＴを法制化した国である。しかし、資金問題や官民の調整不足によって、プロジェクトが遅延し、その後の法改正を経て、現在はＰＰＰのもと、民間の役割をいっそう明確にして、インフラ整備が行なわれている。

（10）フォーマル／インフォーマルの定義の曖昧性や多義性は、先行研究においても指摘されてきた。さらに、グローバル経済のもと、二元論を超えるさまざまな議論が出されている［松薗　二〇〇六、遠藤　二〇一一］。

（11）資本規模が極端に小さい路上での仕事に限られるため、日本の自営業とも区別する必要がある。

（12）ＫＦＣ事業は、ＤＳＷＤのホームレスの生計支援プロジェクト（OBBSB:Oplan Balik Bahay Sagip Buhay project）の一部としてある。ホームレスへの現金給付は、二〇一五年頃から、特別な保護が必要な世帯のための現金給付プログラム（MCCT-FNSP:Modified Conditional Cash Transfer for Families in Need of Special Protection）によってはじめられた。

（13）ストリート・ベンダーと行政関係者の間の賄賂（Lagayan）がもつ意味については、日下渉［二〇〇七］がくわしい。

（14）リサール公園で、三〇年以上ベンダーをしている親世代は公園内のベンダー（表8―1の③）、新規参加の子世代は公園外のベンダー（表8―1の④⑤）という事例もある。

（15）二〇一六年四月に、ＫＦＣ事業の三店舗が参加した。

（16）パーキングの仕事のほか、タクシーを探している客に空車のタクシーを呼んだり、高齢の参拝者の歩行介助をするなどの仕事がある。チップの額は、良いときは五～五〇ペソになる。

（17）通告のメモに、立ち退きの期間は書かれておらず、立ち退いた数日後に公園に戻ったベンダーもいる。しかしその人は、数時間で強制撤去されて、商品と手押し車が没収された。このほか、教皇訪問の前日に、歩き売りをしていたベンダー二人が、逮捕された。二〇一五年一一月のＡＰＥＣ（Asia-Pacific Economic Cooperation）会議や、二〇一六年一月に天皇がフィリピンを訪れたときも、同公園で式典が行なわれ、警備が強化された。［二〇一六年三月二一日、個人経営ベンダーへのインタビューより］

（18）公園のベンダーによる抵抗運動の経緯は、四本の研究がくわしい［Yotsumoto 2013］。二〇一六年三月現在、公園で販売が許可されているＰＥＤＨＶＡのメンバーは、八九人であるが、このタイプの販売条件（五〇ペソという格安の場所代や特別に区画分けされた販売スペース）をもつＮＰＤＣへの新規登録はできない。なお、リサール公園では、これまでのベンダーの抵抗運動の歴史のなかで、運動方針の違いなどからＰＥＤＨＶＡを離脱したベンダーが数店舗ある。これらのベンダーは、現在、正規の店舗として、資本系ベンダーと同じ好条件で、公園での営業が許可されている。この背景には、ベンダーの運動に関連した政治的な事情がある。しかし、それは本論での主旨から逸れるため、このタイプのベンダーについては、正規の営業許可を得ている個人事業主として①に含めている。

（19）ベンダー・ゼロ政策は、一九八〇年代から観光省とNPDCによって進められており、一九八八年には、取り締まりで逮捕されるベンダーが出た。［二〇一六年三月二一日、運動支援者へのインタビューより］

（20）この強制立ち退きに対しては、国際的な人権擁護の声が高まり、国際NGO「アジア人権委員会（Asian Human Rights Commission）」が公式文書を送って、フィリピン観光省への説明を求めた。その回答の文書［DOT 2013］において、NPDCは、二〇〇四～一〇年にPEDHVAとの間で交わしたベンダーの販売許可を認める覚え書の存在自体が、否定されている。他方で、一九六〇年代から公園にベンダーがいたことは認めて、その長年の経緯から、これまで寛容な対応をしていたと述べている。今回の強制立ち退きという方針転換については、ベンダーが、店舗を改造して公園を住居スペースにするようになったことを黙認したため、警察やガードマンが個人的なビジネスとして場所代をベンダーに要求するようになった、そのため公園の治安が乱れたので秩序を回復する必要があるとしている。PEDHVAによれば、小規模な強制撤去や販売物の没収は、二〇一二年二月以降、三件起きており、それらをきっかけに、それまで自宅から通っていたベンダーも、店舗を守るために公園で寝泊まりをするようになった。［二〇一六年三月、PEDHVAメンバーへのインタビューより］

（21）フィリピンでは、正規の消費者金融から融資が受けられない人びとを相手とする、ファイブシックス（五・六）という高利貸しがある。これは、実際に借りた元本に四か月掛ける二〇パーセントを加えた額を、毎日返済していく仕組みである。五〇〇〇ペソ（約一万二五〇〇円）借りると六〇〇〇ペソ（約一万五〇〇〇円）を返済することになることから、ファイブシックスといわれている。融資の際には、元本の二・五倍の価格をつけた商品を購入することが条件とされており、この代金を数か月かけて払う（二〇一六年三月二一日、リサール公園でのインタビューより）。ベンダーは、資金力に合わせて融資額を追加することができ、通常、リサール公園のベンダーは、二～四か所から融資を受けている。

（22）マニラでは、すでに路上や公園など公の場での飲酒禁止の市条令が発令されているほか、一八歳以下の夜間外出禁止条例によって、路上で寝起きしているストリート・チルドレンが、警察に拘束される事態が続いている。［Cerojano, June 17, 2016］

（23）都市開発政策により排除されるベンダーを、公共空間をつくり出す積極的なアクターとして着目する研究もある。［Recio & Gomez 2013］

補論　「確かなデータ」についての考察

一　データの科学性

本書は、参与観察および質的調査法をもとに、アエタの「語り」を記述し、人びとが、自身が置かれた境遇をどのように意味づけしているのかについても考察する。本書がこれらの調査法を選択したのは、アエタの生活状況、家族や親族、近隣のネットワーク、状況の定義や運命観の内部／深層を捉えたかったからである。とくに、アエタの外的・内的世界に、彼／彼女らの「語り」を介して考察することで、市場社会のなかで、アエタの労働や消費に関する価値までもが取り込まれていく過程を詳細に知ることができる。

このため、本書では、延べ一八年にわたってサパ集落に通い、人びとの生活の場に入った。そして質的調査法によって、市場社会に参加するアエタの労働の変容、伝統的価値の再構築、市場的価値の受容を記述することが可能となった。たとえば、アエタが運営する協同組合において、つけ買いが、組合員にとってどのような意味をもつかを知るためには、アエタの相互扶助の慣習だけではなく、つけ買いをする人の家庭の事情や店番との人間関係を把握しなければならない。著者は、当時、協同組合の店番の手伝いをしながら、組合員とベルの間の人間関係を観察することができた。また、ベルと一緒に店のなかで時間を過ごすなかで、彼女の価値観の変容や、語りの場で共有されている雰囲気などを理解することもできた。このように、住み込み調査や、長期に渡る参与観察は、人びとの生活に入り込み、彼ら彼女らの語りや行動を観察し、ときに自分も経験することが可能となる。

これまで、先住民を対象としたエスノグラフィックな研究調査もしくは、質的調査についての議論［Goodwin 2002］では、「質的研究には対象への長期の関与」(1)が前提とされてきた。確かに、著者も先に挙げた参与観察のメリットを重視し、サパでは長期に渡る関与をしてきた。他方、調査対象者との関わりが短ければ、得られる情報が限られるだけでなく、語りの内容の信憑性も低くなることも指摘されてきた。また、フィールドの状況がわからないまま話をすると、会話をしているときや、解釈をするときに、そこに含まれる重要なサインや、含意を見過ごす可能性も否めない。しかし、質的調査はつねに調査対象者に長期の関与が必要となるとは限らない。何度も繰り返すことで信頼性は高まるかもしれないが、これらの問題は、対象者との関わりの長短にかかわらず、他者の調査をしている限り、つねに意識的にならなければならない問題である。

現在、著者は路上で生活する人びとの状況を知るために、マニラでフィールドワークを行っている。たとえばそこで、著者が出会った先住民は、警察の取り締まりや、通行人の様子、収入獲得のチャンスに合わせて、たえず場所を移動していた。そのため、話を聞いた相手に、「だいたい、いつもこの辺りにいる」と言われても、つぎにその場所を訪れたときに会える保証はまったくない。本書で登場した、イッサの場合もそうである。限られた回数しか会うことができず、結局、マニラに出てきた本当の理由を聞くことはできなかった。しかし、たとえ一回限りの聞き取りであろうと、仕事や生活についての話や仲間とのやり取りなどから、「生きられた世界」を知ることは十分に可能である(2)。

さらに「たしかなデータ」を呈示するためには、このような技術的な問題のほかに、データの解釈や、調査に対する自省性についても留意する必要がある。質的調査法については、従来、その方法の「科学性」がつねに問われてきた。補論では質的調査法に関する四点（事例の「代表性」、データの解釈をめぐる問題、自省性、自己の表示）に対する本書の見解を整理したい。

1　代表性

質的調査法に関しては、特定の事例が、どこまで代表性や普遍性をもつかという点について問われる。

著者も、研究を続けるなかで、しばしば、サパのアエタの事例がどこまでフィリピンのアエタ全体を代表するのか、また、アエタの境遇がほかの先住民とどう違うのか、さらにアエタの置かれている状況（本書では、相対的底辺化）が、フィリピン先住民にどれほど当てはまるのか（もしくは、このどれほど代表できるのか）と、問われる。それに応えるには、調査事例を増やして、アエタの一般性や個別性をあきらかにする方法もあるかもしれない。また、事例は少ないよりも多い方が説得力のあるものとなり、他の研究に複製可能なものとなる可能性も高い。しかし、特定の調査対象者（地）に着目し、「個別具体的特殊な事例の中にある、普遍的な要因間の連関」［玉野　二〇一四：八二］を見ることで、一般理論につながる主張や概念を導出することも可能である。しかし、本書は、たんにフィリピン社会におけるアエタの固有性とほかの民族との共通性（代表性）を追求することを目的としていない。それよりもむしろ、マイノリティの位置にあるアエタであるからこそ、彼ら彼女らのレンズから何がみえているかを追求することで、私たちには見たり感じたりすることができない、市場社会の仕組みや、排除の構造を捉えることができると考える。換言すると、先住民のレンズをとおして市場社会を考察することにより、市場社会そのものを考察しているだけでは看過してしまう点を発見することができる。たとえば、本書では、市場社会が、人びとの内面世界をも「合理化」し、市場的価値を受容させ、経済的性向の身体化を強要する点に着目している。しかしこのような、市場的価値や経済的性向は、世代を超えて平地社会を生きている「私たち」にとっては、日常で「あたりまえ」となっている。したがって、アエタを介して市場社会を考察することで、「経済システムが客観的な期待の場として現れるということを認識しないでしまうという危険」［Bourdieu 1977=1993: 17］を回避することが可能となる。

それでもなお、質的調査において、事例の数が少ないという、いわゆるスモールN問題が指摘されることがある［Goodwin and Horowitz 2002］。たしかに、特定の調査対象者（地）に着目し、その事例の個別性を踏まえ、それを類型に高め、他の類型と比較する方法を取ることで、一般理論に繋がる主張や概念を導出することも可能である。本書でも、一部と二部で検証したアエタの事例を確認するために、三部において、バジャウを取り上げた。ただし、ここで鍵となるのは、比較する事例の数ではない。特定の事例を、一般理論や大きな物語に結びつけるのに重要なのは、事例の数よりも、むしろ事例を分析し、解釈する方法（理論）である(3)（アエタとバジャウの比較については、著者の今後の課題となるが…）。

2　解釈における主観性

つぎに、データの解釈の問題である。質的調査においては、解釈における主観性についても指摘されてきた。対象者の語りに含まれる多義的意味（「厚い記述」）から、特定の意味を選択する際に、研究者の主観が介入するという点である。また、語り手が事実そのものを言葉で表現することは不可能であり、聞き手がそこから事実を解釈することは不可能である。

桜井厚は「ある人が体験した出来事は、口述／記述される場合に言語的様式の制約を受けて表象される。そのうえ、語りには現在の語り手の動機が作用する」［桜井　二〇〇二：三〇］という。すなわち、事実を表象するさいには、いくつかのレベルで、何らかの取捨選択が入る。すべての語りは信頼関係の程度に関わらず、意図的でなくとも、何らかの制約を受けて、変形されて伝えられる。そのため、調査によってあきらかになった「事実」とは、調査対象者による記憶の再現と、当事者と調査者によるその記憶の解釈〔桜井　二〇〇二：三二〕である。ここで調査者は、いくつもの制約を受けた「データ」をできる限り、語り手の解釈に近づける努力をする必要がある。また、聞き取り調査での、「嘘」やフィクション、矛盾（内的一貫性）の問題もある。これらには、当事者にとっては、動機と意味があり、語りの重要な構成要素であることから[4]、積極的に解釈することが必要となる〔岸ほか二〇一六〕。

3　自省性

桜井は、語りの事実性や解釈について、語りが構築される場に着目する「対話的構築主義アプローチ」を提示した〔桜井　二〇〇二：二八〕。桜井は、データの解釈では、「なにを語ったのか」という事実性よりも、語り手が、聞き手との相互行為を通じて「いかに語ったのか」という語りのコンテクストを注視すべきであるという。

そのうえで、さらに重要なのは、その語りを作り出すコンテクストの背景にある「調査者」としての聞き手の位置づけである。調査者は、どのようなデータが、だれによって、どのように収集されるものであるかということに関して自省的でなければならない。また、調査者が、調査の場にいること自体が「日常性の政治に対するポリティカルな介入として位置づけ〔山田　二〇〇〇：七七〕られることも、看過してはならない。そして、場のコンテクストのなかで、「刻々と変わる権力作用の編成において、調査者の位置づけを読み解いていく醒めた認識」〔山田　二〇〇〇：七七〕をもつことで、よりたしかなデータを読者に呈示することが可能になる。このような調査者の位置づけや、調査対象者との関係性は、調査対象者の言動や調査者自身の分析方法にも影響を与えている。

4　自己の表示

ジェフ・グッドウィン（Jeff Goodwin）と、ルース・ホロウィッツ（Ruth Horowitz）は、「質的社会学における方法論的強みと難点」［二〇〇二］という論文のなかで、質的研究が「科学的」研究であることを説明するために、質的研究がもつ方法的なジレンマについて考察している［Goodwin and Horowitz 2002］。そのひとつとして、著者らは、質的研究において、調査者が被調査者や読者に自己を表出すべきか否かの問題について、質的研究の長所として、「目前の現実にできるだけ近くにわが身を寄せて、それを理解しようとする」［Goodwin and Horowitz 2002: 36］ことにある点を挙げている。しかし著者の見解では、調査対象者への「わが身の寄せ方」や、論文のなかでどこまで調査者自身の存在を表に出すかは、一様ではない。どの調査者対象に対して、自分の調査目的をどのように話すか、あるいは、対象者の集団に深く入り込むか、どの程度距離をとるか、さらに、論文のなかで調査者の姿を読者に示すか否か、これらのどれかを一義的に決めることはできない。さらに、近年では、調査倫理の観点から、調査対象者の調査者が調査対象者に対して自己を表出しない調査方法は、批判の対象となることが多い。しかし、これは必ずしも質的調査の「悪しき慣習」などではなく、有効なデータを得るための積極的な調査方法の一つとなることもある。たとえば、著者が、マニラで物売りや物乞いの調査をするときには、彼ら彼女らがどのように客や通行人へアプローチをするのか、また、そこでどのような交渉が行われるのかを知りたいと考える。そのために、著者はつぎの方法でアプローチをする。まず、調査者であることを告げないまま、「通行人」として彼ら彼女らにアプローチする。これにより、被調査者の行為を観察するのと同時に、通行人の立場も経験することができる。場合によっては、「通行人」のまま話を発展させることもある。また、調査者であることを告げて、聞き取りを行うこともある。前者の場合、とくに話のなかで得られたデータをどのように表示するのかという倫理的判断が必要となる。また、質的調査では、見知らぬ他人だからこそ見聞きできることもあるという議論がある。とくに、調査者が調査対象者と初対面である場合、得られるデータに信頼を置けないこともある〔玉野　二〇一四：八六〕。特に語りのデータは、一度しかあったことのない人の場合、収集した情報が本当なのか、事実や本心と異なるのではないか、全くのウソではないが、話が誇張されているのではないか、ということを判断するは難しい。調査者が得られる情報の信頼性を技術的にいかに高めるかという問題に取り組むためには、「自らの調査対象者との関係と、自らの存在が調査対象者に与える影響を対象化しつつ、語りや行為のより深層の意味を汲み取る」〔後藤ほか　二〇一三〕ほかにない。

二　調査の科学性

グットウィンとホロウィッツは、質的調査をテーマにした誌上シンポジウムを企画し、質的調査に関する七本の社会学系の論文について、誌上討論を行なった〔Goodwin and Horowitz 2002〕。誌上シンポジウムでは、調査者が対象者を中立的・客観的に観察する伝統的な調査スタイルを打ち破った事例として、『鉄の檻の解放――メンズ・ムーブメント、ジェンダー・ポリティクス、アメリカ文化』の著者である、シュオルブ（Michael Schwalbe）と『ハマータウンの野郎ども――学校への反抗、労働への順応』の著者であるウィリス（Paul Willis）の調査方法が紹介されている。シュオルブは、「場への積極的な参与者として自己を呈示」〔Goodwin and Horowitz 2002: 41〕することにより、調査対象者の行為の意味や思考をとらえようとした。ウィリスも、調査対象者の世界に入り込むことにより、「野郎ども」の行為の意味を理解しようとした。

グッドウィンらは、読者に対して自己を表出しない調査者のことを「壁に止まったハエ」のようだと表現し、調査者は、調査をする相手にだけでなく、読者に対しても、自らの関わり方を表出することが重要であると指摘した。調査をする相手と調査者の（政治的）関係性は、つねに調査対象者の言動や、調査者自身の分析方法に影響を与えている。しかし、その関係性は、読者には知りえないからである。

調査者や読者が、調査の場のコンテクスト（この場合は調査対象者と調査者の関係性）を踏まえることの重要性に関してもう一つの事例を紹介する。ホームレス研究の友人と、「フィリピンのホームレスは、どうして微笑んだりできるのか」について、議論になったことがある。日本のホームレスに比べ、フィリピンのホームレスには「フレンドリー」に自分の経験を話してくれる人が多い。その理由は、フィリピンのホームレスは、家族や社会とのつながりがより強いからだという話になった。日本のホームレスには単身者が多いのに対して、フィリピンのホームレスには若年・中年、家族連れの人が多い。また、日本のホームレスには家族や親族との関係を切断していることが多いのに対して、フィリピンのホームレスには路上でも家族や親族とネットワークを維持している人が多い。そのため彼ら彼女らは、精神的に、見知らぬ他人とさえ関わりをもつ余裕のある人が多い。このように、調査対象者の「微笑み」や「フレンドリーな振る舞い」を理解するには、彼ら彼女らが置かれている社会的境遇の違いが大きく関わってくる。しかしこの場合、そのことと合わせて、調査者のホームレスに対する立ち位置（positionality）に着目する必要も生じてくる。フィリピンのホームレスに話しかける「私」は調査者であり、外国人であり、ホームレスではない。また、炊き出しの場で観察やインタビューを行ない、主催側の関係者と話をする「私」は、ホームレスの人びとからは、たんなる外国人ではない「支援者」として認知される。そのため、彼／彼女らのなかには、「私」と言葉を交わさなくとも、ニコニコと会釈をしたり、すすんで路上での生活について話をしてくれる人がいる。ある日、炊き出しの場で、目があって、「私」ににっこりと会釈をしてくれた女性がいた。その後、彼女は、つぎの炊き出しに移動する様子だった。「私」もその場を出て、ジプニー（相乗りバス）に乗った。するとそこに、小さくなって座っている女性がいた。彼女は、炊き出しの場で「私」に微笑んでくれた女性だった。しかし、「私」が話しかけようとすると、彼女はすぐ目を逸らして下を向いた。彼女が目を逸らしたのは、無賃乗車をしているために、人に気づかれたくなかったのかもしれない。すなわち、先に「私」は、ホームレスのボランティアと思われて、彼女から微笑んで会釈されたが、ジプニーのなかでは、彼女にとって「私」は乗客の一人であったことが分かる。炊き出しの場で「ボランティア」と見られた「私」は、このとき、完全にグッドウィンらのいう「壁に止まったハエ」になった。もとより、ホームレスは、炊き出しの場でも、調査者またはボランティアである「私」に、心を開いてくれたわけではない。そのことは、炊き出しの場を出てわずか五分後には、「私」は顔を忘れられていたことからも分かる。炊き出しの場で、「ボランティア」と「フレンドリーな」関係を装うことも、ホームレスにとっては生きるための「人間関係」の作り方なのかもしれない。ゆえに、ここからも、調査者が調査の「場」にいることのポリティカルな意味を意識することの重要性がわかる。

グッドウィンらの議論にとどまらず、近年では、「フィールドワークを社会統計学に比肩する客観性や科学性を持つものとして位置づける動き」〔山田　二〇〇〇：六四〕がみられる。むしろ、先に挙げたような四点に留意し、厳格な解釈と表象の手続きをとれば、質的調査によって得られるデータは、すべて「たしかなデータ」となるのである。

注

（1）これに加え、長期の参与観察においては、当事者の言語を習得することも、調査における重要な条件とされる。

（2）ただし、調査であることを相手に伝えていない場合は、相手の話をどこまで、どのように公開するかという倫理的な問題がより大きくなる。

（3）この意味で、本書ではアエタを「社会構造の実存的意味の極限値」〔見田　二〇〇八〕として捉えた。複数の調査対象者に着目にして平均値から社会を分析するのではなく、サパのアエタをとおして社会構造を見ることが可能となる。

（4）岸〔二〇〇八〕は、生活史の聞き取り調査において、「矛盾」や「誤り」「記憶違い」を含み、語りのデータとして、「過剰なもの」「余剰部分」はなにもないとする。

あらたな旅へ

最後に、本書の目的に立ち戻りたい。一章で述べたとおり、本書は、「先住民の研究」ではなく、先住民を介した「市場社会の研究」をめざした。本書の主題を「先住民の労働社会学」としたのは、「働く」先住民の分析をとおして他ならないフィリピンの社会構造を問うためであった。すなわち、先住民を〈差異化〉し、労働市場の底辺に据え置く市場社会のシステムを、先住民の労働をとおして、批判的に掘り下げることであった。それゆえに、本書では、「フィリピン市場社会の底辺を生きる」主体としての先住民の労働と生活世界を分析することに努めた。

本書では、多様なかたちで市場社会に参加する／しない先住民の姿をみてきた。ピナトゥボ山の噴火から、二七年が経った。サパのアエタが、避難先から生活の復興をめざして、元の居住地へ帰ってからちょうど二〇年が経った。噴火の当時、アエタの人びとは、「哀れな異邦人」のようなまなざしを浴びて、国内各地に避難の場所を求めて拡散していった。その人びとが、いまは、クラーク経済特別区周辺の観光業や平地民の雇用主にとって、なくてはならない労働力となった。しかし同時にそれは、労働市場における安価な単純労働者として新たに〈差異化〉される一歩であった。また、マニラでは、グローバル資本の相次ぐ投資を背景に、地方から移住する先住民が増えている。そこで彼／彼女らは、家事労働や物売りなど、インフォーマルな職種に就きながら、都市経済を下支えしている。

このように、先住民を底辺労働者として求め続ける構造のもと、先住民は、生きるために、価値観や生活様式を平地民と同様の価値や生活様式へ変えていった。しかし、先住民が〈差異〉を乗り越えようとどれほど奮闘しようとも、市場は、彼／彼らを底辺労働者として求め続ける。このように、先住民は、社会的に排除され、文化的に包摂されて、その結果ふたたび労働市場の底辺に据え置かれていく。こうして、市場社会におけるアエタの排除と貧困は、再生産された。

本書では、「相対的底辺化」について考察したが、それは、先住民の過酷な状況を説明するための用語ではない。それは、「相対的底辺化」を強いる社会構造の分析と、市場社会への「参入」のあり方を見出すための分析枠組みであった。そして、先住民の「相対的底辺化」と市場社会への「参入」の問題をさらに展開するためには、地域労働市場や政府や自治体の都市政策など、マクロな平地社会の分析が不可欠となる。海外出稼ぎというかたちの、フィリピン国外の労働市場も拡大しつつある。そのなかで、今後、フィリピン人の労働と生活がますます多様化していくのはあきらかである。その只中で、先住民にどのような境遇が待っているのだろうか。先住民は、どこに向かうのだろうか。その問いは、最後に、現代世界の、アジアの同時代を生きる〈私〉への問いに突きあたる。〈私〉はどこへ向かうのだろうか。

著者がはじめてサパを訪れたのは、一九九九年であった。当時、私は、マニラの大学で社会開発学を専攻しており、授業のフィールドワークの一環として、先生やクラスメートといっしょにサパを訪ねた。その翌年に、六か月間の住み込み調査を行なった。その間、アエタの人びとに対する識字教室を手伝いながら、サパや近隣の集落において学校教育に関する意識調査を行なった。あるとき、近隣の村で、学校に通っていないという一六歳の少女と知り合った。私が識字教室に興味はないかと聞くと、彼女は次のように言った。

今のフィリピンでは、ウナット（平地民）が大学を出てさえ仕事がないのよ。それなのに、アエタで女性の私なんかが、かりに大学を出たとしても、いい仕事に就けるわけがないじゃない。親から高い学費出してもらって大学出たって、家事労働（家政婦）か洗濯婦になるのがせいぜいなのよ。

現実は、この少女の言うとおりであった。アエタと平地社会の関係、すなわちフィリピン社会の仕組みが変わらないかぎり、彼女は、平地社会の底辺で生き続けなければならないだろう。また、そのように底辺に据え置く人間を必要とし続ける、フィリピン資本主義の社会構造を問わないかぎり、彼女はもとより彼女の子や孫もまた、底辺に据え置かれるままであろう。彼女は、その後、自分のやり方で社会を変えるんだと言って、結局、識字教室に来ることはなかった。

これが、私がアエタの人びとの経験に触れて、現代（フィリピン）社会の批判的研究をしたいと思った一番のきっかけであった。そして、その後、私は帰国して、大学院で社会学に転身しようと決めた。そして博士課程へ進もうとしたが、大きな壁にぶつかった。進路先を探すとき、私の研究関心の指導を受け入れてくれる先生が見つからなかったのである。社会学の人からは、先住民についての研究なら、むしろ文化人類学を専攻した方がいいのではと言われた。しかし、文化人類学において、社会構造の批判的研究というものがどのように可能なのだろうかという迷いがあった。いま思えば、研究においてめざすところは、結局は同じであろうと思うが、社会学と文化人類学におけるる関心やアプローチの差異のようなものを幾度となく身近で体感するなかで、いつかそれらを繋ぐような研究をしたいと思うようになった。本書は、そのひとつの試みである。

本書は、二〇一五年七月に首都大学東京大学院人文科学研究科に提出した博士論文「先住民における労働変容と相対的底辺化――フィリピン・アエタを事例として」をもとに、大幅に修正し、加筆したものである。指導教官である丹野清人先生には、論文の細部にわたり、ご指導をいただいた。論文審査をしていただいた、玉野和志先生、不破麻紀子先生には、貴重なご指導と、たゆまぬ激励のお言葉をいただいた。あらためて、ここにお礼を申し上げたい。

また、本書の各章は、論文として発表したものであり、本書刊行のために改稿したものである。

「フィリピン先住民女性と社会変動―アエタ族における婚資制度の変容」『明治学院大学大学院社会学研究科社会学専攻紀要』二〇一一年三月、第三四号、一―一二頁

「先住民の労働にみる差異化と全体的底辺化―ピナトゥボ・アエタと地方労働市場」『理論と動態』社会理論・動態研究所、二〇一二年一〇月、第五号、九四―一一一頁

「都市先住民のネットワーク―フィリピン・マニラの事例から」『部落解放研究』広島部落解放研究所、二〇一三年一月、第一九号、一四一―一六一頁

「市場経済との遭遇―先住民の排除の再生産」『社会学論考』首都大学東京・都立大学社会学研究会、二〇一三年一一月、第三四号、六五―九〇頁

「書評論文：Goodwin, Jeff and Ruth Horowitz, Ruth, 2002, "Introduction: The Methodological Strengths and Dilemmas of Qualitative Sociology", Qualitative Sociology, 25（1）：33-47―質的調査法をめぐる諸論点」『現代社会学』広島国際学院大学、現代社会学部、二〇一三年三月、第一四号、三三―四三頁、後藤俊文、打越正行、吉田舞 共著

「ジェントリフィケーションと都市底辺労働の階層化―マニラのストリート・ベンダーを事例として」『理論と動態』社会理論・動態研究所、二〇一六年一一月、第九号、五五―七二頁

また、スミセイ第九回「未来を強くする子育てプロジェクト」による研究支援のおかげで、子どもを連れてのフィリピン調査が可能となったほか、日本学術振興会科学研究費補助金事業基盤研究（B）「グローバル・シティにおけるホームレスの労働・居住をめぐる国際比較研究」（研究代表者：山口恵子（東京学芸大学、課題番号：24330145 研究期間二〇一二年～二〇一五年）、基盤研究（B）海外学術「マニラ首都圏の底辺層の構造と変容―過剰都市からグローバル都市へ」（研究代表者：青木秀男（特定非営利活動法人 社会理論・動態研究所、課題番号：26301029 研究期間：二〇一四年～二〇一六年）、若手研究（B）「都市における先住民の相対的底辺化―サマ・バジャウの労働と生活」（課題番号：16K17253 研究期間：二〇一六年～二〇一九年）の研究助成により、都市部の底辺労働および先住民の実態調査を行うことができた。さらに、本書の出版は、平成二九年度日本学術振興会科学研究費補助金（研究成果公開促進費、課題番号：17HP5172）により実現した。ここに、これらの機会をいただいた各機関にお礼を申し上げたい。マニラの調査では、フィリピンの市民団体 Kadamay Defend job のほか、バジャウの支援団体 Sun for All の Malou Von Arx 代表にお世話になった。また、本書では、友人である John Francis Lagman さんの撮影した写真も掲載させてもらった。また、これまでに何度も、

何度も、私の報告を聞いて、コメントをくれた、特定非営利活動法人 社会理論・動態研究所の研究員の皆さんにも、お礼を申し上げたい。

はじめてサパを訪れてから一七年が経とうとしている。この間に、本書に登場してくれた多くのサパの友人がなくなった。ホームステイ先の長老アポは、当時私たち学生が食事の足しにと持ち込んだ加工食品を、見るのも嫌だといって、いっしょに食卓を囲んでくれなかった。六か月の住み込み調査が終盤に近づいたとき、はじめて口をきいてもらえた。私と同世代の Ate Marissa は、いつも家事の合間をぬって家に遊びに来てくれた。マニラの職場まで会いに行ったときの Jerwin の笑顔も忘れられない。サパの第二のお母さんのような存在だった Nanay Benta は、肺結核で闘病中だった息子の後を追うように、天国に逝った。退役軍人の Bapang Gilbert は、いつも流ちょうな英語で威勢よく私に話しかけてくれた。そして、昔のサパの話をたくさん聞かせてくれた Apong American その孫の Paning ちゃん。この本を届けることは叶わなかったが、皆さんには、本当にたくさんのことを教えていただいた。そして私を家族同然に受け入れてくれた Nanay Thess と Bapang Fred, Teressa, Kaloy, Amam, Bosing ここに名を記すことのできないたくさんの方々に感謝したい。本書の最終校正をしていた二〇一七年一二月、本書のキーパーソンでもあったベルが脳梗塞で倒れたという連絡が入った。一命はとりとめたものの、左半身にマヒが残り、ふたたび山に登れるような状態ではないという。ベルとは、調査のたびに、かならずいっしょに山に登り、本当にたくさんの話をした。彼女と過ごした山での時間は、私にとって大切な財産となった。

最後に、私の研究活動を総出で支えてくれている広島の家族、友人たち、そしてこの間に生まれた三人の子どもたち、慧星、風夏、弦舟にも感謝したい。そして、なにより、本書の出版にあたって、風響社の石井雅社長には、最後の最後まで、ご理解とお力添えをいただいた。心から、感謝申し上げたい。

「なぜアエタだけが、置いて行かれるんだろう」アエタの首長のこの問いに、本書は、少しでも答えることができただろうか。アエタの闘いはまだまだ続く。平地民としての私の仕事も、まだまだ山積である。このような思いを胸に刻んで、文を閉じたい。

吉田　舞

二〇一八年一月

参考文献

阿部　彩
二〇一一　『弱者の居場所がない社会――貧困・格差と社会的包摂』講談社現代新書

Ahmed, Leila
1992　*Women and Gender in Islam: Historical Roots of a Modern Debate*, New Haven: Yale University Press.（＝二〇〇〇、熊谷滋子他訳『イスラームにおける女性とジェンダー――近代論争の歴史的根源』法政大学出版局）

Ajit S. Bhalla and Frederic Lapeyre
1999　*Poverty and Exclusion in a Global World*, 2nd edition, Basingstoke: Palgrave Macmillan.（＝二〇〇五、福原宏幸・中村健吾監訳『グローバル化と社会的排除――貧困と社会問題への新しいアプローチ』昭和堂）

Alock, Pete
2006　Understanding Poverty, 3rd edition, Palgrave Macmillan.

青山和佳
二〇〇六　『貧困の民族誌――フィリピン・ダバオ市のサマの生活』東京大学出版会

Apuan, V. N
1992　*Ang Paraan ng Pag-angkop ng mga kababaihang Ayta ng Baryo Camatchiles, Floridablanca, Pampanga, sa Pagsabog ng Bulkang Pinatubo*, UP College of Social Welfare and Community Development.

Azarya, Victor
2004　Globalization and International Tourism in Developing Countries: Marginality as a Commercial Commodity, *Current Sociology*, 2004, 52: 949.

Barber, Benjamin R

2007　*Consumed: How Markets Corrupt Children, infantilize Adults, and Swallow Citizens Whole*, New York: W.W. Norton.（＝二〇一五、竹井隆人訳『消費が社会を滅ぼす!?――幼稚化する人々と市民の運命』吉田書店）

Bauman, Zygmunt

1998　*Work, Consumerism and the New Poor*, 2nd Edition, UK: Open University Press.（＝二〇〇八、伊藤茂訳『新しい貧困――労働、消費主義、ニュープア』青土社）

2004　*Wasted Lives*, Cambridge: Polity Press, Ltd.（＝二〇〇七、中島道男訳『廃棄された生――モダニティとその追放者』昭和堂）

Bhalla, A.S and Lapeyre, Frederic

1999　*Poverty and Exclusion in a Global World*, 2nd edition, Basingstoke: Palgrave Macmillan.（＝二〇〇五、福原宏幸・中村健吾監訳『グローバル化と社会的排除――貧困と社会問題への新しいアプローチ』昭和堂）

Bourdieu, Pierre

1977　*Algérie 60: Structures économiques et structures temporelles*, Paris: Éditions de Minuit.（＝一九九三、原山哲訳『資本主義のハビトゥス――アルジェリアの矛盾』藤原書店）

Byrne, David

2005　*Social exclusion*, 2nd Edition, Berkshire: Open University Press.（＝二〇一〇、深井英喜・梶村泰久訳『社会的排除とは何か』こぶし書房）

Cabreza, Vincent

2011　LGUs told to keep Yuletide beggars off urban areas, *Philippine Daily Inquire*, Oct. 20, 2011. (Retrieved April 24, 2015, http: //newsinfo.inquirer.net/80033/lgus-told-to-keep-yuletide-beggars-off-urban-areas)

千葉芳広

二〇〇三　「フィリピン農村の就業構造――ブラカン州ハゴノイ町の事例」『アジア研究』四九（四）：六〇－七三

Choi, Narae

2016　Metro Manila through the gentrification lens: Disparities in urban planning and displacement risks, *Urban Studies, Febru-ary* 53(3): 577-592.

Clark Development Corporation (CDC)

2014,　Mid-Year Report. (Retrieved April 27, 2015, http: //www.clark.com.ph/)

Cooperative Code of the Philippines
1990 Republic Act No. 6938, Philippines.

David, Maria Elena D
2011 *Aeta Mag-anchi's Cultural History, Concept of Time and Territoriality: Its Implications to Education*, vol.5, IACSIT Press.

Don, Mitchell
1995 The End of Public Space? People's Park, Definitions of the Public, and Democracy, *Annals of the Association of American Geographers*, 85: 108–133.

Drummond, Lisa B, W
2000 Street Scenes: Practices of Public and Private Space in 13 Urban Vietnam, *Urban Studies* 37(12): 2377-2391

Eder, James F
1987 *On the Road to Tribal Extinction: Development, Deculturation, and Adaptive Well-Being Among the Batak of the Philip-pines*, Berkeley: University of California Press.

English, L
1995 *Tagalog-English Dictionary*, National Book Store.

遠藤　環
二〇一一 『都市を生きる人々――バンコク都市下層民のリスク対応』京都大学学術出版会

Ermitanio, Noli A
2012 Badjao beggars on her mind, *Philippine Daily Inquire*, Dec. 23, 2012. (Retrieved April 24, 2015, http: //newsinfo.inquirer.net/328893/badjao-beggars-on-her-mind)

Espana, J., Lagaran, M., and von Arx, M.
2010 *An Assesment of Problems Encountered by Different Non-Government Organization.*, MSSW Group, Asian Social Insti-tute.

Fox, Robert
1952 The Pinatubo Negritos: Their Useful Plants and Material Culture, *The Philippine Journal of Science* 81: 173-414.

藤田英典
一九九一 「近代社会の階層的再生産メカニズム」宮島喬・藤田英典編『文化と社会――差異化・構造化・再生産』有信堂

不二牧駿

二〇〇一　『路地の経済社会学——タイのインフォーマルセクターについて』めこん
福原宏幸
二〇〇七　『社会的排除・包摂と社会政策』法律文化社
合田　濤
一九九七　『イフガオ——ルソン島山地民の呪詛と変容』弘文堂（シリーズ・地球の人びと）
Goda Toh
2009　*Urbanization and Formation of Ethnicity in Southeast Asia*, Quezon City: New day Publishers.
Goodwin, Jeff and Ruth Horowitz
2002　Introduction: The Methodological Strengths and Dllemmas of Qualitative Sociology, *Qualitative Sociology*, 25(1): 33-47.
後藤俊文・打越正行・吉田舞
二〇一三　書評論文「質的調査法をめぐる諸論点」『現代社会学』一四：三三一—四三、広島国際学院大学現代社会学部、
Geertz, Clifford
1963　*Agricultural Involution: The Processes of Ecological Change in Indonesia*, University of California Press（＝二〇〇一、池本幸生訳『インボリューション——内に向かう発展』ＮＴＴ出版）
Granovetter, Mark S
1973　The Strength of Weak Tie, *American Journal of Sociology* 78: 1360-1380.（＝二〇一〇、大岡栄美訳「弱い紐帯の強さ」野沢慎司編『リーディングスネットワーク論——家族・コミュニティ・社会関係資本』世界思想社、一二三—一五八）
樋口直人
二〇〇五　『国際移民と社会的ネットワークの再編成——滞日ブラジル人企業家を事例として』徳島大学社会科学研究一八（二）：一—二二
肥留川紀子
二〇〇二　「グローバリゼーションと先住民族——フィリピンのアエタ族に焦点を当てて」宇都宮大学大学院国際学研究科修士論文
Hochschild, A.R
1983　*The Managed Heart: Commercialization of Human Feeling*, University of California Press.（＝二〇〇〇、石川准・室伏亜

希訳『管理される心――感情が商品になるとき』世界思想社）
池野旬・武内進一編
一九九八『アフリカのインフォーマル・セクター再考』アジア経済研究所
石岡丈昇
二〇一四「グローバル都市・マニラの開発とスポーツ」松村和則・石岡丈昇・村田周祐共著『「開発とスポーツ」の社会学』南窓社、一〇二―一二三
二〇一三「ブルデューの強制移住論――根こぎの形成をめぐる方法的予備考察」『理論と動態』六：二―一二、特定非営利活動法人社会理論・動態研究所
岩田正美
二〇〇八『社会的排除――参加の欠如・不確かな帰属』有斐閣
上西英治・河辺俊雄
二〇一二「近代と伝統が混在するメラネシアの金融事情――ソロモン諸島とパプアニューギニア」『地域政策研究』一四：一七―三一、高崎経済大学地域政策学会
梶田孝道
一九九三『統合と分裂のヨーロッパ――EC・国家・民族』岩波新書
梶田孝道・丹野清人・樋口直人
二〇〇五『顔の見えない定住化――日系ブラジル人と国家・市場・移民ネットワーク』名古屋大学出版会
鎌田　遵
二〇〇九『ネイティブ・アメリカン――先住民社会の現在』岩波新書
Karaos, Anna Marie A
2011　Opportunity for All, Philippine Daily Inquirer, July 28, 2011, (Retrieved April 27, 2015, http: //opinion.inquirer.net/8743/opportunity-for-all)
菊池京子
一九八二「フィリピンの女」綾部恒雄編『女の文化人類学――世界の女性はどう生きているか』弘文堂、一四五―一七〇
岸　政彦
二〇〇八「アイデンティティとネットワーク――ある沖縄人女性の生活史と文化実践から」『人権問題研究』八：四一―

五八、大阪市立大学学術情報総合センター
岸　政彦・石岡丈昇・丸山里美
二〇一六『質的社会調査の方法――他者の合理性の理解社会学』有斐閣ストゥディア
岸上伸啓
二〇〇九『開発と先住民』明石書店
木曽順子
二〇〇三『インド開発のなかの労働者――都市労働市場の構造と変容』日本評論社
小井土彰宏編
二〇一七『移民受け入れの国際社会学――選別メカニズムの比較』名古屋大学出版会
日下　渉
二〇〇七「秩序構築の闘争と都市貧困層のエイジェンシー――マニラ首都圏における街頭商人の事例から」『アジア研究』五三（四）：二〇―三六
窪田幸子・野林厚志編
二〇〇九『「先住民」とはだれか』世界思想社
小山修三・窪田幸子
二〇〇二『多文化国家の先住民――オーストラリア・アボリジニの現在』世界思想社
LAKAS編
1991 *Eruption and exodus : Mt. Pinatubo and the Aytas of Zambales*, Zambales, Lubos na Alyansa ng mga Katutubong Ayta ng Sambales（＝一九九三、越田清和訳『ピナトゥボ山と先住民族アエタ』明石書店）
Larkin, John A
1972 *The Pampangans; Colonial society in a Philippine Province*, University of California Press.
李　成七
二〇一三『世界で活躍するコリアンの真実――多文化共存・共生を求めて』文芸社
Lewis, Oscar
1959 *Five Families: Mexican Case Studies in the Culture of Poverty*, New York: Basic Books.
Lister, Ruth

2004 *Poverty*, Cambridge: Polity Press.（＝二〇一一、松本伊智朗監訳『貧困とはなにか――概念・言説・ポリティクス』明石書店）

Maglana, Matthew Constancio

2016 Understanding Identity and Diaspora: The Case of the Sama-Bajau of Maritime Southeast Asia, *Jurnal Sejarah Citra Lek-ha* 1(2): 71-80.

松田素二

一九九六『都市を飼い慣らす――アフリカの都市人類学』河出書房新社

一九九九『抵抗する都市――ナイロビ移民の世界から』岩波書店

松薗（橋本）裕子

二〇〇六「インフォーマル・セクター研究の系譜」『淑徳大学総合福祉学部研究紀要』四〇：一〇一―一一五、淑徳大学総合福祉学部

丸山淳子

二〇一四「ボツワナの狩猟採集民は「先住民」になることで何を得たのか」内藤直樹・山北輝裕編『社会的包摂／排除の人類学――開発・難民・福祉』昭和堂、五七―七五

Meixsel, Richard B

2001 *Clark Field and the U.S. Army Corps in the Philippines 1919-1942*, Quezon City: New Day Publishers.

Merton, Robert

1949 *Social Theory and Social Structure: Toward the Codification of Theory and Research*, The Free Press.（＝一九六一、森東吾他訳『社会理論と社会構造』みすず書房）

見田宗介

二〇〇八『まなざしの地獄――尽きなく生きることの社会学』河出書房新社

Mitchell, Don

1995 The End of Public Space? People's Park, Definitions of the Public, and Democracy, *Annals of the Association of American Geographers* 85: 108–133

水野由美子

二〇〇七『〝インディアン〟と〝市民〟のはざまで――合衆国南西部における先住社会の再編過程』名古屋大学出版会

峯　洋一
　一九九九『現代アフリカと開発経済学――市場経済の荒波のなかで』日本評論社
宮島喬
　二〇〇九『移民の社会的統合と排除――問われるフランス的平等』東京大学出版会
村井忠政
　二〇〇六「現代アメリカにおける移民研究の新動向（下）――移民第二世代の同化をめぐるポルテスの研究を中心に」『人間文化研究』六：四九―六九、名古屋市立大学大学院人間文化研究科
中條健志
　二〇一二「談話に見られる『統合』概念の問題性――フランスの移民政策を事例に」『都市文化研究』一四：二―一一、大阪市立大学大学院文学研究科都市文化研究センター
中西　徹
　一九九一『スラムの経済学』東京大学出版会
　二〇〇一「都市化と貧困」『アジアの大都市（四）マニラ』日本評論社
中田秀樹
　二〇一三a「新自由主義下における多文化グァテマラ現代社会と先住民女性――新たな底辺労働としての家事労働と伝統織物労働の再編をめぐる試論」『ＰＲＩＭＥ』三六：七三―八八、明治学院大学国際平和研究所
　二〇一三b『トウモロコシの先住民とコーヒーの国民――人類学が書きえなかった「未開」社会』有志舎
日本文化人類学会
　二〇一〇『文化人類学事典』丸善
新津晃一
　一九八九『現代アジアのスラム――発展途上国都市の研究』明石書店
西澤晃彦
　二〇〇五「排除による貧困」岩田正美・西澤晃彦編『貧困と社会的排除――福祉社会を蝕むもの』ミネルヴァ書房
　二〇一〇『貧困の領域――誰が排除されているのか』河出書房新社
野沢勝美
　二〇一一『労働再審④周縁労働力の移動と再編』大月書籍

二〇〇〇　「フィリピン農地改革と共同組合――西部ビサヤ地方西ネグロス州およびイロイロ州の事例を中心として」『亜細亜大学国際関係紀要』国際関係学部開設十周年記念号、一七五―二一五
小川さやか
二〇一一　『都市を生きぬくための狡知――タンザニアの零細商人マチンガの民族誌』世界思想社

Ortega, Arnisson Andre C
2016 *Manila's metropolitan landscape of gentrification: Global urban development, accumulation by dispossession & neoliberal warfare against informality*, Geoforum, 70, pp.35-50.
Paje, Sonny Al. J
2013 Sama Bajaus: From the Seas to the Streets, Presentation for the Forum on Sama-Bajau's Culture and their Situation in Celebration of the Indigenous People's and Children's Month.
Portes A. and Rumbaut R.G
2001 *Legacies: The Story of the Immigrant Second Generation*, University of California Press.（＝二〇一四、村井忠政訳『現代アメリカ移民第二世代の研究――移民排斥と同化主義に代わる「第三の道」』明石書店）
Portes, Alejandro
2010 *Economic Sociology: A systematic inquiry*, Princeton press.
Reed, William Allan
1904 *Negritos of Zambales, Philippine Islands Ethnological Survey*. Publication. vol. II, Manila: Bureau of Public Printing.
Reilly, Benjamin
2009 *Disaster and Human History: Case Studies in Nature, Society and Catastrophe*, Mcfarland & Co Inc Publishers
Recio, Redento B. and José Edgardo A. Gomez, Jr
2013 *Street Vendors, their Contested Spaces, and the Policy Environment: A View from Caloócan, Metro Manila*, Environment and Urbanization Asia, 4(1), pp.173–190.
Roderos, Monchi
2013 *Reshaping Metro Manila Gentrification, Displacement, and the Challenge Facing the Urban Capital*, Social Transfor-mations, August, vol.1(2), pp.79-103.

Roque, Emily
2012 *Homelessness as a way of life: Survival Strategies of the Street Homeless in Manila*, Mastral Thesis of Master of Arts in Sociology, Ateneo de Manila University.

Roy, Ananya
2005 *Urban Informality: Toward an Epistemology of Planning*, Journal of the American Planning Association, Volume 71(2): 147-158

Rusznak, DoraVeronika
2010 *Acculturation and Dietary Change among the Pinatubo Aetas*,『アジア太平洋研究科論集』Graduate School of Asia-Pacific Studies, Waseda University, 19: pp.171-187.

Sahlins, Marchall
1972 Stone Age Economics, Routledge（＝一九八四、山内昶訳『石器時代の経済学』法政大学出版局）

桜井　厚
二〇〇二『インタビューの社会学――ライフストーリーの聞き方』せりか書房

Santos, M.F.A, Wong
2001 Transacting Bride wealth: Marriage among the Ayta in Loob-Bunga Resettlement in Botolan, Zambales, Mastral Thesis, UP College of Social Science and Philosophy.

Sassen, Saskia
1991 The Global City: New York, London, Tokyo, Princeton University Press.（＝二〇〇八、伊豫谷登士翁・大井由紀・高橋華生子訳『グローバル・シティ――ニューヨーク・ロンドン・東京から世界を読む』筑摩書房）

佐竹　眞明
二〇一一『在日外国人と多文化共生――地域コミュニティの視点から』明石書店

佐藤　仁
二〇一〇「貧しい人々は何をもっているか――展開する貧困問題への視座」下村恭民・小林誉明編著『貧困問題とは何であるか――「開発学」への新しい道』勁草書房、一一二四

佐藤　寛
二〇〇九『開発援助の社会学』世界思想社

Seitz, Stefan

2004 *The Aeta at the Mt. Pinatubo, Philippines: A Minority Group coping with Disaster*, New Day Publishers.

関 恒樹

二〇一三 「スラムの貧困統治にみる包摂と非包摂――フィリピンにおける条件付き現金給付の事例から」『アジア経済』五四（一）：四七―八〇、アジア経済研究所

Sen, Amartya

1982 *Poverty and Famines: An Essay on Entitlement and Deprivation*, Clarendon Press.（＝二〇一三、黒崎卓・山崎幸治訳『貧困と飢饉』岩波書店）

1992 *Inequality Reexamined*, Clarendon Press.（＝一九九九、池本幸生・野上裕生・佐藤仁訳『不平等の再検討――潜在能力と自由』岩波書店）

Shatkin, Gavin

2004 Planning to Forget: Informal Settlements as 'Forgotten Places' in Globalising Metro Manila, *Urban Studies*, November, vol.41(12): 2469-2484.

渋谷 望

二〇〇三 『魂の労働――ネオリベラリズムの権力論』青土社

Simbulan, Rorand

2009 *Forging A Nationalist Foreign Policy: Essays on U.S. Military presence and the Challenges to Philippines Foreign Policy*, Philippines: IBON.（＝二〇一二、新田準訳『フィリピン民衆vs米軍駐留――基地完全撤去とＶＦＡ』凱風社）

Smith, Neil

1996 *The New Urban Frontier: Gentrification and the Revanchist City*, London: Routledge.（＝二〇一四、原口剛訳『ジェントリフィケーションと報復都市――新たなる都市のフロンティア』ミネルヴァ書房）

清水 展

一九九〇 『出来事の民族誌――フィリピン・ネグリート社会の変化と持続』九州大学出版会

一九九三 「ピナトゥボ大噴火とアエタ民族の危機――運動の言説をめぐる内省」『九州人類学会報』二一：一―二〇、九州人類学会

一九九七 「開発の受容と文化の変化――現代を生きる先住民の居場所」川田順造他編『いま、なぜ「開発と文化」なのか』

岩波書店、一五三―一七六
清水　透・リカルド・ポサス
二〇〇三『噴火のこだま――ピナトゥボ・アエタの被災と新生をめぐる文化・開発・NGO』九州大学出版会
一九八四『コーラを聖なる水に変えた人々――メキシコ・インディオの証言』
清水　透・
二〇〇七「離村インディオの流入と都市エスニシティの変容――サン・クリストバル市の事例から」『都市下層の生活構造と移動ネットワーク』明石書店、三〇三―三五五
下村恭民・小林誉明編著
二〇一〇『貧困問題とは何であるか――「開発学」への新しい道』勁草書房
スチュアート、ヘンリー
二〇〇九「先住民をめぐる問題――先住民の歴史と現状」窪田幸子・野林厚志編『「先住民」とはだれか』世界思想社、一六―三七
隅谷三喜男
一九六七『日本の労働問題』東京大学出版会
玉置泰明
一九九九「都市周辺世界を生きる――フィリピン、南部タガログ地域のアエタ」青柳清孝・松山利夫編『先住民と都市――人類学の新しい地平』青木書店、一九一―二〇九
二〇〇〇「都市先住民の生存戦略――フィリピン・ルソン島南部アエタ（Aeta）の薬売り」『静岡県立大学国際関係学部紀要』一三：一〇九―一三〇
二〇一〇「フィリピンにおける開発政策と周縁世界――先住民の土地をめぐる政治過程」長津一史・加藤剛編『開発の社会史――東南アジアにみるジェンダー・マイノリティ・境域の動態』風響社、六七―一〇七
玉野和志
二〇一四『実践社会調査入門――今すぐ調査を始めたい人へ』世界思想社
谷　富夫
二〇〇二『民族関係における結合と分離――社会的メカニズムを解明する』ミネルヴァ書房
丹野清人

二〇〇七　『越境する雇用システムと外国人労働者』東京大学出版会

Tantingco, Robert

2011　*Pinatubo: The volcano in our backyard, Center for Kapampangan Studies*, Holy Angel University.

Tima, Rufino

2005　*Leaves on the Water: The struggle for survival of Pinatubo Aetas*, Philippines: Fundation for Cultural Survival.

Tönnies, Ferdinand

1887　*Gemeinschaft und Gesellschaft, Leipzig*: Fues.（＝一九五七、杉之原寿一訳『ゲマインシャフトとゲゼルシャフト――純粋社会学の基本概念』岩波書店）

Truesdell, William I

1974　*Anything you say, sir!*, S.H. Medrana Printing Press.

津田守・田巻松雄

二〇〇一　『自然災害と国際協力――フィリピン・ピナトゥボ大噴火と日本』新評論

内堀基光

一九八九　「民族論メモランダム」田辺繁治編『人類学的認識の冒険――イデオロギーとプラクティス』同文舘出版、二七―四三

二〇〇九　「『先住民』の誕生――Indigenous Peoples(s)の翻訳をめぐるパロディカル試論」窪田幸子・野林厚志編『「先住民」とはだれか』世界思想社、六一―八九

上村英明

二〇〇一　『先住民族の「近代史」――植民地主義を超えるために』平凡社

二〇一五　『新・先住民族の「近代史」――植民地主義と新自由主義の起源を問う』法律文化社

梅原弘光

一九九五　「フィリピン農村の就労構造――中部ルソンの一米作農村における事例」『東南アジア農村の就業構造』ジェトロ・アジア経済研究所、七九―一一〇

渡邉暁子

二〇〇八　「マニラ首都圏におけるムスリム・コミュニティの形成と展開――コミュニティの類型化とモスクの役割を中心に」『東南アジア研究』四二（三）：一〇一―一四四

山田富秋
　二〇一一　「マニラ・ムスリムにおける『ムスリム性』の表象――土地権をめぐる裁判闘争と街頭集会を中心に」『多文化主義と社会的正義におけるアイデンティティと異なり――コンフリクト／アイデンティティ／異なり／解決』生存学研究センター報告、一八二―二一〇
山口恵子
　二〇〇〇　「フィールドワークのポリティックス」桜井厚他編『フィールドワークの経験』せりか書房
　二〇〇一　「現代社会における都市雑業の展開――新宿、隅田川周辺地域の事例より」『広島修大論集』人文編四二（一）：一二九―一五二
山根清宏
　二〇一三　「曖昧化する労働と排除」町村敬志編『都市空間に潜む排除と反抗の力』明石書店、九一―一一九
吉田　舞
　二〇一〇　「フィリピン先住民女性と社会変動――アエタ族における婚資制度の変容」『明治学院大学大学院社会学研究科社会学専攻紀要』明治学院大学大学院社会学研究科、三四：一―一二
　二〇一二　「先住民の労働にみる差異化と全体的底辺化――ピナトゥボ・アエタと地方労働市場」『理論と動態』五：九四―一一一、特定非営利活動法人社会理論・動態研究所
　二〇一三a　「市場経済との遭遇――先住民の排除の再生産」『社会学論考』首都大学東京・都立大学社会学研究会
　二〇一三b　「都市先住民のネットワーク――フィリピン・マニラの事例から」『部落解放研究』三四：六五―九〇、広島部落解放研究
　二〇一六　「ジェントリフィケーションと都市底辺労働の階層化――マニラのストリート・ベンダーを事例として」『理論と動態』九：五五―七二、特定非営利活動法人社会理論・動態研究所
吉原直樹
　二〇一〇　「グローバル化とコミュニティ――ゆらぐ境界とオールタナティヴの可能性」『ヘスティアとクリオ』九：一九―三二、コミュニティ・自治・歴史研究会
四本幸夫
　二〇〇九　「フィリピンのツーリズムと観光地の露店商人」藤巻正己・江口信清編著『グローバル化とアジアの観光――他者理解の旅へ』ナカニシヤ出版、一一三―一三二

Yotsumoto, Yukio
2013 Formalization of Urban Poor Vendors and Their Contribution to Tourism Development in Manila, Philippines, *Internation-al Journal of Japanese Sociology*, 22: 1-15.

Young, Jock
2007 *The Vertigo of Late Modernity*, Sage.（＝二〇〇八、木下ちがや・中村好孝・丸山真央訳『後期近代の眩暈――排除から過剰包摂へ』青土社）

〈行政・統計資料・報告書〉

CDC: Clark Development Corporation
2014 Annual Report, http://www.clark.com.ph/?Category=ANNUAL_REPORT（二〇一七年一〇月二九日閲覧）

DOT: Department of Tourism-National Parks Development Committee, Republic of the Philippines
2013 Response paper from NPDC to Department

DSWD: Department of Social Welfare and Development, Republic of the Philippines
2014 *Pantawid Pamilya Impact Evaluation Repor*t http://www.dswd.gov.ph/downloads-2/reports/pantawid-pamilya-impact-evaluation-report（二〇一七年一〇月二九日閲覧）
2015 *Modified Conditional Cash Transfer (MCCT)*, http://pantawid.dswd.gov.ph/index.php/component/content/article/1-latest-news/392-modified-conditional-cash-transfer-mcct（二〇一七年一〇月二九日閲覧）
2015 DSWD facilitates steady source of income for homeless families, http://www.dswd.gov.ph/dswd-facilitates-steady-source-of-income-for-homeless-families/（二〇一七年一〇月二九日閲覧）
2017 *Pantawid Pamilyang Pilipino Program*, http://pantawid.dswd.gov.ph/index.php/（二〇一七年一〇月二九日閲覧）

Nimfa B. Ogena
2012 *Social Survey on Muslims Migrants in Metro Manila*, Demographic Research and Development Foundation, Inc. http://www.waseda.jp/inst/ias/assets/uploads/2016/07/ManilaSurveyReport.pdf （二〇一七年一〇月二九日閲覧）

NSCB: Philippine National Statistical Coordination Board, Republic of the Philippines,
2011 Philippine Statistical Yearbook, 2011, Table 6.5, 6.7 and 11.13.

NSO: National Statistics Office

2013　Philippines - 2010 Census of Population and Housing: Ethnicity

NWPC : Department of Labor and Employment, National Wages and Productivity Commission, Republic of the Philippines,

2015　*Summary of Daily Minimum Wage Rates Per Wage Order, By Region, Non-Agriculture (1989-2015)*, http: //www.nwpc.dole.gov.ph/pages/statistics/stat_wage%20rates1989-present_non-agri.html,（二〇一五年四月二七日閲覧）

Piramide, M, O.S.B

1991　Rehabilitation efforts for Aeta communities in response to Mt.Pinatubo Disaster, Project Report, Holy Family Academy PSA: Philippine Statistic Authority

2011　TABLE 9.4, Minimum Wage Rates by Region, Province and Sector, Philippines: December 2011 , https://psa.gov.ph/sites/default/files/table%209-4_1.pdf,（二〇一七年一〇月二九日閲覧）

PTSA: Philippine Tourism Satellite Account, Republic of the Philippines,

2012　Table 7, "TOTAL EMPLOYMENT IN THE PHILI PPINES AND EMPLOYMENT IN TOURISM INDUSTRIES, 2001-2011.", http: //www.nscb.gov.ph/stats/ptsa/statistics.asp.（二〇一七年一〇月二九日閲覧）

Republic of the Philippines

Reproductive Health Bill Act.4244, Philippines

The Indigenous Peoples' Rights Act, 1997, Republic Act No.8371, Philippines

TESDA: The Technical Education and Skills Development Authority

2015　*46 Porac Aetas finish sk TESDA ills trainings*, http://www.tesda3.com.ph/news-events/page/11/（二〇一七年一〇月二九日閲覧）

〈ウェブサイト・新聞記事〉

Cerojano,Teresa

2016　*Urban poor gets early taste of Duterte-inspired crackdown*, Philippine Star, June 17,2016, http://www.philstar.com/headlines/2016/06/17/1593911/urban-poor-gets-early-taste-duterte-inspired-crackdown,（二〇一七年一〇月二九日閲覧）

Defendjob

2013　*Anti Vending Policy and forced eviction of vendors in Luneta Park and other places worsen unemployment and hunger*", Press release

https: //defendjobphilippines.wordpress.com/2013/02/25/anti-vending-policy-and-forced-eviction-of-vendors-in-luneta-park-and-other-places-worsen-unemployment-and-hunger/（二〇一六年八月三一日閲覧）

Orejas, Tonette

2006 *Aetas sell, beg to live*, Philippine Daily Inquirer, Oct 15, 2006, http: //business.inquirer.net/money/topstories/view/20061015-26785/Aetas_sell, _beg_to_live)（二〇一七年一〇月二九日閲覧）

2007 First Three Aeta OFWs fly to Saudi Arabia, Philippine Daily Inquirer, April 10, 2007（二〇一七年一〇月二九日閲覧）

Public-Private Partnership Center

2016 http: //ppp.gov.ph/（二〇一七年一〇月二九日閲覧）

The Clark International Air Port,

2017 http: //crk.clarkairport.com（二〇一七年一〇月二九日閲覧）

United States Geological Survey

2017 http: //pubs.usgs.gov（二〇一七年一〇月二九日閲覧）

Yutuc, Erlinda T

2012 *19 Aetas complete training on wellness hilot massage*, Philippine Information Agency, http: //www.pia.gov.ph/news/index.php?menu=2&webregion=R03&article=5613382085（二〇一七年一〇月二九日閲覧）

略語一覧

AMA : Asosyasyon ng mga Magsasakang Ayta　アエタ農民連合
4Ps：Pantawid Pamilyang Pilipino Program　フィリピン家族生計支援プログラム
CADT：Certificate of Ancestral Domain Titles　先祖伝来の土地権証明
CDA：Cooperative Development Authority　協同組合開発庁
CDC：Clark Development Corporation　クラーク開発公社
COC：Certificate of Confirmation of Tribal Membership　先住民証明書
DECS: Department of Education, Culture and Sports　教育・文化・スポーツ省
DSWD：Department of Social Welfare and Development　社会福祉開発省
DOH: Department of Health　フィリピン保健省
GIDA：Geographically Isolated and Disadvantaged Areas
地理的に孤立した不利な地域
IPA：Indigenous People Apostolate　先住民の使徒
IPRA：Indigenous Peoples Rights Act　先住民族権利法
KFC：Kabuhayan Folded Cart　生計のための折り畳み式店舗
MCCT-FNSP：Modified Conditional Cash Transfer for Families in Need of Special Protection
特別に保護を必要とする世帯への条件付き現金給付事業
MMDA：Metro Manila Development Authority　マニラ首都圏開発庁
NAPC：National Anti-Poverty Commission　国家貧困対策委員会
NCIP：National Commission on Indigenous People　国家先住民族員会
NCMF：National Commission on Muslim Filipinos　ムスリム・フィリピン国家委員会
NTFSB：The National Sama-Bajau Task Force　サマ・バジャウ対策チーム
NHTO：NHTS-PR National Household Targeting System for Poverty Reduction
貧困削減全国世帯捕捉システム
NPDC：National Parks and Development Committee　国立公園開発委員会
PAAD: Porac Aeta Ancestral Domain　ポーラック・アエタ 先祖伝来の土地
PEDHVA：People's Democratic Vendors and Hawker's Alliance
露天商・行商人人民民主連合
PPP：Public Private Partnership　官民連携事業
SEC：Securities Exchange Commission　証券取引委員会

写真・図表一覧

ヤ

ラ・ワ

ハ

マ

タ

ナ

カ

索　引

ア

著者紹介

吉田　舞（よしだ まい）
1977年生まれ
2001年にフィリピンの大学を卒業後、企業、日本大使館、NGOで働く
2015年、首都大学東京大学院人文科学研究科博士後期課程修了
博士（社会学）
専門は都市先住民・在日外国人の労働社会学
現在、特定非営利活動法人 社会理論・動態研究所 研究員
主な業績：「ジェントリフィケーションと都市底辺労働の階層化――マニラのストリート・ベンダーを事例として」『理論と動態』9号 2016年、「市場経済との遭遇――先住民の排除の構造」『社会学論考』34号 2013年、そのほか在日外国人の労働に関する論文など

先住民の労働社会学　フィリピン市場社会の底辺を生きる

2018年2月10日　印刷
2018年2月20日　発行

著　者　吉田　舞
発行者　石井　雅
発行所　株式会社　風響社

東京都北区田端 4-14-9（〒 114-0014）
Tel 03(3828)9249　振替 00110-0-553554
印刷　モリモト印刷

 ISBN978- 4-89489- 249-1 C3039